数字经济

THE DIGITAL ECONOMY

底层逻辑与现实变革

UNDERLYING LOGIC AND
ECONOMIC TRANSFORMATION

杨虎涛　著

社会科学文献出版社
SOCIAL SCIENCES ACADEMIC PRESS (CHINA)

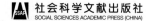

—— 本书受中国社会科学院当代中国马克思主义政治经济学创新智库资助 ——

序

　　数字经济事关国家发展大局。近年来，互联网、大数据、云计算、人工智能、区块链等技术加速创新，日益融入经济社会发展各领域全过程，数字经济发展速度之快、辐射范围之广、影响程度之深前所未有，正在成为重组全球要素资源、重塑全球经济结构、改变全球竞争格局的关键力量。习近平总书记强调，数字经济具有高创新性、强渗透性、广覆盖性，不仅是新的经济增长点，而且是改造提升传统产业的支点，可以成为构建现代化经济体系的重要引擎。面向未来，要充分发挥海量数据和丰富应用场景优势，促进数字技术和实体经济深度融合，赋能传统产业转型升级，催生新产业新业态新模式，不断做强做优做大我国数字经济。我国是世界第一制造业大国，数字经济规模处于世界领先地位，信息化发展成绩斐然。在此背景下，充分认识数字经济的特性，把握数字经济和传统工业经济之间的相互关系和影响，推动数字经济和实体经济融合发展，将成为持续赋能经济发展和产业转型升级的关键所在。

　　数字经济与传统工业经济既有区别，又有联系。从区别上看，数字经济的关键生产要素是数据。无论是围绕数据信息收集、存储、加工、传输、追踪形成的智能制造，还是依托数据计算和运用而形成的大数据、人工智能、边缘计算等技术，数据都是重要原料和关键投入；而在传统工业经济中，资本、劳动力、土地是主要的生产要素，数据尚未成为赋能价值创造的关键要素。从联系上看，传统工业经济拥有对数字经济而言很重要的数据来源和应用场景，互联网、大数据、人工智能等数字技术在传统工业经济领域的广泛使用，可以提高传统工业的全要素生产率，发挥数字技术对经济发展的放大、叠加、倍增作用。从这个意义上说，数字经济构成了改造提升传统产业的支点和构建现代化经济体系的重要引擎。

数字经济的构成和发展包含着对传统农业经济和传统工业经济的渗透、覆盖和创新，而传统工业经济向先进智能制造转型升级的过程，也体现着数字经济发展的深度和广度。从国家统计局发布的《数字经济及其核心产业分类统计（2021）》中可以看到，数字经济分为数字产品制造业、数字产品服务业、数字技术应用业、数字要素驱动业和数字化效率提升业5大类。其中，既有数字产业化部分，又有产业数字化部分，恰恰体现了数字技术与实体经济融合发展、相互促进、密不可分的关系。

我国是全世界唯一拥有全部工业门类的国家，传统工业经济拥有的海量数据和丰富应用场景等宝贵资源，是数字经济发展的重要保障。发展智能制造需要一定程度的工业能力积累。一国如果缺乏工业化历程和一定的传统工业基础，就难以进行先进数字化、智能化技术在工业领域的吸纳和推广。我国既有的传统工业在结构和规模上具备良好的数字化改造和升级基础，依托现有条件在数字经济浪潮中推动经济高质量发展，将成为把握新一轮科技革命和产业变革新机遇的关键。

传统工业经济的数字化、智能化发展也可以为数字经济尤其是数字产业化发展提供强有力的支撑。数字经济作为一个系统的整体，其持续发展取决于各产业部门的匹配和支持程度，数字产业化的发展离不开能源、电力和材料等传统工业部门的支持，而后者的数字化、智能化水平提升，又可以更好地促进数字产业化的发展。

当前，数字经济已经成为继农业经济、工业经济之后的主要经济形态。但是，这并不意味着数字经济对后两者的替代和消灭，而是超越和发展。正如工业经济之后，农业经济并未消亡，而是通过工业的渗透、支持和改造，实现了农业现代化。数字经济也不会替代、消灭传统工业经济，而是通过数据这一关键要素转变传统工业经济的生产方式，促进经济提质增效。因此，正确认识数字经济的特性，把握好数字经济和传统工业经济的区别和联系，坚持推动数字经济和实体经济深度融合，才能更好地为经济发展注入强劲动能，推动我国经济实现高质量发展。

目　录

底层逻辑

施瓦布的所谓"AI代表第四次工业革命开始"的观点就只能说是一个宣传的噱头。

第一章　不确定性、信息生产与数字经济[*]

　　信息通信技术（ICT）革命深刻地改变了经济活动的内容和生产组织的方式，在经历了计算机化（computerization）、互联网化（internetization）之后，数字技术正处在多领域集中爆发时期。人工智能、5G 和物联网等多种技术的广泛运用，意味着数字经济的发展已进入了万物互联的数字化（digitalization）和智能化时代，在进一步改变生产组织方式的同时，也对理论研究和政策制定提出了新的挑战。诸如比特币、区块链和平台经济的发展表明，关于数字经济的理论研究和政策供给往往滞后于数字技术的发展，要尽可能缓解理论和政策的这种滞后，不仅需要把握数字经济时代的代表性现象，如数据要素的确权、定价和配置机制以及平台治理等，而且需要从"为何会有数字经济"这一层次上把握数字技术发展的动因及其影响，从而系统把握数字技术的发展趋势，在复杂的数字技术体系中抓住关键变量。为此，有必要从技术范式的角度出发，探究数字经济发展的底层逻辑。

　　"技术范式可以定义为解决所选择的技术经济问题的一种模式，这些解决问题的方法立足于自然科学的原理。"[①] 作为孕育技术 - 经济范式理论的元理论，多西的技术范式理论有别于佩蕾丝的技术 - 经济

　　* 本章作者为杨虎涛、胡乐明，原标题为《不确定性、信息生产与数字经济发展》，发表于《中国工业经济》2023 年第 4 期。

　　① 〔意〕G. 多西等主编《技术进步与经济理论》，钟学义等译，经济科学出版社，1992，第 272 页。

范式理论的一个关键之处，就在于认为技术变迁既不完全内生于经济社会系统，也不是完全外生的。经济—制度—技术之间是一种协同演化关系，在受到其他系统影响的同时，每一个系统也都有自己独立运作的规则，由此才出现了三者之间的协调和脱耦。① 在多西看来，无论经济系统对技术进步速度和方向的影响有多么强大，技术变迁的模式也不能被认为是完全内生的，尽管有强大的经济诱因，技术仍然保持着自身的规则和动力，这些规则和动力约束着技术发展的方向。新的技术范式反映了科学进步、制度因素和经济机制三者之间复杂的相互作用，后两者的作用仅是"聚焦和选择"，而前者则提供了技术发展的可能方向和可能空间。

从这一意义而言，对数字经济的分析，无论基于技术 - 经济范式，还是基于通用技术，抑或是数字化转型②，均只涉及了制度因素和经济机制，却未触及多西所指的技术体制或科技进步因素。这一分析维度的缺失，不仅使现有理论难以回答数字技术的发生和发展机理，也难以解释数字经济发展为何沿袭数字化、数字网络化和数字智能网络化的发展途径，数据如何实现从可用资源到生产要素的转换等重要问题；同时，也不可避免地使理论建构和政策建议滞后于数字技术的发展。

从多西和罗森伯格等新熊彼特学派学者的技术范式传统出发，关于数字经济的底层逻辑包含了如下关键问题：关键性技术变迁是什么？技术变迁解决了什么技术 - 经济问题，在解决一种特定的技术 - 经济

---

① 〔意〕G. 多西等主编《技术进步与经济理论》，钟学义等译，经济科学出版社，1992，第 35 页。

② 关于技术经济范式的代表性研究参见 Lundvall, B. A., "Is There a Technological Fix for the Current Global Stagnation? A Response to Daniele Archibugi, Blade Runner Economics: Will Innovation Lead the Economic Recovery?", *Research Policy*, 2017, 46 (3): 544 - 549。关于通用技术的代表性观点参见 Brynjolfsson, E., Rock, D. and Syverson, C., "Artificial Intelligence and the Modern Productivity Paradox: A Clash of Expectations and Statistics", NBER Working Paper, No. 24001, 2017。数字化转型的代表性观点参见 Ark, B. V., Vries, K. D., Erumban, A., "How to Not Miss a Productivity Revival once Again?", *National Institute of Economic and Social Research (NIESR) Discussion Papers*, 2020。

问题的同时，又形成了怎样新的技术 - 经济问题，从而使其连续性发展成为可能？在这些问题中，技术 - 经济问题是根本性的，因为它不仅决定着数字技术变迁的方向，也构成数字技术，乃至数字经济何以可能、为何如此的底层逻辑。

第一节　信息与不确定性

经济学对不确定性的认识可分为两类。一类是起源于斯密、门格尔，并在奥地利学派学者如米塞斯、哈耶克和沙克尔以及阿罗、凯恩斯和奈特等人那里得到发扬的原教旨主义不确定性。在原教旨不确定性主义者看来，世界在本体论和认识论上都存在不确定性，不确定性是经济演变的主要动力。另一类则是以博雷尔、萨维奇等人为代表的概率主义不确定性。在概率主义框架内，不确定性可以被理解为一种可通过概率计算的风险形式，从而可以有效地通过模型进行处理。在原教旨主义者看来，由于时间不可逆，概率化的遍历性假设前提无法成立，而经济世界的信息又是分散的、异质的，因此任何概率化处理都违背了不确定性的本质。原教旨主义和概率主义的差异，在很大程度上也体现了非正统经济学如奥地利学派、演化经济学和主流经济学在方法论上的区别。①

尽管经济学家对不确定性问题的认识存在重大分歧，但这并不意味着我们的分析必须"选边站队"。这是因为，无论不确定性是否可以概率化，都不影响企业决策需要更多的信息以提高预测准确性这一行为选择。世界的不确定性本质并不影响个体试图提高确定性或减少不确定性的努力。从这一意义而言，尽管概率化与不确定性的本质不相容，但企业减少不确定性的手段只可能是依赖优化信息，从而提高概率预测的准确性。

---

① 关于不确定性思想史的详细梳理，参见〔法〕克里斯蒂安·施密特主编《经济学思想中的不确定性》，刘尚希、陈曦译，人民出版社，2020，序言、第 9 ~ 21 页。

正因为如此，阿罗和西蒙等人虽然坚信不确定性无法消除，但同时也认为，大多数不确定性是无关紧要的，不确定性是无知的一种形式，它并不是源于物质世界，而是源于我们对待世界的方式。就本章的分析而言，企业建立信息生产体系，通过大量数据和模型去预测未来事件的目的，在于降低决策时所面临的风险。当前人工智能的核心技术、机器学习的核心要旨，也仍然是概率处理。但是，无论数据和算法如何，都不意味着企业可以彻底克服或消除不确定性，更不意味着世界不确定性的本质会被改变。正如马歇尔、米塞斯等人所认识到的那样，经济活动直接或间接地改变了知识，而知识的每一次改变，都为行动的改变创造了条件，这又进一步导致知识的改变，这种改变是永无止境的，因此人们对这样的改变是完全无法预测的。

尽管世界本质上是不确定的，但行为主体在决策时要寻求确定性，而提高确定性的手段是信息。信息可以有多种存在形式，如文字、语言、数据、算法、设计蓝图等，在促进社会合作的意义上，广义的信息还包括本能、习惯、习俗和制度等。不同形式的信息，其生成和传播的途径也不一样，如本能只能通过基因传播，语言需要人际互动，文字则可以依托主体之外的其他载体实现更长时间和更大范围的传播。从基因到语言、文字、数据和算法等，信息形式多样化和复杂化的过程，也折射着人类经济社会的发展。

信息和能量一起，构成人类技术进步的两条主线。人类征服自然改造自然的过程，是用最少人类不可直接使用的能量转化为最多人类可用能量的过程，而信息则可视为组织和调动能量的法则。[①] 作为组织和调动能量的法则，信息的生产和应用也需要付出成本，如时间、人力等，这些成本最终均可以换算为能量成本，从而信息－能量之间就存在一种权衡取舍：只有在一种信息本身耗费的能量成本小于其所节约的能量耗费时，信息的使用才是经济的；如果一种信息本身耗费

---

① 吴军：《全球科技通史》，中信出版集团，2019，第372页。

的能量相对于其作为法则所节约的能量而言是不经济的，那么这种信息即使在技术上是可能的，也不会被市场所选择。由于信息量函数与事件概率成单调递减关系，为了尽可能节约信息成本，以最小比特值确定事件发生的概率，就需要尽可能使信息实现规模化使用，即通过累积某件或某类事件的信息，降低此后同类型事件处理的信息需要量。这就构成了信息应用的两个突出特征：为了使比特值更小，需要累积更多的相关信息，并尽可能剔除冗余信息；为了使信息更经济化地使用，就需要尽可能把信息固定下来，成为规则性的指令。由此，信息也就表现出初始固定成本较高但边际成本递减、初始收益较低但边际报酬递增的典型特征。

虽然从广义而言，人类文明史也是一部信息发展史，但以企业为主体，有目的、有针对性地去获取生产信息并应用于经济活动，则始于工业革命之后。正如马克思在分析工具与机器、手工生产与机器大生产的区别时指出的那样，"工具是简单的机器，机器是复杂的工具"的提法，"从经济学的观点来看，这种说明毫无用处，因为其中没有历史的要素"。[①] 简单工具只是人手的延伸，而工具机和机器体系则是整个机构的一部分，"人能够同时使用的工具的数量，受到人天生的生产工具的数量，即他自己身体的器官数量的限制。……珍妮机一开始就能用 12—18 个纱锭，织袜机同时可用几千枚织针，等等。同一工作机同时使用的工具的数量，一开始就摆脱了一个工人的手工业工具所受到的器官的限制。"[②] 同样，尽管人类使用信息的历史可以追溯到史前阶段，但我们讨论信息生产体系，则只能以工业革命为起点。只有在工厂制度确立之后，信息体系才作为整个生产机构的一部分，而非人身体和大脑的从属而发挥作用。

在这些关键性概念的基础上，我们可以提出一个基本分析框架。

信息的主要功能就是消除不确定性，企业建立信息体系的主要目

---

① 《马克思恩格斯全集》（第 23 卷），人民出版社，1972，第 409 页。
② 《马克思恩格斯文集》（第 5 卷），人民出版社，2009，第 430~431 页。

的之一，也在于克服经济活动中的不确定性，这种不确定性既来自生产过程，也来自市场交易过程。为了使信息得以标准化、规模化使用，企业努力将分散的信息"封装"或"固化"为罗默意义上的指令（instructions）。① 矛盾在于：企业封装指令性信息越成功，其生产环节的可分性（unbinding）就越高，企业内分工，以及在一定规模上引致的社会分工就越细化，从而企业面临的康芒斯意义上的管理交易（managerial transaction），即企业内层级管理与控制，以及买卖交易（bargain transaction），即市场交易的不确定性也就越高，这就需要企业通过建立涵盖更多主体、更大时空范围的信息生产体系去消减这种不确定性，而这又将进一步引起企业内分工，从而使社会分工进一步深化。在这种信息 - 不确定性的"互激式"增长过程中，企业为减少生产过程和交易过程中的不确定性，需要不断扩展信息体系的边界，形成涵盖更多主体和更广泛时空范围的信息生产体系。从这一意义上讲，当前以人工智能、物联网和大数据为代表的数字经济形态，就是企业在克服不确定性的过程中信息生产体系演进到数据化、智能化和即时化阶段的一种高级形态。

我们的分析框架受到马克思分工理论的启发。与斯密、杨格等人不同的是，马克思将分工区分为企业内分工和社会分工两种类型。在企业内分工中，资本家总是力图取得确定性，通过经验"保持比例数或比例的铁的规律使一定数量的工人从事一定的职能"；而在社会分工中，则是"偶然性和任意性发挥着自己的杂乱无章的作用"，从而"在资本主义生产方式的社会中，社会分工的无政府状态和工场手工业分工的专制是互相制约的"。② 之所以存在这种矛盾，是因为，对于社会分工来说，劳动者及其生产资料在部门或行业间的分配，是通过价值规律的作用，自发地形成彼此之间的比例体系。因此，社会分工

---

① Romer, P. M., "Endogenous Technological Change", *Journal of Political Economy*, 1990, 98 (5): S71-102.
② 《马克思恩格斯全集》（第23卷），人民出版社，1972，第394~395页。

中的比例数"只是在事后作为一种隐蔽的、无声的自然必然性起着作用……它为自己开辟道路并通过灾难来克服商品生产者的无规则的任意行动"①；但在企业内分工中，资本家的主要任务是"使许多人的同种作业具有连续性和多面性"②，这可以通过经验和试错来做到。普遍认为，马克思关于两种分工矛盾的论述旨在强调社会化大生产和生产资料私人占有之间不可调和的冲突，但容易被忽视的是，马克思的这一洞见同时也蕴含着分工与不确定性之间的经济逻辑。

虽然马克思的分析以工场手工业和早期机器生产为对象，而现代化经济体系中的企业内分工，以及由此而衍生出的社会分工，远比马克思所描述的更为复杂和丰富，但两类分工的矛盾始终存在：只要存在社会交换是通过"一种内在联系把各种不同的需要量连结成一个自然的体系"③ 和企业生产是通过生产环节的紧密联系——"局部工人不生产商品。变成商品的只是局部工人的共同产品"④ 的分野，企业所面临的生产组织问题和社会交换问题就必然存在不确定性在"质"和"量"上的区别。在现代企业的生产组织过程中，企业面临的问题早已不再是分工小组人数和机器的比例数，其解决方式也不是"先是由实践而后是由思索确定"⑤，而是通过对机器体系、加工对象封装指令性信息的方式，来获得对生产过程更好的控制。通过这一过程，企业可以将复杂劳动转换为简单劳动，完成马克思所说的劳动者从"操作者"到"看护者"的转换，从而通过生产环节的集成化、模块化、程序化进一步提高分工水平。但是，外在于生产过程的市场交易过程却始终充满了"惊险一跳"的风险，而为了降低市场"事后作为一种隐藏的、无声的自然必然性"的灾难冲击，企业不仅要消减生产过程的不确定性，还要试图获取更多市场信息，并将其转换为确定性指令。

---

① 《马克思恩格斯全集》（第 43 卷），人民出版社，2016，第 371 页。
② 《马克思恩格斯全集》（第 23 卷），人民出版社，1972，第 366 页。
③ 《马克思恩格斯全集》（第 23 卷），人民出版社，1972，第 394 页。
④ 《马克思恩格斯全集》（第 23 卷），人民出版社，1972，第 393 页。
⑤ 《马克思恩格斯全集》（第 43 卷），人民出版社，2016，第 371 页。

我们的分析表明，追求超额利润是企业不断投资信息生产体系的动力，为获得更高的确定性，企业会极力将"各种不同形式活动的比较复杂的劳动"① 消灭掉。从机械化时代到光电化时代，企业不断通过提高机械体系连接度、机电一体化等封装指令性信息的方式，保障生产过程的可控性，使"各种不同过程的相互补充不是在将来而是在现在进行了，结果是商品在一端开始生产时在另一端就会获得完成形态"。② 为化解交易过程的不确定性，企业不断通过电话、电报、互联网和物联网等形式，力图将生产过程信息与交易信息同步化。企业内分工和社会分工之间的矛盾，促使企业不断扩大其信息生产体系的范围，并逐步形成包含商品生产、服务提供与消费者网络的"全纳"产业链。③

沿袭上述分析框架，我们认为，从信息生产体系的发展历程看，信息通信技术（ICT）革命之前的信息生产体系，以在机器设备中封装指令性信息为主要手段，尽可能在一个封闭系统中获得产出的确定性；信息通信技术革命之后，随着数字化、网络化、智能化的发展，逐步形成以"数据＋连接"为特征的信息生产体系。信息生产体系的发展历程，体现了马克思所指出的"现代工业从来不把某一生产过程的现存形式看成和当作最后的形式。"④ 从机器封装指令性信息，到计算机、互联网、移动互联网和物联网，一种信息生产体系在克服原有生产体系的不确定性的同时，也会改变原有的经济活动方式，引发新的不确定性，进而促使信息生产体系迭代演进。

第二节　封装指令性信息体系的演进

按照主导技术的不同，工业技术史将工业革命以来至今的时期划

---

① 《马克思恩格斯全集》（第47卷），人民出版社，1979，第520页。
② 《马克思恩格斯全集》（第47卷），人民出版社，1979，第317页。
③ 江小涓：《高度联通社会中的资源重组与服务业增长》，《经济研究》2017年第3期。
④ 《马克思恩格斯文集》（第5卷），人民出版社，2009，第560页。

分为四个阶段，18～19世纪的机械化时代、20世纪初开启的机电化时代、20世纪后半叶开启的电子化时代，以及目前正在迎来的光电化时代。① 这四个时代分别与机械化、自动化、数字化和智能化对应。能量与信息的主线虽然贯穿整个工业技术史，但在上述四个阶段中具有不同的表现形式。

在马克思看来，工具机实现对人类劳动的替代，是工业革命或工业化的标志。从信息论的角度而言，珍妮机这类工具机相较于手工工具的进步，不仅在于节约生物能量，而且还在于通过在机器中植入或"封装"了一组"如果有A，就有B"的指令性信息，从而使生产获得了手工劳动难以实现的确定性。工具机的使用，无论是珍妮机还是精密机床，都使生产活动——从过程控制、所需投入和产出，比手工时代更为确定，也更为标准。尽管珍妮机构造并不复杂，却体现了工业革命所依赖的观念体系，即牛顿和波义耳等人所倡导的机械论思维的三个基本要素：确定性、可拆解和标准化。在这种思维方式中，世界是可认知的、有规律的，一切物质现象的产生归因于某类物质载体的存在和物质之间的结构性作用。这一思维在生产中的体现，就是通过直接在机器设备中植入或封装指令性信息来获得产出的确定性结果。

在机器装置中植入或封装指令性信息，是珍妮机之后一切机器设备遵循的基本原理。一旦植入了指令性信息，就相当于使机械系统获得了确定性：事件结果为1种，对应概率为1，信息熵为0，从而也就不再需要信息再投入。从珍妮机到机床，工业体系相对于传统手工业和服务业的优势就在于能将包含确定性的指令、程序的特定信息固化于机器体系内，以最大限度消除生产过程中的不确定性。不同机器，如珍妮机和机床的差异，只是在于技术递归层次

---

① Cain, L. P., Michael H. Best, *The New Competitive Advantage: The Renewal of American Industry* (Oxford University Press, 2001).

的多少，① 但它们都包含了一系列"如果有 A，就有 B"这样的逻辑指令。正如阿瑟指出的那样，从本质上说，技术是对现象有目的的编程，大量现象被捕获之后就会封存在各种各样的装置中，并被重复使用。阿瑟对技术本质的这种判断，与罗默对技术的理解如出一辙，在罗默看来，技术就是一套制造商品的指令（instructions），它可积累、可复制，并能以极低的代价被所有成员利用，具有非竞争性。

诸如珍妮机这样的工具机克服了手工生产难以标准化、流程难以控制的问题，在节约生物能量的同时也提高了产出的确定性。但如果仅是在工具机层次上获得确定性，生产效率的改进仍然有限，因为最终产出并不是工具机单独作用的结果，而是工具机、传动机和发动机，即马克思所强调的机器体系的综合作用。作为实现人的目的的一种手段，技术通过组件的集成或组合来达成其目的。技术"由集成块结构起来，集成块之间相互联系，共同服务于一个执行某个基本原理的核心集成，再辅之以其他的互动的集成子系统或组件系统的支撑。"② 而机器体系各部分相互联系的关键，在于同步性（synchronization）。③ 唯有如此，才能实现能量投入的精准细分和拆解。在第一次工业革命中，从珍妮机到蒸汽机，都只是在单个机器设备上实现了确定性，但并未实现机器体系的同步性：珍妮机时代的主要动力来源仍然是水力，水力虽然是廉价能源，但工厂选址受限；蒸汽机实现了对动力系统的指令性信息封装，使人类第一次获得了可控的转换能源，使动力输出较之水力具有更高的可控性和空间灵活性，但蒸汽机依然秉承了水力时

---

① 阿瑟认为，技术具有递归性组合特征，无论多么复杂的技术，都按照层级结构逐步递归，技术是由不同等级的技术建构而成的，技术包含技术，直到最基础的水平。而无论递归的层级复杂程度如何、差异多么大，结构的本质是相同的。详见〔美〕布莱恩·阿瑟：《技术的本质：技术是什么，它是如何进化的》，曹东溟等译，浙江人民出版社，2014，第43页。

② 〔美〕布莱恩·阿瑟：《技术的本质：技术是什么，它是如何进化的》，曹东溟等译，浙江人民出版社，2014，第43页。

③ Cain, L. P., Michael H. Best, *The New Competitive Advantage The Renewal of American Industry* (Oxford University Press, 2001).

代的直接驱动系统（direct-drive system），不仅传输效率不高，且无法实现生产过程中的动力拆解。① 在发动机、传动机和工具机构成的机器体系中，发动机无法按工具机的加工需要投放和调节动力输出，这就难以使能量生产和使用效率得到提高。因此，在第一次工业革命中，制造业的威力远不如电力时代。一直到 18 世纪末期，棉纺业机器设备的产量仍小得惊人，价格也极为低廉，唯一真正高成本的投资是建筑和能源；而早期机器对人的替代，无论在成本还是效率上，也并没有太大的优势。②

　　封装指令性信息突破单个设备，从而使机器体系获得阿瑟意义上的"集成块或组系统之间的相互联系"或同步性，始于电力单元驱动的大规模采用。1900 年，单元驱动（unit-drive）开始起步，这种驱动方式不仅实现了动力的分解，而且将发动机与工具机合为一体或保持了最小距离，从而提高了机器体系的同步性。③ 相较于机械化时代，机电化时代的分布式能源提高了机器体系的内部连接度，使机械布局和生产流程可以按生产需要的顺序来安排，生产环节可以按产品结构需要进行分解，从而极大地提高了流水线装配和分工水平。而越是流动、越是分工，就越需要机器体系同步，就需要更为紧密的机器体系，

---

① 水动力和蒸汽动力驱动的工厂均采用直接驱动系统。其连接方式是：主发动机通过滑轮和皮带将动力传输到管线轴（line shaft），管线轴将动力输出到工具机附近，然后通过平行于管线轴的曲轴和一系列的滑轮、转轴和皮带传递到工具机。直接驱动系统的弊端在于，任何一个生产环节都需要一套单独的发动机和传动机系统，无论生产量大小，都必须让机器全系统工作，不仅生产环节无法实现分割，而且生产时间、工厂的地址选择也受到很大限制。详见 Devine, W. D., "From Shafts to Wires: Historical Perspective on Electrification", *Journal of Economic History*, 1983, 43 (2): 347-372。

② 〔英〕大卫·兰德斯：《解除束缚的普罗米修斯》，谢怀筑译，华夏出版社，2007，第 65 页；Allen, R. C., "Lessons from History for the Future of Work," *Nature*, 2017, 550 (7676), 321-324.

③ 单元驱动的连接方式是：发电厂的电力通过电线将电能分配给单个电机，然后电机被直接安装在被驱动的机器上，通过皮带或齿轮直接连接，机器不需要通过管线轴和曲轴系统获取动力。传动这一连接环节的改进，使发动机与工具机保持了最小距离甚至趋于一体化。

从而使同步障碍最小化。① 这就使机械化时代的简单指令性信息封装，逐步发展成为集成化的系统信息封装。继 1930 年单元驱动成为工业生产的主要连接方式之后，1948 年自动生产线普遍化，1957 年又出现了更大的、可以有限移动的机械集成系统。当不仅单个工具机，而且发动机和传动机，都可以植入封装指令性信息，并实现机器体系的有效连接时，"许多人的同种作业具有连续性和多面性"就有了更好的技术保障，这使第二次工业革命爆发出远比第一次工业革命大得多的增长效能。在 1879～1919 年的 40 年时间里，制造业劳动生产率仅提高了 86%，但在单元驱动获得大规模应用之后的 1919～1953 年的 34 年内，制造业劳动生产率大幅提升了近两倍。②

半导体的发明使工业发展进入了电子化时代。与机电化时代的集成化相比，电子化时代通过电子元器件的数量增加和功能提升，可以在尽可能小的集成单元内构建技术模块，实现更多、更复杂的指令性信息封装。这不仅进一步提高了信息效率，而且还使机器体系获得了更好的同步性。"将技术的构建模块化可以更好地预防不可预知的变动。"③ 随着电子技术的飞速发展，从 20 世纪 90 年代开始，生产组件和生产设备的模块化成为工业生产的主导形式，这两种形式都极大地降低了生产过程的不确定性：在生产组件的模块化方面，产品的复杂性被更多地包含在关键部件中；在生产设备的复杂性封装中，越来越多的关键技术也以指令性的形式被封装在加工设备中，从而在产品越来越复杂的同时，生产过程的可控性和确定性越来越高。

在封装指令性信息越来越成功、生产过程的确定性得以不断提高的同时，另外两类不确定性也提高了，即企业内的层级管理与控制，

---

① Cain, L. P., Michael H. Best, *The New Competitive Advantage*: *The Renewal of American Industry* (Oxford University Press, 2001).

② Devine, W. D., Jr., "From Shafts to Wires: Historical Perspective on Electrification", *Journal of Economic History*, 1983, 43 (2): 347–372. 数据结果为作者根据第 350 页表格计算。

③ 〔美〕布莱恩·阿瑟：《技术的本质：技术是什么，它是如何进化的》，曹东溟等译，浙江人民出版社，2014，第 35 页。

也即管理交易（managerial transaction）的不确定性和买卖的交易也即市场交易的不确定性提高。对于前一种企业内的管理交易，企业可以通过生产现场管理予以应对，其本质仍然是信息管理，其基础虽然仍然是马克思所说的"先是由实践而后是由思索确定"，但其内容和方法要比手工工厂时期复杂得多：从福特的单一产品流，到丰田制的准时生产体系，进而到全面质量管理（total quality control，TQC）、优化生产技术（optimized production technology，OPT）、分销资源计划（distribution resource planning，DRP）等一系列现代生产管理方式的发展，都是企业在内部管理系统中植入、固化指令性信息，以在企业内的层级管理与控制中提高确定性的表现。

在企业通过组织创新、管理创新和信息投资消减管理交易的不确定性的同时，市场交易的不确定性却难以通过传统的封装指令性信息的方式降低，因为市场交易的信息并不来自企业生产过程，而是来自无数匿名主体的互动过程。无论是机电化时代的集成化，还是电子化时代的模块化，植入或封装指令性信息越成功，生产越是可以拆分，而生产越是拆分，"惊险一跳"的不确定性程度也就随之提高。正如马克思指出的那样，一旦大工业"达到一定的广度和一定的成熟程度，特别是一旦它自己的技术基础即机器本身也用机器来生产，总之，一旦与大工业相适应的一般生产条件形成起来，这种生产方式就获得一种弹性，一种突然地跳跃式地扩展的能力，只有原料和销售市场才是它的限制"。[①] 电子化技术在使企业生产过程的确定性不断提高的同时，也提高了价值实现的不确定性。化解这一不确定性的途径，就是提供确定性更高、范围更广、更为即时的市场信息。

消减、降低市场不确定性，无法通过植入一次性的指令性信息实现。这是因为，相较于生产过程，市场的不确定性是开放的、全主体的、全时空的和动态的。按照信息论对不确定性的定义，系统中的状

① 《马克思恩格斯文集》（第 5 卷），人民出版社，2009，第 518~519 页。

态数量即可能性越多，不确定性就越大；在状态数量保持不变时，如果各个状态发生的可能性相同，不确定性就很大；相反，如果个别状态容易发生，大部分状态都不可能发生，不确定性就很小。[1] 指令性信息封装于机械、集成装置和模块中之所以能有效提高确定性，就是因为通过封闭系统，能够达到"个别状态容易发生，大部分状态都不可能发生"。无论是机械设备，还是机电一体化，都是力图通过封闭系统，使系统产出结果概率为1，信息熵为0。但对于市场交易而言，却是系统中的状态数量即可能性越多，或状态数量保持不变时，各个状态的可能性相同，也正是在这一意义上，不确定性构成了自由市场的根本特征。

但这并不是说，从机械化、机电化到电子化时代，企业就完全没有应对市场不确定性的手段，只不过说，相较于在机器内封装指令性信息，企业应对市场不确定性缺乏类似的有效手段。事实上，从19世纪早期开始出现的各种信息手段的创新，如电报、电话，以及企业组织形态的变化，都折射出企业在既定信息技术条件下对市场不确定性的适应性变革。但无论何种手段，都无法获得关于市场的即时化、全主体、全时空的信息，信息传输速度和内容对消减市场不确定性都作用有限。另外，从信息的经济性而言，这一时期，获取即时化、全主体、全时空的市场信息既无可能，也无必要。因为无论是捕捉、存储这类信息，还是通过运算将这种信息转换为指令性信息，单位能耗都过高。[2] 因此，在机械化、机电化和电子化时代的初期，通过信息消除不确定性的手段主要是在机器体系中植入、固化和封装基于科学原理的指令性信息，这一方式具有"一次封装、永久可用"的优势，通

---

[1]　按照香农的信息熵计算公式：$H(x) = \mathrm{E}[I(x_i)] = \mathrm{E}[\log(2,1/P(x_i))] = -\sum P(x_i)\log(2,P(x_i))$ $(i = 1,2,\cdots,n)$，其中，x 表示随机变量，与之相对应的是所有可能输出的集合，定义为符号集，随机变量的输出用 x 表示。$P(x)$ 表示输出概率函数。变量的不确定性越大，熵也就越大，所需要的信息量也就越大。

[2]　以计算为例，巴贝奇的机械计算机包括上万个齿轮和1.5万个零件，重达数吨，完成运算所耗费的能量远超过手工计算的生物能量。

过图纸复制指令性信息、通过干中学改进指令性信息，成为信息经济化使用的主要手段。

第三节　信息生产体系的形成及其特征

随着计算机技术的不断发展，处理大量数据并将其加工为可用信息的能量耗费大大降低，互联网、移动互联网和物联网技术的发展，也使数据获取、分析与反馈的范围不断扩大，这使大量生产即时化信息成为可能，从而使以数据为内容、以连接为方式的"数据＋连接"信息生产体系逐步形成。从获取信息、处理信息和封装复杂性指令信息的方式来看，这一体系比机器封装指令性信息有了重大的变化。这一体系的形成，也使企业获得了一种不同于福特时代的标准化流程和计算机时代的自动化流程的自适应流程，而"这种自适应能力是由实时数据而非预先设定的一系列步骤所驱动的"。①以"数据＋连接"为主要手段，力图通过获取全时空、全主体的实时信息，来提高企业应对不确定性的能力，成为这一时期信息生产体系的主要特征。

（一）"数据＋连接"——信息生产体系中的关键技术变迁

在"数据＋连接"这一体系中，数据发挥着重要的基础性作用。作为资源的数据无时无刻不在产生，但将其转化为比特化的信息，则需要进行从物理性的采集转化为智力性的分析加工，如数据采集、数据标注、时序数据库管理、商业智能处理、数据挖掘与分析、数据存储、数据安全、数据交换等，这一系列活动构成了完整的数据产业链。而数据只有在完成从作为资源的数据及格式化、可存储、可交换的数据到思想或指令的转换之后，才对消减不确定性具有实质性意义。查

---

① 〔美〕保罗·多尔蒂、詹姆斯·威尔逊：《机器与人，埃森哲论新人工智能》，赵亚男译，中信出版集团，2018。

尔斯·琼斯和克里斯托弗·托内蒂严格区分了作为资源的数据和作为
产出的思想，数据是用来产生思想的"输入"（即原材料），是提高思
想质量的手段，"思想是生产函数，而数据是生产要素"。[①] 数据本身
虽然并不直接等同于思想，但在生产过程中仍然继续有用，包括验证
思想和继续产生新的思想。

数据必须与"连接"一起构成实时化的反馈回路，从而形成完整
的信息生产体系，才能有效消减经济活动中的不确定性，而数据和连
接之间存在着一种"互激式"的依存关系。一方面，更多的数据产生
对连接速度和连接范围的更高需求，连接速度的提升和连接范围的扩
展，又意味着可以接入更多数据来源，承载更多数据。2007 年，全世
界互联网信息传播速率为每秒 2tbit，2016 年为 27tbit，到 2025 年，全
球每年产生的数据将从 2018 年的 33ZB 增长到 175ZB，相当于每天产
生 491EB 的数据。[②] 另一方面，连接范围的拓展和连接主体的增加，
同时意味着不断深化的分工体系和不断扩展的市场规模，这又导致数
据产出和数据需求不断增加，而连接主体增加又不断强化梅特卡夫效
应，使网络价值非线性增长，从而更易于纳入新连接主体。从互联网
到移动互联网时代，接入设备数量从 10 亿增长到 30 亿，而从移动互
联网到物联网时代，接入主体数量则从 30 亿增加到 500 亿。据 HIS 的
预测，到 2025 年，全球物联网（IoT）连接设备的总安装量预计将达
到 754.4 亿，约是 2015 年的 5 倍。[③]

随着数据资源增多和数据需求不断升级，数据格式化、标准化存
储以及使数据从资源到思想转变的技术也需要相应升级，由此产生了
更为复杂的硬件，如更具能效比的数据存储读取设备、更高速率的数

---

① Jones, C. I., Tonetti, C., "Nonrivalry and the Economics of Data", NBER Working Papers 26260, 2019.

② 数据来自 2017 年 IDC 发布的《数据时代 2025》。

③ 《不可思议的数字：互联网每天到底能产生多少数据？》，家核优居，2019 年 4 月 16 日，https://www.jiaheu.com/topic/639151.html。

据传输设备①和算力算法更优化的数据处理手段，从而推动了"数据 +
连接"产业链的不断延伸和细化，最终体现为数字产业化和产业数字
化两者之间的互激式增长。与此同时，在数据生成速度不断加快、数
据资源不断累积的过程中，数据治理和数据协调的难度也日益增加，
从而衍生出大量与数据治理相关的制度和技术（如数据传输协议、区
块链等）以及商业模式（如平台经济），其最终功能，是在匿名化海
量信息中建立数字信任，以解决数据需求方和数据供给方在时间和注
意力稀缺条件下的数据供求匹配问题。

围绕"数据 + 连接"而发生的技术变迁，构成了数字技术发展的
主要轨迹。20 世纪 60 年代末期开始的计算机化，主要是实现了数据
的标准化读取、存储和复杂指令运算，因此也被称为工厂的办公室化阶
段。但这一时期，企业消除市场不确定性的手段依然是传统的电报、电
话等传统通信手段，计算机化主要应用于企业的生产和管理，表现为生
产手段的数字化管理和生产组件的"机电一体化"（mechatronics）。② 20
世纪 90 年代兴起的互联网革命，则开启了以数据传输为主要内容的大
规模连接革命，尽管在此之前互联网已经发展了相当长时间，但从
ARPANET 到 NANET 最终到 INTERNET 的形成，耗时最久的是从
TCP/IP 通信协议取代 DARPA 协议。数据传输标准协议的确立，使数
据可以实现"机—机"连接，并由此进入了"数据 + 连接"的互激式
增长阶段。2010 年左右开启的移动互联网时代，则实现了"人—机—
人"的连接，不仅实现了连接主体数量的激增，也突破了数据生成和
传输的主体与时空限制。正在迎来的以物联网、人工智能和大数据等
为代表的万物智能互联时代，则进一步使连接扩展到"人—机—物"
范围，从而使互激式增长进入了一个新的阶段。在连接范围不断扩展

---

① 摩尔定律（Moore's Law）、吉尔德定律（Gilder's Law）、梅特卡尔夫定律（Metcalfe's
　　Law）是制约同时也是引导信息产业发展的内在规律，其中，吉尔德定律强调在未来 25
　　年，主干网的带宽每 6 个月增长 1 倍、每 12 个月增长 2 倍，其增长速度是摩尔定律预测
　　的 CPU 增长速度的 3 倍，这体现了"数据 + 连接"的互激式增长。
② 1981 年三菱公司将微处理器用于氟利昂生产线，这被视为机电一体化的标志性事件。

和连接速度快速跃升的过程中，数据实现了从计算机时代的格式化到3V（variety、volume、velocity）、4V（增加了价值性 value）、5V（增加了真实性 veracity）的变化。

进入万物互联时代，信息生产体系中的数据和连接均出现了根本性的变化。

从数据看，在数据体量迅速增加、来源更加多样化的同时，对数据资源转换成有效信息的要求也更高。数据体量和来源多样化固然重要，但数据资源的丰裕并不意味着信息产出更有效率，数据传输协议、格式标准对统合资源也十分重要，而数据加工，尤其是人工智能芯片、算法，则对数据从资源转换成为思想起着决定性的作用。人工智能与之前计算机程序处理的根本区别，就是不再依靠预先确定的符号和符号之间的关系来帮助计算机理解这个世界，而是以世界为模型进行训练。① 而人工智能系统的优劣，同时又取决于用来训练它们的数据，数据越优良，人工智能系统就越能在反馈回路中得到训练，这样算法才能同时提高数据的质量和数量。因此，在新一代"数据＋连接"的信息生产体系内，数据实际上包含了封装指令性信息的人工智能算法和数据来源两方面的内容，两者的相互反馈使数据从资源到思想的转化效率不断提高。

从连接看，信息生产体系也经历了类似从直接驱动到单元驱动的转换过程。为了以更经济、更快捷的手段完成数据的存储、加工与输出，需要形成类似单元驱动的算力和存储的集中分布式连接，即以数据中心、边缘计算为代表的云连接方式。这一连接方式与之前的互联网、移动互联网有着本质的区别，"正如同互联网与电话之间的区别一样"。② 云不仅可以连接任何事物，而且基于云架构的集中分布式基

---

① 〔美〕保罗·多尔蒂、詹姆斯·威尔逊：《机器与人，埃森哲论新人工智能》，赵亚男译，中信出版集团，2018。

② Mills, M. P. , "Industrial Policy：Old-Think in the New Cloud Era", 2021, https://media4. manhattan-institute. org/sites/default/files/industrial-policy-old-think-new-cloud-era-MM. pdf.

础设施具有与电力的集中分布式能源体系同样的作用，不仅节约了用户和企业终端设备的投入，而且在实现数据的即时化处理的同时，还能最大限度节约社会总的信息能源耗费。数据和算力的集中分布式架构之于新一代信息生产体系而言，正如电力的单元驱动之于制造业一样，在数据中心和边缘计算、物联网和终端设备之间形成的云、网、端结构，可以实现信息生产投入，包括能耗和算力的精准拆分，一如制造业按加工需求分拆动力一样。如果说分布式能源提高了机器体系的内部连接度，使机械布局和生产流程可以按生产需要的顺序来安排的话，那么分布式数据和算力架构可以使信息生产过程按需要进行算力的精准投放，这就可以进一步提高信息生产的即时性和全面性。

（二）不确定性的消减——"数据＋连接"体系解决的技术经济问题

日趋复杂的"数据＋连接"体系的最终目的，是通过建立数据资源到思想的信息生产体系，消除经济活动——从生产到流通过程中的各种不确定性。而不确定性是一个全时空、全主体问题，行为主体在任意时点、任意空间都可能产生不确定性；与之对应，如果要最大限度地消除不确定性，就需要获得同样全主体、全时空的即时同步信息。这就要求数据的来源尽可能广泛、数据传输尽可能即时。

更快、更准地获取更大范围、更多相关主体的多维即时数据，从中经济地生产出有效的思想，进而消减经济活动中的不确定性，这一原则贯穿了信息生产体系的发展过程。继计算机的普及实现了信息数据化之后，20 世纪 90 年代之后的互联网发展，使机—机之间实现了互联，信息传输的效率、速度极大提高，而且实现了多主体在线。从消减不确定性而言，这一时期"数据＋连接"体系的功能得到了明显的提升：第一，信息来源的多样化、即时性不仅有助于提高交易效率，而且有助于提升企业管理效率；第二，数据处理的微型化、高效化使机电一体化程度迅速提高，复杂性封装的模块化组件生产得以发展，这实际上是通过高效集成的信息指令封装，化解了分工过程中带来的机器体系的不确定性。信息体系功能的提升使过去集中在一个经济体境内的生产线可以分拆为数十道甚至上百道工序，并根据成本和效率指标分配给世界各地的生产商。但互联网时期的"数据＋连接"体系仍无法接入全时空主体，完成全时空信息的采集、分析与传输。尽管模块化可以通过封装复杂性提高机器体系的同步性，降低分工、外包带来的不确定性，基于互联网连接的数据高速即时传输可以降低企业内部的管理成本，但"惊险一跳"这一资本主义固有矛盾所内蕴的不确定性始终存在，生产越发达，分工越精细，这种不确定性也越高，社会对多样化、精准化、即时化的信息始终存在旺盛的需求。

随着移动通信技术的发展和芯片微型化不断发展，"数据＋连接"的技术变迁进入了移动互联网时期。移动互联网时期的最大变化，在于摆脱了有线连接的空间限制，消费主体可以随时随地生成数据，因此在时空覆盖、主体参与和即时性上较互联网时期有更大的突破，金融、电商、娱乐传媒等互联网时代就开始萌芽的新型服务业在这一时期开始迎来爆发式增长，并催生了平台经济、共享经济等多种新的经济形态。但对于制造业而言，这种消费端确定性程度的提高意味着双重挑战：第一，流通资本一旦获得有效规模的消费数据，就可以独立地以"数据＋平台"架构形成市场垄断，它们不仅具有与生产资本相比更大的博弈权力，而且可以在职能上向着生产资本延伸，进行服务型定制；第二，在消费信息更为即时、偏好展示更为充分的同时，对与生产相关的物的数字化需求更为迫切，消费信息如果不能与生产过程和最终产品的信息形成同步，这种信息对生产过程就毫无意义，相反还会加剧生产管理和决策的难度。多样化和即时化的消费终端信息对生产环节的信息结构形成一种"倒逼"的力量，消费者和最终产品、机器设备等生产资料之间建立起有效的信息连接，就成为必需。在这双重挑战中，前者推动了服务业制造化，后者则对物联网、工业互联网等技术提出了更高的要求。

从 20 世纪 90 年代的互联网到移动互联网时期，信息生产体系在消减不确定性的功能发挥上具有明显的产业偏向性。即对制造业中不确定性消减的功能低，而对金融、文化、娱乐、广告传媒等服务行业的不确定性的消减作用更为明显。这是因为，服务业的生产过程和消费过程是合一的，服务生产过程的信息化和流通过程的信息化也是一体的，但制造业则无法实现这种"合二为一"。而长期以来服务业不同于制造业的产业特征，就是生产与消费过程具有时空同一性，生产主体和消费主体必须面对面，因此难以被机器所替代；但互联网时代之后，诸如金融、影视音乐和广告等新型服务业的特征，就是可以通过数字化实现服务"物化"（embodied service）。物化的虚拟产品或服务或者被直接消费，如视频、音乐；或者通过物化虚拟产品达成交易之后，再提供实际服务，如电商、外卖等。而物化产品的虚拟生产过程复制成本近乎为零，这就可以有效地通过"合二为一"的方式降低生产过程和流通过程的不确定性。与之相反，制造业虽然也可以依托"数据＋连接"实现产品的虚拟化展示，但虚拟的制造业产品不能被物化消费，而制造业生产流程和分工网络更为复杂，产品异质性程度更高，因此数据协调难度更大，格式标准、传输协议更为复杂，难以完成系统化、大范围的"数据＋连接"，更不可能像服务业那样实现生产和流通过程的信息同步。对于制造业而言，虽然有在生产过程中通过机械与机电一体化、模块化等方式封装指令性信息以降低不确定性的优势，但无论是企业间的相互需求、还是最终产品的消费需求，流通过程中不确定性的消减，需要更为复杂的即时化信息，在面对消费者多样化信息的时候，生产过程的调整难度更大，这也是为什么定制化生产只能出现在诸如服装等生产环节较为简单的行业。因此，对于制造业而言，无论是互联网时期还是移动互联网时期，"数据＋连接"体系的功能更多地体现在消减企业内部的不确定性上，如生产过程和管理环节，却难以像服务业那样通过最终产品的虚拟化、数字化一次性减少生产和交易两个过程的不确定性。正因为如此，20 世纪 90 年代互联网技术对传统产业的渗透主要集中在金融、娱乐等服务领域。有学者甚至认为，是金融业成就了互联网行业，而不是互联网行业造就了金融业。[①]

以 5G、大数据、云计算、人工智能和工业互联网等为代表的新一代数字技术之所以被视为工业 4.0 或智能网络制造的代表性技术，是因为这一代技术所形成的"数据＋连接"具有更高效、更大范围的消减不确定性的功能，从而可以扭转之前"数据＋连接"体系的产业偏向性。其原因在于，不同于机器体系内的信息封装，也不同于人—机连接和机—机连接，新一代数字技术通过物联网、人工智能，将电子设备、加工对象、生产主体和消费主体整合到一个完整的网络物理系统中，形成覆盖全主体和全时空的信息，从而尽可能地与不确定性产生的全部来源相对应。以制造业的数字孪生为例，就是将全感测的工厂（机器或生产过程）与计算机模型进行比较，从而在虚拟世界中实时模拟其在真实世界中的运行情况，以实现对生产过程和交易过程更好的控制，从而提升企业效率。

新一代数字技术的功能指向，最终都服务于更有效率地用数据消减不确定性。云计算的本质，是通过共享计算和储存能力降低单个企业的数据投资成本；人工智能的本质，是提高从数据资源到思想的生产效率；工业互联网、工业 App 的本质，是使复杂的工业生产数据实现标准化传输，以实现数据资源的互补性；而 5G 的本质，是在人—物—机之间形成高速、低延时的连接通道；智能网络化制造的本质，是通过生产—流通各环节之间的即时化、全领域数据的获取，并将其经由智能化运算转化为最终指令，最大限度消减不确定性。在这种生产方式下，企业能便捷地获取需求方的全样本即时化数据，通过人工智能将数据资源转换为思想或指令，并最终通过数字化生产体系将此类指令与封装的机器体系对接，完成精准量化即时生产，而需求方则可以通过数据通道接入"企业"——参与产品的设计、研发、产品定

① Cain, L. P., "The Double Bubble at the Turn of the Century: Technological Roots and Structural Implications", *Cambridge Journal of Economics*, 2009, 33 (4): 779–805.

制等，这都为企业生产即时对接需求数据、进行有针对性的分析并做出最佳生产选择创造了条件。与此同时，数字化以及现代通信技术也使企业监督、控制和管理供应链的过程分散化，从而实现财务、技术、管理、市场营销与产品生产过程的同步化。

表1-1简要展示了不同工业时代企业在生产过程（企业内）、管理交易（企业内）、市场交易（企业外）过程中的信息使用方式及其典型表现。按照联合国工业发展组织《2020年工业发展报告：数字化时代的工业化》的观点，工业4.0时代的典型特征，在于"数据+连接"的系统性提升。具有嵌入式传感器、处理器和执行器的智能网络系统，旨在实时感知物理世界并与之交互和支持，这就可以将生产、管理交易和市场交易全部置于一个联通的信息体系内。

表1-1 不同工业时代企业信息使用方式及其特征

工业时代	标志性事件	信息使用方式及其典型表现		
		生产过程（企业内）	管理交易（企业内）	市场交易（企业外）
工业1.0时代	1784年爱德蒙·卡特莱特发明动力织布机	封装简单机械信息使单个设备获得确定性	基于经验和现场计算	邮政
工业2.0时代	1870年世界上第一条屠宰线出现在美国辛辛那提	提高连接度使机器体系获得确定性	基于符号的视觉信息系统	电报、电话
工业3.0时代	1969年PLC（可编程序逻辑控制器）Modicon 084诞生	封装复杂指令性信息，提高机器设备和加工对象集成度，模块化形成	电子生产控制系统（EPCS）、企业资源计划（ERP）系统	计算机与互联网
工业4.0时代	2010年7月，德国政府通过《德国高技术战略（2020）》，2011年深度学习开始大规模使用	生产过程、管理交易与市场交易过程的全纳信息系统，基于先进数字生产（ADP）技术的解决方案，信息物理系统（CPS）、带数据分析的M2M射频识别系统在形成智能分析指令的过程中实现基于数据实时反馈的智能决策		

注：与表2-4不同的是，此处主要强调制造业封装和使用信息的方式差异。
数据来源：根据联合国工业发展组织的《2020年工业发展报告：数字化时代的工业化》等相关资料整理，https://www.un.org/development/desa/dspd/wp-content/uploads/sites/22/2020/03/Fujino-UNIDO_IDR2020-English_overview.pdf。

（三）信息生产体系的规模边界与不确定性的"终结"

基于"数据 + 连接"的新一代信息生产体系能否始终驱动经济增长？或者，信息生产体系是始终规模报酬递增还是最终会规模报酬递减？对这一问题，经济学界存在两种不同的看法。其中比较有代表性观点如下。查尔斯·琼斯和克里斯托弗·托内蒂等人认为，数据有助于直接提高生产力，因为数据的非竞争性和可自由复制特性，使其具有规模报酬递增特征。但玛丽·法布尔迪和劳拉·帕尔默[①]则持相反观点，他们认为，当数据稀缺时，规模报酬递增，当数据丰裕时，规模报酬必然递减。从长期来看，数据积累和资本积累一样，在没有技术进步的前提下，无论是数据规模增长，还是进一步优化机器学习，单纯预测性数据积累本身不能维持增长，随着确定性的逐步提高，数据规模报酬递减必然出现并最终导致停滞。

信息生产体系是否面临规模终极约束，关键在于在信息生产体系中，数据是仅产出预测性信息，还是同时可以作为创新的手段。玛丽·法布尔迪和劳拉·帕尔默认为，查尔斯·琼斯和克里斯托弗·托内蒂等人是将数据视为可以直接提高生产力的技术，但事实上，数据主要用于提高预测准确性，其本质是信息而不是技术。随着用户生成的数据不断累积，在新用户增加数量开始下降时，预测所需要的信息量就越来越少，从而必然会出现规模报酬递减并最终导致停滞。

玛丽·法布尔迪和劳拉·帕尔默的批评正确地指出了数据单纯作为预测性信息的局限性，却忽视了信息生产体系，尤其是以人工智能为内核的新一代信息生产体系所具有的多重功能。基于"数据 + 连接"的新一代信息生产体系的预测性功能体现在交易过程中，直接有助于价值实现；仅作为一个流通推进而非生产改进的技术，预测性信

---

① 详见 Jones, C. I., Tonetti, C., "Nonrivalry and the Economics of Data", NBER Working Papers 26260, 2019, http://www.nber.org/papers/w26260; Farboodi, M., & Veldkamp, L., "A Growth Model of the Data Economy", NBER Working Papers 28427, 2021, http://www.nber.org/papers/w28427。

息促进增长的效能当然存在极限；但信息生产体系同时也可以优化生产流程和供应链，促进工艺创新和组织创新，而工艺创新和组织创新带来的技术进步可以延缓增长趋缓的趋势。但是，在没有产品创新的前提下，工艺创新和组织创新最终也存在增长极限。正如阿吉翁和诺德豪斯等人的研究所表明的那样，为了实现更广泛和持续的快速增长，需要有大规模的产品创新，从而实现对原有经济的产品替代和升级，如果快速的技术进步发生在相对较小的经济领域，出现奇点（singularity）的可能性就极小。[①]

信息生产体系的规模边界问题，同时也涉及另一个更深层次的问题，即随着新一代信息生产体系实现对实际经济活动的数字"复刻"，整个生产链、供应链乃至消费终端的即时信息都将被纳入一个数字系统中，社会交换的不确定性是否也将和企业内生产过程的不确定性一起随之消弭？"社会分工的无政府状态和工场手工业分工的专制"[②] 的互相制约是否将不复存在？

这里的根本问题在于，在信息生产体系规模不断扩张的过程中，蕴含生产率增长的工艺创新和组织创新和代表着新使用价值类型的产品创新是否会交替出现？ 在马克思那里，这个答案是肯定的。工艺创新和组织创新带来的生产率增长在推动资本积累的同时，也为新使用价值类型的产品创新创造了条件。在以竞争为第一要旨的市场经济体系中，单纯的工艺创新和生产率进步会加剧使用价值和交换价值的矛盾，并借此加剧剩余价值生产和剩余价值实现的矛盾，因此，以工艺创新和生产率进步为基础的价格竞争，将不再是竞争的唯一重要手段，而产品创新则成为必然结果。[③] 而一旦产品创新成为必然，原有的围

[①] Nordhaus, W., "Are We Approaching an Economic Singularity? Informa-tion Technology and the Future of Economic Growth", NBER Working Papers, No. 21547, 2015; Aghion P., Jones B. F., Jones C. I., "Artificial Intelligence and Economic Growth," NBER Working Papers, No. 23928, 2017.

[②] 《马克思恩格斯全集》（第 23 卷），人民出版社，1972，第 395 页。

[③] 孟捷：《产品创新与马克思的分工理论——兼答高峰教授》，《当代经济研究》2004 年第 9 期。

绕既定使用价值生产而型构的信息生产体系就将重构，以新的使用价值为中心的工艺创新和组织创新又将开始进入新的发展循环。这意味着，在信息生产体系的预测性功能达到边界且趋于停滞时，只要有产品创新出现，信息生产体系就会被重新激活，从而开启新一轮的规模扩张。这意味着，只有在信息生产体系成为创新投入的手段，并有助于解决"用什么生产""生产什么"这类问题，而不是只解决"如何生产"和"如何销售"的问题时，"数据＋连接"这一信息生产体系才能持续地发挥提高效率、促进增长的作用。

当前以人工智能，更具体地说，是以深度学习为内核的新一代信息生产体系的不同之处就在于，深度学习不仅具备通用技术（GPT）的性质，而且具有"发明方法的发明"（invention of a method of invention，IMI）的功能。① 它不仅是信息生产体系的关键技术，同时也是新知识发现和新知识创造的技术，因此也被称为元技术（meta technologies）。由于这种元技术具有通用性质而非仅适用于某些特定领域，同时兼具罗默的元思想（meta ideas）和通用技术的共有属性，因此也可称之为通用元技术（general purpose meta technologies，GPMTs）。通过对复杂知识空间的搜索、现有知识库存的利用，以及现有知识库存不同要素的结合，深度学习具有创造有价值的新想法的能力，从而不仅可以提高各个部门的生产率，而且还有望改变这些领域创新进程的本质，在改变知识生产方式的同时，改变经济增长的前景。从这一意义上而言，诺德豪斯等人的分析仅适用于人工智能（AI）中的另外两个关键技术——机器人技术和符号系统，而不适用于深度学习。易言之，由于深度学习在新知识创造和利用方面所具有的独有优势，新一代信息生产体系不只是降低了价值创造和价值实现过程中的不确定性，同时也提高了新知识生产的效率，进而有助于实现产品创新，从而推动经济的长期增长。

---

① Cockburn, I. M., Henderson, R. and Stern, S., "The Impact of Artificial Intelligence on Innovation", NBER Working Papers, No. 24449, 2018.

第四节　以制造业为底座的"数据＋连接"

本章关于"数据＋连接"信息生产体系演变历程及其特征的分析具有如下政策启示。

第一，无论是"数据＋连接"这一信息生产体系的生成，还是这一体系产出的应用，都需要制造业作为"底座"。当前，以人工智能、大数据为代表的新一代数字技术虽然在表现形式上日益数字化、服务化，但比互联网时代更加依赖制造业。这是因为：一方面，在"数据＋连接"这一系统中，大数据、云计算、物联网、人工智能、区块链五大数字技术围绕数据提取、存储传输、优化、互信共享而展开的技术协同与互补，都需要大量数字设备，如传感器、通信模块、智能装备、专用芯片和数据中心等，去完成数据采集、生成、存储、传输甚至分析，即数字产业化依赖制造业；另一方面，在"刚刚开始启动"的制造业数字化中，也需要制造业吸收"数据＋连接"这一信息生产体系的产出，为数字技术进步提供强大的需求端拉动作用。制造业吸收信息生产体系产出的方式包括，通过在产品中植入传感器、通信模块使产品具有动态存储感知与通信能力，实现可追溯、可定位、可互动的产品智能化，然后通过实时连接产品实现服务智能化；通过机器体系的装备智能化、生产方式智能化、管理智能化实现智能制造，即产业数字化需要制造业。《中共中央关于制定国民经济和社会发展第十四个五年规划和二〇三五年远景目标的建议》明确提出要"保持制造业比重基本稳定"，这与"十三五"规划提出的"加快推动服务业优质高效发展""服务业比重进一步提高"相比，发生了明显的改变。而这一转变，正是基于对新一代数字技术发展趋势的判断。

第二，在"数据＋连接"的互激式增长过程中，数据和连接的"双优化"才能充分发挥新一代信息生产体系的作用。从数据规模看，作为全世界唯一拥有联合国产业分类当中全部工业门类的国家，完整的制造业供应链可以为中国制造业数字化提供规模最大、最为多样化的数据资源；作为拥有世界上规模最大的中产阶级的国家，庞大的国内消费市场可以为终端消费数据提供最多的数据主体。但数据规模不等于数据效率，由于更多的数据需要对应更多的能耗，且计算结果可以共享，[①] 因此，拥有质量更好的数据、更好的算法和算力以及互补性更强的数据平台，比拥有更大的数据规模更为重要。欲将数据规模优势转化为数据胜势，还需要在数据产业链、人工智能芯片、工业互联网平台等方面加大创新投入力度。

从连接体系看，以数据中心、边缘计算为架构的数字基础设施将形成类似电力的集中分布式算力和存储供给，这一领域的竞争将在很大程度上决定数字经济的制高点。当前，美国超大型数据中心数量约占全球的50%以上，且每年以800万平方英尺的速度递增，而中国超大型数据中心数量约占全球的10%。虽然中国数据中心从2012年开始进入高速增长阶段，增速明显高于全球平均水平，但与中国高速增长的GDP和经济增长水平仍然不匹配。在云计算市场上，美国和西欧分别占据了全球市场的50%和23.5%，而中国仅占4%。[②] 在"十四五"规划中，首次未设置GDP增速目标，而是在创新驱动类别中特意增加了数字经济核心产业增加值占GDP的比重这一新指标，并规划2025年数字经济核心产业占比将由2020年的7.8%增加到10%，其意义也在于此。

第三，"数字＋连接"这一体系不仅可以有效降低生产过程、管理交易过程和市场交易过程中的不确定性，也可以为科学研究、技术创新提供数字化解决方案，如计算机建模和模拟、实验过程的自动化、高级

---

① 例如，机器人之间可以实现知识共享。一旦机器在一个地方学会了一项新技能，它就可以通过数字网络复制到其他机器上，这反过来又加快了升级的速度。谷歌的子公司Waymo拥有25000辆"真正的"自动驾驶汽车，每周大约有1900万英里的模拟里程，所有Waymo汽车都是从其他汽车的共同经验中学习的。这意味着，数据训练算法、算法优化数据的共享平台比数据规模更重要。

② Mills, M. P., "Industrial Policy: Old-Think in the New Cloud Era", 2021, https://media4.manhattan-institute. org/sites/default/files/industrial-policy-old-think-new-cloud-era-MM. pdf.

测量和传感等，**尤其是在试错类的科研活动中，人工智能更有其独有的优势**。从长期看，"数字＋连接"的信息生产体系如果仅仅局限于工艺创新和模式创新，则只能解决如何生产、如何实现价值的问题，而不能解决生产什么、用什么生产的问题，其增长效能最终是有限的。而当前，中国数字经济的发展成就更为集中地体现在新型服务业、生活性服务业领域，如金融、物流、娱乐以及信息咨询、外卖等，制造业尚处在发展初期。2017 年，就制造业信息化和工业化融合水平而言，只有4.1% 的企业处于创新突破阶段。[①] 因而长期看更为重要的是，如何使"数据＋连接"这一信息生产体系在科研活动中发挥更大的作用，使信息生产体系成为创新的重要手段。

---

① 中国信息化百人会：《2017 中国数字经济发展报告》，http://www.doc88.com/p–1167826879457.html。

第二章　技术革命的三重维度
与增长效能

　　数字经济的发展趋势不可逆转，而且毫无疑问，以互联网、人工智能和大数据为代表的数字经济也的确改变了我们的生活。但对20世纪70年代以来，以互联网、计算机等信息通信技术（ICT）为基础的数字经济（即数字经济1.0）的经济增长"效能"，一直存在较大争议；对当前以大数据、云计算和人工智能为代表的新一代数字经济（即数字经济2.0）的发展前景，也存在悲观派和乐观派的分野。讨论数字经济如何推动高质量发展，不仅需要把握新一代数字经济的技术经济特征，也需要总结数字经济发展的历史经验和教训，尤其是对数字经济2.0时代是否会继续产生数字经济1.0时代的索洛悖论、时间延滞和科技平原等问题，需要给予高度重视。

第一节　差强人意的数字经济1.0时代？

　　第二次世界大战结束到20世纪70年代初是发达资本主义经济史上的"黄金年代"（The Golden Age）。根据麦迪逊的数据，这一时期，GDP和人均GDP的增长率几乎是1820年以来任何时期的两倍，劳动生产率的增长也是此前任何时期的两倍，投资率增长和资本积累速度大幅提高，出口额的增长超过GDP，其增速是1913～1950年的八倍，是 1820 年以来整个 19 世纪的两倍。[①] 而"黄金三十年"之所以成为"黄金年代",不仅在于经济的持续增长,更在于劳动生产率、实际工资和积累率的平行增长,经济增长具有普惠、分享与包容特征。科茨等人的研究表明,1948～1973 年,美国的劳动生产率以每年 2.8% 的速度增长,薪酬则以每年 2.7% 的速度增长,两者基本上实现了平行增长。[②] 也正是因为这一点,调节学派才将"黄金三十年"的积累体制称为"有群众大规模消费"的积累体制。

"黄金三十年"结束之际,也正是第五次技术革命浪潮,即以信息通信技术为代表的数字经济 1.0 时代启动伊始,但马伦(Phil Mullan)认为,也正是从那时候开始,西方发达国家就开始陷入"抑制性萧条"(contained depression),其具体表现为生产率增长缓慢、资本积累与投资增长乏力、实际工资增长停滞。而无论是始于 20 世纪 70 年代的以 ICT 为代表的第五次技术革命浪潮,还是始于 2010 年的以人工智能、生物技术为代表的第六次技术浪潮,都未能扭转经济长期萧条的下行趋势。20 世纪 70 年代以来,ICT 革命仅在 1995～2004 年挽救了颓势,而即使在这一扭转中,其效果也仅仅表现为生产率的提升,而没有再现战后"黄金三十年"的那种劳动生产率、积累率和实际工资的平行增长。马伦甚至认为,这一时期的复苏和技术革命没有什么关系,更多地应该归因于冷战结束、东亚崛起和美元霸权的红利。[③]

从生产率数据看,尽管不同的经济学家的研究结论略有差异,但整体上看,数字经济 1.0 时代以来西方发达国家的生产率增速明显趋缓。截至 1992 年数据的研究表明:18 个经合组织国家 1961～1973 年全要素生产率的年均增长率是 3.25%,劳动生产率年均增长率是 4.4%,在 1974～1992 年,这个数字分别下降到了 1.09% 和 1.81%。

---

① 孟捷:《战后黄金年代是怎样形成的——对两种马克思主义解释的批判性分析》,《马克思主义研究》2012 年第 5 期。

② Kotz, D. M. and Deepankar Basu, "Stagnation and Institutional Structures", *Review of Radical Political Economics*, 2019, 51 (1).

③ Phil, M., *Creative Destruction: How to Start an Economic Renaissance* (Policy Press, 2017).

而美国全要素生产率的年均增长率在 1961～1973 年是 1.5%，1974～1992 年降低到 0.40%；从劳动生产率看，美国 1961～1973 年劳动生产率的年均增长率是 1.55%，1974～1992 年只有 0.38%。[①] 而诺德豪斯对 1909～1979 年美国劳动生产率的研究也表明，从第一次世界大战到 20 世纪 60 年代中期，美国的劳动生产率年均增长率大约是 2%～2.5%，之后逐步趋缓，1979 年开始进入明显的下行通道。[②]

查德·西维尔森（Chad Syverson）对更长时段的数据分析则表明，所谓"索洛悖论"只是一个新技术在"等待"互补性投资积累超过一定阈值的一种时滞现象。因为在 1995 年之后，包括美国在内的西方发达国家的生产率增速就开始迅速提升。但令人遗憾和困惑的是，它仅仅持续了不到十年时间，其表现远不像一个通用技术（GPT）进步带来的增长。他的研究表明：1947～1973 年，美国的劳动生产率年均增速为 2.7%；1974～1994 年劳动生产率年均增速为 1.5%；而 1995～2004 年劳动生产率年均增速提升到了 2.8%，但自此以后再度掉头下行。2005 年至 2015 年第三季度，美国的劳动生产率年均增速降低到了 1.3%。其他发达经济体的情形也基本相似，2005～2015 年，近 30 个发达经济体的劳动生产率年均增速平均下降了 1.2 个百分点。[③]

戈登的统计同时还表明，"黄金三十年"结束之后至今，不仅美国，而且其他西方发达国家，均出现了劳动生产率增速的下降，见表 2-1。

表 2-1　劳动生产率年均增速

单位：%

地区	1950～1969 年	1970～1995 年	1996～2005 年	2006～2016 年
东亚	6.71	3.47	2.47	1.45

① Diewer, W. E., Fox, K. J., "Can Measurement Error Explain the Productivity Paradox", *The Canadian Journal of Economics*, 1999, 32 (2).

② Nordhaus, W. D., "Economic Policy in the Face of Declining Productivity Growth", *European Economic Review*, 1982, 18 (2).

③ Syverson, C., "Challenges to Mismeasurement Explanations for the U. S. Productivity Slowdown", NBER Working Papers, No. 21974, 2016.

续表

地区	1950～1969 年	1970～1995 年	1996～2005 年	2006～2016 年
西欧 15 国	4.76	2.73	1.50	0.55
美国	2.61	1.50	2.38	0.93

数据来源：Gordon, R. J., "Why Has Economic Growth Slowed When Innovation Appears to Be Accelerating?", NBER Working Paper, 2018.

"黄金三十年"的重要特点之一，就是基于稳定预期利润率下的稳定投资率，这在"大规模生产—生产率提高—实际工资提高—需求增长—进一步的大规模投资"循环中是至关重要的一环。但与"黄金三十年"相比，20 世纪 70 年代之后的美国经济呈现明显的利润率与投资率背离的特点。如表 2－2 所示，20 世纪 80 年代之后，美国私人企业的利润率并未出现明显下降，在 2008～2014 年甚至还超过了"黄金三十年"，但积累率持续走低。科茨的研究还表明，1948～1973 年，利润率每提高 1 个百分点，积累率就会提高 0.549 个百分点；1974～1979 年，利润率每提高 1 个百分点，积累率就会提高 0.593 个百分点；但 1980 年之后，利润率与投资率已没有相关性，出现了利润率和积累率的明显背离，虽然美国私人企业利润率在 2009 年后反弹至长期高点，但积累率和经济增长率一直呈下降趋势。马伦的研究则表明，从投资和资本产出比看，美国相对于经济规模而言的商业投资净额，也已经从战后经济繁荣期结束时的近 6%，下降到了 2016 年的 2.5% 左右。[1] 这意味着投资预期收益率低下，资本积累速度缓慢。

表 2－2　1948～2014 年美国的积累率、利润率与经济增长率

单位：%

指标	1948～1973 年	1974～1979 年	1980～2007 年	2008～2014 年
积累率	3.71	3.71	2.83	1.45
利润率	7.98	7.35	7.48	8.25

---

① Phil, M., *Creative Destruction: How to Start an Economic Renaissance* (Policy Press, 2017).

续表

指标	1948~1973 年	1974~1979 年	1980~2007 年	2008~2014 年
经济增长率	4.03	2.97	3.02	1.19

注：所用数据为年均数据。

数据来源：Kotz, D. M., "Social Structure of Accumulation Theory, Marxist Theory, and System Transformation", *Review of Radical Political Economics*, 2017, 49（4）.

　　从实际工资水平看，大卫·科茨等人的研究表明，2008 年全球金融危机以来，美国工人的小时实际工资甚至未能恢复到 1973 年的水平。20 世纪 70 年代，美国制造业工人实际时薪年均增长率为 0.02%，而在 20 世纪 80 年代至 2000 年则为 -0.47%。不仅实际工资，而且这一时期的总体劳动收入份额也呈下降趋势，在企业利润占美国 GDP 的比重从 2001 年的 7% 上升到 2006 年的 12.2% 的同时，同期的实际收入中位数却下降了 3 个百分点。[1] 而拉沃等人的研究表明，从 20 世纪 80 年代初到 2008 年全球金融危机爆发之前，G20 各国工资占 GDP 的比重全部呈现下降趋势。[2]

　　在实际工资和劳动收入份额停滞甚至下滑的同时，收入差距却显著加大了。1980~2013 年，美国最富有的 1% 的人的平均实际收入增长了 142%，在国民收入中所占的比重从 10% 增加到 20%。但在这 33 年时间里，美国中位数家庭收入仅增长了 9%。与此同时，1979~2007 年，工资分布中最底层的 20% 的工人的工作时间却增加了 22%。[3] 这一切，正如多西指出的那样，黄金时代的典型特征是实际工资和劳动生产率的平行增长，但后黄金时代却陷入了一种明显的劳动生产率、利润率-积累率、实际工资（需求）的脱耦

---

[1] 数据来源参见〔美〕特伦斯·麦克唐纳、迈克尔·里奇、大卫·科茨等：《当代资本主义及其危机：21 世纪积累的社会结构理论》，丁晓钦等译，中国社会科学出版社，2014。

[2] Lavoie, M. and Stockhammer, E., "Wage-Led Growth: Concept, Theories and Policies", ILO Working Papers 99470936340267, 2013, pp. 13-39. 详细数据见导论表 1。

[3] 〔美〕斯蒂格利茨：《模仿美国的国家，不平等都加剧了》，《世界社会主义研究》2017 年第 2 期。

（decouple）。①

更不容乐观的是，在一个由知识和创新驱动的时代，创新和研发的效率也在递减。美国全要素生产率和研发投入的背离从第二次世界大战结束之后就开始了，但在 20 世纪 70 年代之后这种背离骤然加剧且越发严重。无论是摩尔定律起作用的 ICT 领域，还是预期寿命和医药生物研发之间的投入产出关系，都表现出这种创新收益的递减趋势。② 统计表明，20 世纪 70 年代以来，除了在 1980～1990 年有所递减之外，美国每百万人所拥有的专利数量，一直保持着高速增长的态势：1940～1984 年，美国每百万人所拥有的专利数量为 275 项，1985～2012 年为 485 项。但在人均专利数激增的过程中，投资却在急剧下降。③ 这种专利数增长和投资净额下降的反差，说明资本对未来的预期不佳，同时也意味着创新专利很难变成现实的创新产品。

创新效率的衰减，使一向以创新精神和引领技术浪潮而自豪的美国各界深感不安。2011 年，泰勒·考恩（Tyler Cowen）的《大停滞》（*The Great Stagnation*）一书的出版，更是引起了美国各界的广泛讨论。针对创新效率的不断衰减，考恩认为现代经济社会已经进入了科技平原时期，所有容易的技术创新都已经"变现"，创新的推进将越来越难。而罗伯特·戈登则不无遗憾地表达了对第三次工业革命的失望与对前两次工业革命的无限缅怀："经济增长或许不是一个可以永久维持的长期连续过程"。④

---

① Dosi, G. and Virgillito, M. E., "Whither the Evolution of the Contemporary Social Fabric? New Technologies and Old Socio-Economic Trends", *International Labour Review*, 2019, 158 (4): 593 – 625.

② Bloom, N., Jones, C. I., Van Reenen, J., et al., "Are Ideas Getting Harder to Find?", 2020, http://www. nber. org/papers/w23782.

③ 〔美〕罗伯特·戈登：《美国增长的起落》，张林山等译，中信出版集团，2018。

④ 〔美〕布拉德福德·德龙：《美国经济增长的前景》，《比较》2014 年第 1 期。

第二节 "连接 + 能源 + 材料"：技术革命的三重维度

尽管 ICT 革命以来的"脱耦"如此明显，但就数字经济对经济增长的影响，经济学家仍明显地区分为悲观论者和乐观论者两派。悲观论者认为，无论是 ICT 还是 AI，都无法使社会经济达到第二次工业革命时期的增长效能，并且由于创新方向和领域更侧重于分配而非价值创造，甚至还有可能会带来停滞。戈登甚至预测，99% 处于收入分配底部的群体的实际人均可支配收入在未来很长一段时间里只能以0.2% 的微弱速度增长。[1] 乐观论者则认为，ICT 时代的效能低估，很大程度上源于测度失误。ICT 革命更大的收益是在消费者福利层面，但由新技术改变的生活方式和便利程度都无法得到精准度量，相当一部分数字经济的消费是免费的，其价值无法在生产率、GDP 这样的数据中反映出来。[2] 而 1995 ~ 2004 年的生产率提高和投资增长也在事实上说明，1987 年提出的索洛悖论——到处可见计算机，唯独生产率统计数据中看不到——只是时间稍早。而埃里克·布林约尔弗森（E. Brynjolfsson）坚信，进入 AI 时代之后，索洛悖论仍会出现，但它本质上依然是一种时间延滞。随着技术的扩散和动力部门、支柱部门之间协同效应的发挥，生产率仍将增长。[3]

从经验数据上看，新熊彼特学派的"时间延滞"效应是客观存在的。因为关键要素的生产部门、使用部门和配套基础设施的部门间需求的形成需要时间和资本积累。而 1769 年（蒸汽机的发明），1875 年

---

[1] Gordon, R., "The Demise of U. S. Economic Growth: Restatement, Rebuttal, and Reflections", NBER Working Papers, No. 19895, 2014.

[2] Byrne, D. M., Oliner, S. D. and Sichel, Da. E., "How Fast Are Semiconductor Prices Falling?", *Review of Income and Wealth*, 2018, 64 (3): 679 – 702.

[3] Brynjolfsson, E., et al., "Artificial Intelligence and the Modern Productivity Paradox: A Clash of Expectations and Statistics", NBER Working Papers, No. 24001, 2017.

（第一座火电厂的建立）和 1971 年（Intel 4004 的诞生）分别为三次工业革命的时间起点，与之对应的经济增长、生产率和人均收入的显著性增长分别在 1830 年、1919 年、1995 年才开始显现，时滞期分别为 61 年、44 年、24 年，呈逐渐缩短趋势。[①] 但这并不能打消悲观者的疑虑：为什么 ICT 浪潮对应的增长率并不高，尤其是生产率的增长只持续了十年就会掉头向下？

　　测度失误是否导致了对数字经济效能的低估？最近的研究表明，至少测度失误并不足以解释 2004 年之后的生产率增速的衰减。测度困难以及统计口径的不全面，使得测度结果的确无法体现过去数十年来产生的很多服务和产品的改进，但总体上看，2004 年以来美国经济中劳动生产率的下降是无可争辩的。其理由是：测度失误如果是 ICT 的产品和服务特征带来的，那么在 ICT 产品或服务消费"密度"不同的国家就应有不同的体现，但生产率增速下降的并不只是美国，而是数十个发达国家，且生产率增速降幅与这些国家的 ICT 产品的消费密度无关。更为重要的是，按照批评者补充的方法重新估算数字经济部门的产出增加值，也远远抵不上因劳动生产率下降而带来的 2.7 万亿美元的损失，这意味着测度失误最多只能解释美国生产率增速下降的三分之一。[②]

　　抛开测度失误和时间延滞，在德龙看来，增长率和劳动生产率的问题并不重要。德龙认为，人均实际经济增长率每年 2%，只是代表今年能够以比去年少 2% 的资源来生产同等价值的产品；而生产所花费的成本与最终得到的价值之间的剩余差额没有什么改变，关键的问题是技术进步的成果将如何分配。[③] 按照德龙的观点，经济规模的增长无关紧要，更重要的是消费者福利。但德龙这一观点的矛盾之处在于，如果没有经济规模的增长，消费者福利如何持续提升？生产率增

① Crafts N., "The Solow Productivity Paradox in Historical Perspective", *Social Science Electronic Publishing*, 2002, (4): 561−562.

② Syverson, C., "Challenges to Mismeasurement Explanations for the U. S. Productivity Slowdown", NBER Working Papers, No. 21974, 2016.

③ 〔美〕布拉德福德·德龙：《美国经济增长的前景》，《比较》2014 年第 1 期。

长减缓的后果，并不只是德龙所说的成本和收益的微小区别，而是再生产过程的停滞和萎缩。再生产不会以消费者福利为中心，而且从来都是以资本积累为基础。

尼古拉斯·克拉夫茨（Nicholas Crafts）对蒸汽机、电力、ICT 对英国和美国经济增长的贡献率进行了测度，见表 2-3。

表 2-3　蒸汽机、电力、ICT 对英国和美国经济增长的贡献率

单位：%

所处时代	时期		
蒸汽时代	1760～1879 年	1800～1829 年	1830～1860 年
蒸汽动力总贡献	0.008	0.012	0.26
对人均 GDP 增长的贡献	3.8	2.4	23.6
电力时代	1899～1929 年	1919～1929 年	
电力时代总贡献	0.56	0.98	
对人均 GDP 增长的贡献	28.2	47.0	
ICT 时代	1974～1990 年	1991～1995 年	1996～2000 年
对经济增长的总贡献	0.69	0.79	1.86
对人均 GDP 增长的贡献	30.4	54.6	56.3

注：所用数据为年均百分比。

数据来源：Crafts, N., "The Solow Productivity Paradox in Historical Perspective", *Social Science Electronic Publishing*, 2002, (4): 561-562.

尽管克拉夫茨对 ICT 经济增长贡献率的估算只到 2000 年，但还是反映出一定的问题。在相应的时间段里，蒸汽机、电力和 ICT 对人均 GDP 增长的贡献率在高峰时期分别达到了 23.6%、47.0% 和 56.3%。考虑到 1995～2004 年是 ICT 发展的巅峰时期，ICT 的贡献率应当比 56.3% 更高。因此，更关键的问题在于：第一，为什么 ICT 的高贡献率所对应的平均经济增速较低，其对应的高增长——从经济增速到劳动生产率增速的提高——只有短暂的十年？第二，相较于蒸汽和电力时代，ICT 时代为什么无法实现类似于"黄金三十年"的劳动生产率、利润率和实际工资的协同增长？

第一个问题的实质，关系到一次技术革命浪潮对应的增长效能究

竟由什么决定？第二个问题的实质，则是一次技术革命浪潮所对应的增长的结构性效应由什么决定？而这两个问题背后的作用机制，总是必然、不可分离地一起发挥作用，并在经济社会中得以综合体现。

在熊彼特的创造性破坏理论中，创造性破坏是资本主义发展的引擎，真正带来增长的是净创造效应，被替换或被破坏的部门，在宏观经济指标上——从增加值到就业，都会成为一种扣除，这种破坏性部分是技术进步必须付出的社会成本，乔尔·莫基尔（Joel Mokyr）因此将破坏效应视为技术变革的"回扣"。[①] 约翰·科姆勒斯（John Komlos）认为，净创造效应可以用熊彼特创造性比率 $SCR = C - D/C$ 来衡量。[②] 显然，创造性足够大同时破坏性足够小，才能有足够大的净创造效应。而采用不同的衡量口径，可以得出不同的熊彼特创造性比率，从而可以观察技术变迁对部门增加值、就业人数的不同影响。按照这一思路，一次技术革命浪潮开展时期的经济增长，实际上是由新创生部门和传统部门的综合效应决定的：新创生部门的规模以及新创生部门对传统部门的替代、破坏和补偿，最终决定了净创造效应。

破坏效应本质上是由新技术的技术和产品特征所决定的，即由新技术所对应的新创生部门所能提供的使用价值和传统部门所提供的使用价值两者的异质性程度所决定。异质性程度越高，破坏和替代程度越低；异质性越低，破坏和替代程度越高。在破坏效应既定的情形下，新创生部门本身的规模增长情况就决定着净创造效应的大小。而新创生部门的规模增长取决于两个方面的因素。第一，新创生部门足够多，也即新技术所带来的分工深度和广度足以创造大量的新部门，且部门之间相互存在需求。这不仅可以继续诱导分工深化，而且可以通过需求引致创新从而提高生产率。第二，新创生部门对应的产品和服务具有需求弹性。新创生部门的生产率增长和规模增长之间存在着内在的

---

① Mokyr, J., "Riding the Technology Dragon", *Milken Institute Review*, 2014.
② Komlos, J., "Has Creative Destruction Become More Destructive?", NBER Working Papers, No. 20379, 2014.

冲突，因为随着生产率的提高，商品的单位价值量趋于下降，要使企业从单位价值量下降的商品中获得更多的利润，从而保证下一轮更高的投资进而保障总产出的增长，就必须要求产品的销售量（剩余价值实现）的增长幅度要大于单位商品价值量下降的幅度，这就要求产品或服务富有弹性。如果一次新的技术革命浪潮同时满足这两个条件，也就意味着可以同时实现劳动生产率、实际工资和利润率的平行增长，也即多西所称的完美匹配（smooth match）。①

　　依据上述理论框架，如何根据技术本身的特征判断一次新的技术革命浪潮的增长效能呢？按照兰德斯的观点，制造业是利用能量将原材料转变为最终产品的过程，② 其内在逻辑是能源和材料的革命性变革至关重要；美国学者杰里米·里夫金在《第三次工业革命》中也认为，"通信革命和能源革命的结合"是历次工业革命爆发的标志③。结合曼德尔的"一场真正的技术革命，包括资本主义生产和分配（包括运输和电信）的所有方面的基本技术的彻底翻新"④ 的这一观点，我们认为，"连接＋能源＋材料"三者的组合，在技术意义上共同构成了衡量一次技术革命浪潮能量的三重维度。其中，材料和能源直接涉及"用什么生产"和"生产什么"的问题，而连接，无论是交通运输这种有形的物理空间连接，还是信息技术这种无形的虚拟空间连接，都涉及"在哪里生产"和"在哪里消费"的问题，这三重维度的技术变革，构成了历史上若干次技术长波展开和深化的主旋律。而历史地看，在每两次技术革命浪潮构成的一次工业革命中，两次技术革命浪潮都会造就两个既相关又有区别的时代。"连接＋能源＋材料"三者的局部性或整体性的革新与替代，构成了若干次技术革命浪潮的独有特征，也折射出连续性浪潮中，每一次技术革命浪潮对上一次技术革

---

① 杨虎涛：《高质量经济活动：机制、特定性与政策选择》，《学术月刊》2020 年第 4 期。

② 〔美〕大卫·兰德斯：《解除束缚的普罗米修斯》，谢怀筑译，华夏出版社，2007。

③ 〔美〕杰里米·里夫金：《第三次工业革命》，张体伟译，中信出版股份有限公司，2012。

④ 〔比利时〕曼德尔：《资本主义发展的长波——马克思主义的解释》，商务印书馆，1998。

命浪潮的"净创造效应"。

始于 18 世纪 60 年代的第一次工业革命可以分为水力机械化和蒸汽机械化两个时代，分别对应第一次和第二次技术革命浪潮。其中，水力机械化时代的特征是基于水运运输的连接 + 水力动力 + 以棉花、生铁为代表的材料，由于水运和水力动力都受限于自然条件，生产组织的空间分布和经济活动的连接广度也受到这种自然资源分布的制约；而蒸汽机械化时代的特征是基于铁路网络的连接 + 可移动蒸汽动力 + 煤、铁等材料，相较于水力机械化时代，这一时期生产组织的空间分布和经济活动的连接广度就突破了自然条件的限制，并开始出现了信息连接（电报）的萌芽。

始于 19 世纪 70 年代的第二次工业革命也可分为电气化和摩托化两个时代，同样对应第三次和第四次技术革命浪潮。其中，电气化时代的特征是以钢轨和铁路为代表的"高强度"的有形物理空间连接 + 集中分布式电力能源 + 合金新材料；而在摩托化时代，随着汽车飞机等运输工具的普及，高强度的有形物理空间连接开始从生产领域拓展到生活消费领域，在电气化时代的基础上，再次升级为有形的物理空间连接和无形的信息连接的组合 + 便携式高密度石化能源 + 石化新材料（见表 2－4）。电气化时代和摩托化时代不仅在能源密度和能源形式上较第一次工业革命的两次浪潮有了质的飞跃，而且在材料和连接上也有着本质的差异。

在每一次由两次技术革命浪潮构成的工业革命中，两次浪潮不仅都在不同程度上涉及了"连接 + 能源 + 材料"，而且每一次技术革命浪潮都在不同程度上强化和承袭了前一次技术革命浪潮的"连接 + 能源 + 材料"，尤其是第四次技术革命浪潮，在"连接 + 能源 + 材料"上，几乎是第三次技术革命浪潮的完全补充与扩展，而不是替代，其在承袭了第三次技术革命浪潮的产业部门的同时，不仅再创造出诸如航空、汽车、家电等新部门，而且还提供了流水线这种通用技术。这是为什么约翰·科姆勒斯（John Komlos）的研究显示第一次和第二次工业革命的破坏性规模较小而净创造效应较大，也是 1830～1970 年之所以能成为西方致富时代（western ascent to affluence）的根本所在。[①]

表 2 - 4　工业革命与技术革命浪潮

工业革命	标志性事件	核心投入	先导产业、主导产业或产品	技术方式	连接 + 材料 + 能源特征
第一次工业革命	水力机械化时代：哈格里夫斯发明珍妮纺纱机（1764年）	棉花、生铁	棉纺织品、水车、铁制品	水力机械、收费公路、运河、帆船	水运运输连接 + 水力动力 + 以棉花、生铁为代表的材料
	蒸汽机械化时代：利物浦—曼彻斯特铁路（1830年）	生铁、煤炭	铁路和铁路设备、蒸汽机	蒸汽动力、铁路、电报	基于铁路网络的连接 + 可移动蒸汽动力 + 煤、铁材料
第二次工业革命	电气化时代：卡耐基的贝西莫钢轨厂（1875年）、爱迪生纽约珍珠街发电站（1882年）	钢、铜合金	钢制品、电力设备、重型机械	电气化、钢轨铁路、电话	公路铁路高强度空间连接 + 集中分布式电力能源 + 合金新材料
	摩托化时代：福特建立了世界上第一条汽车流水装配线（1913年）	石油、天然气、合成材料	汽车、石油化工、家用电器	自动化、航空和高速公路、无线电	高强度有形空间连接和无形信息连接的组合 + 便携式高密度石化能源 + 石化新材料
第三次工业革命	信息化时代：Intel 404 微处理器（1971年）	芯片、存储器	计算机、电信设备、微电子产品	信息高速公路（互联网）、无线网络	信息高速公路的无形连接 + 旧能源 + 旧材料
	Geoffrey Hinton 等人因深度学习获图灵奖（2019年）	芯片、算法、数据	机器人、智能电信设备、智能装备制造	人工智能、区块链、物联网	从生产到消费的信息连接 + 新材料 + 新能源

　　数据来源：胡乐明等《经济长波的历史界分与解析框架：唯物史观视角下的新拓展》，《中国人民大学学报》2019 年第 5 期，第 89～103 页；黄阳华：《工业革命中生产组织方式变革的历史考察与展望——基于康德拉季耶夫长波的分析》，《中国人民大学学报》2016 年第 3 期，第 66～77 页；〔英〕克里斯·弗里曼等：《光阴似箭——从工业革命到信息革命》，沈宏亮译，中国人民大学出版社，2007。

---

① Allen, R. C., "Lessons from History for the Future of Work," *Nature*, 2017, 550 (7676): 321 - 324.

第三节　从 1.0 时代到 2.0 时代：数字经济的差异

(一) 数字经济 1.0 的增长效能——基于"连接 + 能源 + 材料"三重维度的解释

按照"连接 + 能源 + 材料"这一维度，以 ICT 为代表的数字经济 1.0 时代之所以未能带来长期的劳动生产率、利润率和实际工资的协同增长，出于两个方面的原因：第一，在规模上，由于 ICT 仅仅涉及局部性的"连接"，因此没有足够大的净创造效应；第二，在结构上，ICT 时代的技术应用主要集中于服务业，劳动生产率提升效应也主要集中在服务业尤其是金融业，缺乏对制造业的足够渗透。这两者密切相关，但从不同的机制影响 ICT 的经济绩效。

从新创生部门效果看，对比 ICT 与之前若干次技术革命浪潮的技术，不难发现，ICT 最大的技术特征是实现了连接革命，但主要是交易主体间的信息连接，主要降低的是交易成本，而不是直接性的生产成本。在以 ICT 为代表的数字经济 1.0 的大部分时期里，能源和材料的突破性进展都比较有限，其在能源方式上未改变传统的集中分布式能源和单元驱动，在材料的变革上也主要体现为微型化、集成化和模块化，这种变革与第二次工业革命中两次浪潮连续性的"能源 + 材料"变革相比要逊色得多，而 ICT 对传统制造业部门的渗透效应，也集中体现在对管理流程的优化和商品流通速度的加快上。这也就意味着，从分工裂变程度来说，ICT 技术浪潮本身就不如之前的若干次技术革命浪潮，其新创生的部门有限。由于主要集中于"连接"突破，数字经济 1.0 对生产率改进最为明显的部门主要集中于批发零售业和金融业，尤其是证券交易业。这也正是很多经济学家认为索洛悖论根本就不是悖论，而是"错误期望"的原因。[1]

---

① Triplett, J. E., "The Solow Productivity Paradox: What Do Computers Do to Productivity?", *The Canadian Journal of Economics*, 1999, 32 (2): 309 – 334.

依据美国经济分析局（以下简称 BEA）对数字经济的统计口径，我们对 ICT 时代的数字经济部门的规模进行了统计。结果表明，1963 年以来，按行业增加值占比统计，美国 ICT 时代的数字经济部门增加值加总后占 GDP 的比重最高仅为 4%。剔除 ICT 制造之后，狭义制造业占比最低时也达到了 7%，而包含采矿等行业在内的广义制造业在最低时达到了 13%，而在"黄金三十年"，它们平均达到了 14% 和 23%。这意味着，从规模增加值上看，限于"连接"的技术突破，ICT 时代的数字经济部门占比相当有限。[①]

从破坏效应看，ICT 时代所解决的"连接"在相当程度上与传统连接有着同质性，因此对传统同类型部门更多的是替代，而非互补。按照 BEA 的统计分类，ICT 对应的数字经济部门包括：计算机和电子产品制造（不包括导航、测量、电子医疗、控制设备制造）；软件出版、广播和电信；数据处理、托管及相关服务；互联网出版、广播和网络搜索门户；计算机系统设计和相关服务等行业。其中直接破坏或替代的部门涉及广播电视、报纸、书店、传统相机、传统电话等。扣除掉这些被替代或被破坏的部门的增加值后，ICT 的净创造效应更为有限。以被破坏的传统相机行业为例，仅柯达一家公司在高峰期的雇佣人数就高达 14.5 万人，且工资超过美国中产阶级平均工资；而苹果只有 47000 名员工，其中 2/3 的员工工资低于中产阶级平均工资。1999~2014 年，美国在"互联网出版、广播和网络搜索门户"部门的就业人数净增加 87000 人，但同期报纸出版业的就业人数减少了 212000 人。相较之下，在第一次和第二次工业革命期间，创新的破坏性规模很小。[②]

从结构效应上看，ICT 时代的数字经济部门可以分为制造业部门

---

① 杨虎涛：《人工智能如何为高质量发展"赋能"——ICT 时代的启示与 AI 时代的应对之道》，《人文杂志》2020 第 5 期。

② Komlos, J., "Has Creative Destruction Become More Destructive?", *The B. E. Journal of Economic Analysis & Policy*, 2016, 16 (4).

和服务业部门。第一，从 ICT 本身的制造部门看，由于摩尔定律导致主要产品价格下降过快，尽管规模在不断增加，但企业并没有产生超速的利润和积累增长。安德鲁·克莱曼指出，信息技术革命导致的大幅无形损耗在本质上是一种资本价值消灭。而"作为信息革命的结果而一直发生着的资本价值的消灭，非常类似于在危机中发生的资本价值的消灭，只是它以一种更为缓和持久的方式发生，因此技术革命似乎是过去几十年中经济相对停滞的一个重要原因"。① 第二，从服务业部门看，ICT 时代的服务业部门的产出，或者是体现为便利程度、舒适程度等的提升，或者是让以前未被货币化和市场化的经济活动货币化和市场化，其整体效应难以统计。而由于 ICT 时代对应的生活性服务业多以时间消磨型为主，缺乏需求弹性，这也限制了其规模增长。

（二）从流通连接到生产连接——数字经济 2.0 的不同之处

无论是 ICT 时代以互联网、计算机等信息通信技术为代表的数字经济 1.0，还是 AI 时代以大数据、云计算和人工智能为代表的数字经济 2.0，在技术意义上，都只是实现了经济主体的虚拟空间连接（cyberspce connect）。如果一次标准意义上的工业革命要同时涵盖连接、能源和材料三个领域的话，那么施瓦布的所谓 "AI 代表第四次工业革命开始" 的观点就只能说是一个宣传的噱头。相反，类似于克里斯·安德森的观点更值得重视，在克里斯·安德森看来，在数字经济没有在制造业显示威力之前，数字经济并不能看作真正的工业革命，无论是 ICT 还是 AI。② 而要体现 "用什么生产"，能源和材料的实质性突破仍然必不可少。从这一意义上说，AI 时代以大数据、云计算和人工智能为代表的数字经济 2.0 仍有可能是一次大爆发的前奏，真正的长期增长的实现需要能源和材料取得实质性突破并得到广泛的应用，只有在从生产到流通的全连接 + 更便捷、更廉价、更易存储的能源 + 新材

---

① 〔美〕安德鲁·克莱曼：《大失败：资本主义生产大衰退的根本原因》，周延云译，中央编译出版社，2013，第 142 页。
② 〔美〕克里斯·安德森：《创客：新工业革命》，萧潇译，中信出版集团，2015，第 48 页。

料的组合下，第三次工业革命才会表现出可与第二次工业革命相媲美，甚至更胜一筹的经济效能。

但是，即使是在能源和材料未取得突破性进展的前提下，数字经济 2.0 在技术特征和增长效能上也有别于数字经济 1.0。从技术特征上看，两者的不同之处在于，数字经济 1.0 只实现了人 - 机—机 - 人的互联，其所实现的从固定连接到移动互联的意义，恰如电力这种集中分布式能源对蒸汽这种分散固定能源的突破，只是极大地拓展了经济主体的空间分布，但由于缺少"能源 + 材料"的革命性进展，移动互联对经济主体空间连接的拓展主要集中在消费领域。然而，数字经济 2.0 则实现了人 - 机—物—机 - 物—人的更大范围的互联和深度运算，同时也使移动互联从消费领域拓展到了生产领域，从智能消费、智能流通拓展到了智能生产。而且从两者的关系看，数字经济 2.0 对数字经济 1.0 部门的破坏效应和替代效应很小，相反，它是建立在数字经济 1.0 部门的基础之上的，对数字经济 1.0 部门的产品和技术有着广泛而持久的需求。工信部 2017 年 12 月发布的《促进新一代人工智能产业发展三年行动计划（2018 - 2020 年）》，就将智能传感器、神经网络芯片、开源开放平台（主要针对开发框架、算法）作为 AI 发展的核心基础。而诸如 5G 系统、物联网系统、高效能计算设施、智能用电设施等基础设施新创生部门也有着可观的发展潜力，且都需要巨额而持久的投资。相比之下，在数字经济 1.0 的发展初期（即 20 世纪 80 年代），美国 70% 的 ICT 资本都投向了服务业部门。[①] 而同期美国对 ICT 产业的投资增长率虽然很高，但份额一直较小，不足社会总投资额的 2%。[②]

因此，要使数字经济 2.0 成为高质量经济活动的重要抓手和推进器，其主要着力点应当聚焦生产领域。虽然从目前看，和数字经济

---

① Zvi, G., *Output Measurement in the Service Sectors* (University of Chicago Press, 1992).

② Sichel, D. E., "Computer and Aggregate Economic Growth: An Update", *Business Economics*, 1999.

1.0一样，数字经济2.0的发展也主要集中于服务业领域，但已经呈现向生产领域逐步扩展的趋势，并将取得更为广泛的应用，其典型表现就是工业机器人在智能制造中的广泛应用。研究表明，机器人在1993~2007年带来了17个样本经济体平均0.4个百分点的年均GDP增长，大约相当于这一时期GDP增长的十分之一。欧盟也通过对3000个制造业企业的数据分析得出结论，使用工业机器人显著提高了企业的劳动生产率。[1]麦肯锡咨询公司和美国经济分析局的数据都表明，2012年以来，机器人出货量快速上升，2004~2016年，机器人出货量从10万台上升到了30万台，尤其值得注意的是，机器人主要应用于自动化生产，尤其是在汽车制造领域。2016年，美国近一半机器人的出货量都用在了美国的汽车制造领域，而这一比重在2006年只有20%。[2]

如果说数字经济1.0的功能是实现了实体经济的信息化的话，那么数字经济2.0则实现了信息的实体化或工业化。两者的根本区别在于：在数字经济1.0时代，信息和数据只是被消费的对象；但在数字经济2.0时代，数据成为了一种生产要素，直接体现在产品和服务的生产过程中。产生这种逆转的根本技术原因，不只是在于数字经济2.0实现了对海量多维数据的精准快速计算，还在于传感系统和工程学的极大进步，使生产过程实现了即时双向智能数据传递，从而使智能化和自动化有机地结合起来。也正是因为如此，一些经济学家认为，不只是人工智能，其他高级自动化技术，包括机器人和传感器，都应属于通用技术（GPT），它们的综合应用必然可以提高生产率。[3]

数字经济2.0在实体制造中的广泛应用前景，使其在推动经济增长方面的效能将远超数字经济1.0。兴起于数字经济1.0时代后期并

---

[1] Graetz, G. and Michaels, G., "Robots at Work", *Review of Economics and Statistics*, 2018.

[2] Furman, J. and Seamans, R., "AI and the Economy", *Innovation Policy and the Economy*, 2018.

[3] Cockburn, I. M., Henderson, R. and Stern, S., "The Impact of Artificial Intelligence on Innovation", NBER Working Papers, No. 24449, 2018.

在数字经济 2.0 时代得以快速发展的生活性服务业主要集中于社交软件、娱乐共享和平台服务。数字经济 2.0 对这一应用领域的改变在于，依托于对消费者海量多维数据的智能分析，这些生活性服务业更精准也更便利。但从根本上讲，无论是数字经济 2.0 还是数字经济 1.0，社交软件只是改变了旧的社交方式，娱乐共享只是在利用免费数字劳工进行粉丝红利再分配的同时实现广告销售，平台服务只是将闲置资源加以充分利用。虽然这些基于数字技术的生活性服务业改变了我们的生活方式，但其本身的规模增长受限于消费时间。一旦通过"烧钱"实现市场份额和数据的垄断，这些生活性服务业带来的消费者福利也将大打折扣。按照约翰·科姆勒斯（John Komlos）的估算，包括社交软件和家政服务之类的产业的净创造效应非常小，"这些可能成为时髦的噱头，甚至可能在某些情况下变得有用，但并不能保证在福利、就业或国民生产净值方面有巨大的收益"。[①]

以智能制造为突破口，实现信息的实体化和工业化，是放大数字经济 2.0 的经济增长效能的必由之路。这不仅是数字经济 1.0 时代的启示，也是经济发展的内在规律。在发展经济学中，只有高生产率部门才能向低生产率部门产生生产率溢出效应。当劳动力从低生产率部门向高生产率部门转移时，不仅本身收入会得到提高，而且高生产率部门还可拉动低生产率部门的工资上升，这是工业革命中劳动力从农业部门向制造业部门转移时所发生的现象，也是发达国家的服务业人均工资远比发展中国家要高的原因。制造业的生产率普遍高于农业和服务业，因此可以带动这些部门的生产率提升，并使这些部门的从业人员的实际工资得以提升，从而产生更强、更持久和更大范围的经济增长效能。发达经济体的产业结构中第三产业比重的不断提升，也正是高生产率部门的经济效能向低生产率部门溢出的表现，这是经济增长的结果，而不是原因，更不能作为手段。而且，从根本上而言，生

---

① Komlos, J., "Has Creative Destruction Become More Destructive?", *The B. E. Journal of Economic Analysis & Policy*, 2016, 16 (4).

活性服务业的发展水平取决于国民收入；而生产性服务业的发展水平则取决于生产性活动尤其是制造业本身的规模和分工程度。

第四节　数字经济 2.0 如何成为高质量发展的引擎？

数字经济如何助力中国经济高质量发展这一问题的本质，是一个特定经济体在一定约束条件下如何充分利用技术革命的机会窗口，实现经济"质"和"量"的跃迁问题。在数字经济从 1.0 时代向 2.0 时代转向升级的过程中，相较于发达经济体，中国最大也最具独特的优势，就在于在数字经济 1.0 时代之后，中国已经成为世界上工业门类最齐全、规模最大的制造业大国，并在数字经济 2.0 时代的相关技术领域具有了相当的竞争力（如 5G 技术等），因而在发展智能制造方面有着突出的产业规模优势和产业协同优势。传统制造业的智能化升级，不仅可为数字经济的发展提供深厚的产业基础和巨大的市场机遇，而且新兴数字产业也可以通过其他产业的巨大需求拉动自身的不断创新，进而再次通过技术渗透和传统部门形成良性循环，实现新旧产业的协同发展。而对于相当一部分经济体而言，在数字经济 2.0 时代来临之前，其经济结构已经发生了大规模的"去工业化"，当智能制造成为新的增长点和发展趋势时，已经失去了智能制造的"制造"基础。

但是，要将这种最大也最独特的优势转换为真正意义上的发展动能，还面临着巨大的挑战。数字经济 2.0 要在中国实现高质量发展的过程中发挥引擎作用，需要克服"两个陷阱"，占领"两个高点"。"两个陷阱"是指产业体系的结构性陷阱和生活性服务业的红利陷阱；"两个高点"则是新能源和新材料的技术高点。

第一是产业体系的结构性陷阱。所谓产业体系的结构性陷阱，即在迈向中高收入水平的过程中面临产业结构处于旧产业衰退但新产业成长缓慢的困境。具体而言，就是整个产业体系处在传统产业主导但增长不断下滑而新兴产业虽然在成长但缺乏核心技术、缺乏人才且发展阻力巨大的结构性陷阱之中。传统产业的增长不断下滑，将对现有的全产业链格局构成冲击，造成产业链的转移或碎片化，使国内制造业的规模优势失去基础；而新兴产业目前占全国 GDP 的比重还比较低，尚不足以支撑中国整个经济的发展。如果不能实现新兴产业对传统产业的渗透、拉动与升级，这种结构性陷阱就必然影响到产业基础高级化和产业链现代化，成为制约中国迈向高收入国家的因素。结合数字经济 2.0 时代的产业特征，要突破这种结构性陷阱，就是要让新产业部门快速产生动力部门、主导部门和基础设施的产业协同效应，进而对相关传统产业形成力度较强、范围较大的渗透。由于基础设施具有投资规模巨大、周期长、风险大、正外部性强的特征，而且，在数字经济 2.0 时代，新一代信息通信基础设施——尤其是 AI 和 5G 网络构成的"一智一网"——的重要性将超过历次技术经济范式转变中先后出现的各类基础设施，政府应以多种形式集中资源，致力于新一代基础设施的建设。同时，由于生产关键要素如芯片、数据、算法的动力部门的创新和生产率的提高对主导部门的发展有着重要的影响，两者的关联度较高，因而在相应的产业政策和创新政策上，也应有所针对性。

第二是生活性服务业红利陷阱，即资本、人才、研发过度集中于生活性服务业，形成一种看似合理的"去工业化"和看似进步的产业结构。由于拥有庞大的内需市场和仍然相当可观的低成本劳动力，数字经济在中国生活性服务业的发展速度异常迅猛，同时也带来了平台经济和零工经济下数字劳工的去技能化、无技能化和缺乏劳动保障等诸多弊端。清华大学发布的《中国人工智能发展报告 2018》显示，2017 年，中国人工智能市场规模 237 亿元，主要集中在计算机视觉、语音、自然语言处理等与生活性服务业密切相关的行业，而硬件和算法的市场规模不足 20%。截至 2018 年，与人工智能相关的实体终端产品主要集中在智能音箱、智能机器人和无人机三类产品上，而这三者的市场规模都很有限。① 数字经济时代生活性服务业的快速增长，除了受中国巨大市场需求的推动之外，其技术准入门槛较低、有较为成熟的国外产品可供试错也是重要的原因。但由于服务业尤其是生活性服务业的生产率溢出效应和拉动经济增长的效能较低，资本、人才、研发和教育资源对生活性服务业的过度倾斜，反而会削弱在更具有战略意义和长期增长意义的制造业和生产性服务部门的投入。

在推进高质量发展的进程中，"两个高点"即新能源和新材料的技术高点是世界各国的竞争密集区，也是最终"引爆"数字经济潜能的关键突破口。正如前文指出的那样，"连接 + 能源 + 材料"的三维技术突破从根本上决定着技术革命浪潮的效能，从长期来说，如果没有材料和能源的突破性发展，智能制造的生产率提升是有限度的。尽管有研究已经表明，互联网在国内外制造业中的应用普遍提高了经济效率和劳动生产率，但研究同时也表明，这主要是通过交易效率提高、消费者结构变化和个性化消费的消费端拉动以及生产方式变化和生产组织方式变化这三种机制发挥作用的。② 这也意味着，在缺乏能源和材料的革命性变化的前提下，智能化生产和智能化流通带来的根本性变化，是资本流通速度的加快和各种成本（原材料、能源和流通成本）的节约，以及个性化产品与服务的供给带来的消费者的幸福感与满意度的提升，而不是新的能源和新的材料带来的从生产工具到最终产品的变革。而在所有的创新类型中，组织创新、管理创新和流程创新尽管也有助于创新，但在持续性上都弱于产品创新与工艺创新，其对经济效率和劳动生产率的改进很容易到达极限。在缺乏能源和材料这种"终极"的颠覆性变革之前，智能制造只是同时实现了生产和流通过程的智能化再造，其作用相当于智能的、拓展到了消费和流通领域的自动化流水线。

---

① 芮明杰：《构建现代产业体系的战略思路、目标与路径》，《中国工业经济》2018 第 9 期。

② 黄群慧、余泳泽、张松林：《互联网发展与制造业生产率提升：内在机制与中国经验》，《中国工业经济》2019 年第 8 期。

在缺乏材料和能源的突破性发展的前提下，依托于数字技术的智能制造的发展，可以为突破材料和能源这两个高点提供机会。利用这一时间窗口，利用庞大的产业需求和国内市场需求，实现材料和能源的革命性变革，是把握第三次工业革命真正大红利的关键所在，也是确定21世纪中国产业竞争力和技术竞争力的关键所在。真正的高质量发展是一个漫长而艰苦的过程，唯有历经艰难的创新，在最具价值也最困难的领域中实现突破，才能在第三次工业革命重构世界经济体系的过程中实现生产链、价值链和供应链的全面提升。而在材料和新能源这种最具有爆发性增长潜力的技术领域，我们不应该再次成为价值链和生产链中的低端组装者，更不应成为让既有的制造业规模优势成为竞争对手实现突破的需求池。

第三章 从 ICT 到 AI：增长如何不同？

人工智能（AI）的快速发展引起了广泛的关注。联合国 2017 年发布的研究报告《新技术革命对劳动力市场和收入分配的影响》，将人工智能与历史上的蒸汽机、电力、计算机一样视为一种通用技术（GPT）。[①] 从技术特征而言，按照与"人"类似的程度，人工智能可以分为三种：一是弱人工智能（weak AI），也被称为狭隘人工智能（narrow AI）或应用人工智能（applied AI），其特征是可以像人类一样执行（perform as humans）且只能执行有限的预设功能，还不具备智力或自我意识，优势是可以并以人类无法做到的方式分析数据；二是强人工智能（strong AI），也被称为通用人工智能（artificial general intelligence）或全人工智能（full AI），其特征是可以像人类一样思考（think as humans），具备智力和自我意识，可以像人一样胜任任何智力性任务；三是超人工智能（artificial super intelligence，ASI），即机器智能，可以像人类智能实现生物上的进化一样，对自身进行重编程和改进，具备"递归自我改进功能"。[②] 强人工智能和超人工智能也是各国科幻电影的长期主题，而联合国报告中所指的人工智能则是弱人工智能，这也将是很长一段时间内真正可以成为现实应用的智能技术，而强人工智能和超人工智能则离我们还比较遥远。

---

① 《新技术革命对劳动力市场和收入分配的影响》，腾讯研究院法律研究中心编译，2017，第 6 页，http://www.3mbang.com/p – 224053. html。

② 关于人工智能的详细历史及分类，可参见 https://www.investopedia.com/terms/w/weak-ai.asp。

尽管弱人工智能只是像人类一样去执行，但这种"替代执行"技术对经济社会的影响已经引起了广泛的关注。虽然学术界对人工智能的就业冲击、科技伦理问题还存在诸多争论和忧虑，但这并不妨碍企业界和政府对人工智能这一通用性技术的高度重视和极大热情。2016年以来，中国、美国、日本和欧洲多国也都相继出台了人工智能的产业发展规划。[1] 党的十九大则明确提出要"推动互联网、大数据、人工智能和实体经济深度融合"。而党的十九届四中全会审议通过的《中共中央关于坚持和完善中国特色社会主义制度 推进国家治理体系和治理能力现代化若干重大问题的决定》不仅两次提到人工智能，而且在"坚持和完善社会主义基本经济制度，推动经济高质量发展"部分，首次将数据增列到生产要素序列当中，而数据正是人工智能三要素——数据、芯片和算法中最基础的元素。

作为一种不可避免的技术发展趋势，同时也作为被寄予助力中国经济发展方式转型厚望的供给侧的重要着力点，人工智能是否满足推动我国经济高质量发展的条件？它如何为高质量发展"赋能"？从技术特征而言，当前的弱人工智能并不想消灭和替代现有人类所有的劳动技术，而只是信息通信技术（ICT）浪潮在智能化方向上的一种深化，它会不会再现特里普利特对ICT的"索洛悖论"研究中的"过度期望"？[2] 如何更好地发挥人工智能的经济增长效应？本章拟对上述问题进行尝试性探讨。

第一节　高质量经济活动的特征

党的十九大以来，高质量发展的内涵、实现机制和着力点一直是理

---

[1] 详见清华大学中国科技政策研究中心：《中国人工智能发展报告（2018）》，http://www.clii.com.cn/lhrh/hyxx/201807/P020180724021759.pdf。

[2] Triplett, J. E., "The Solow Productivity Paradox：What Do Computers Do to Productivity?", *The Canadian Journal of Economics*, 1999, 32 (2)：309–334.

论界关注的热点问题。学者们从不同的角度，结合中央精神和习近平总书记重要讲话，对高质量发展进行了全面而深入的解读。例如，从目标、动力角度讨论高质量发展与高速度发展的区别，强调新时代高质量发展在结构和驱动力上的特质①；从创新、协调、绿色、开放、共享五大理念诠释高质量发展的多维要求与必要性②；从满足人民的美好生活需要的角度诠释高质量发展在产品和服务上的要求，以及如何满足人民不断增长的多方面需要③；或者是从着力点、实现途径和实现机制角度分析如何实现高质量发展④以及从理论创新的角度诠释新时代高质量发展的政治经济学理论逻辑⑤。这些研究对理解高质量发展，尤其是在转型升级和供给侧结构性改革背景下，理解高质量发展与之前发展模式的区别，有着重要的价值。由于发展本身是一个包含增长，但比增长的含义要更为丰富的范畴，那么，高质量发展所对应的增长有什么特质呢？

习近平总书记多次强调，实现高质量发展，是适应我国社会主要矛盾变化和保持经济社会持续健康发展的必然要求。他明确指出，衡量发展质量和效益，"就是投资有回报、产品有市场、企业有利润、员工有收入、政府有税收、环境有改善，这才是我们要的发展"。⑥习近平总书记这一简明扼要的论断的本质，是经济发展过程中生产率、实际工资以及利润率之间的协同增长。生产率的提高意味着会产生额外的资源，可用于下一轮提高生产率，而更有效率地被生产出来的产

---

① 马建堂：《什么是高质量发展》，《陕西发展和改革》2018 年第 5 期；陈昌兵：《新时代我国经济高质量发展动力转换研究》，《上海经济研究》2018 年第 5 期。

② 盛朝迅：《理解高质量发展的五个维度》，《经济日报》2018 年 10 月 17 日。

③ 刘志彪：《理解高质量发展：基本特征、支撑要素与当前重点问题》，《学术月刊》2018 年第 7 期。

④ 贺晓宇、沈坤荣：《现代化经济体系、全要素生产率与高质量发展》，《上海经济研究》2018 年第 6 期。

⑤ 任保平：《新时代高质量发展的政治经济学理论逻辑及其现实性》，《人文杂志》2018 年第 2 期。

⑥ 《围绕贯彻党的十八届五中全会精神做好当前经济工作》（2015 年 12 月 18 日），《习近平关于社会主义经济建设论述摘编》，中央文献出版社，2017。

品或者服务，又会通过刺激其他领域提高生产率；实际工资的提高则意味着消费需求的持续增长和人民福利的真实改进，同时也有助于产品价值和利润的实现；而利润率提高意味着企业可以有更多的积累和更高的投资能力。生产率、实际工资和利润率的协同增长同时也意味着消费、投资和积累之间实现了一种良性循环，这种循环累积的过程不断推动经济社会发展水平的提升。

能实现生产率、实际工资以及利润率之间协同增长的经济活动，被演化发展经济学称为高质量活动（high quality activity），也被经济史学家称为现代模式（modern pattern）。[①] 按照赖纳特、戈登等人对经济史的梳理，这种高质量活动几乎是使所有国家走向富裕的经济活动的共有特征。[②] 无论是早期崛起的英国，还是后发追赶的东亚发展型国家，乃至于"黄金三十年"的欧美国家，在其走向富裕的阶段，选择、培育和促进当时特定的高质量经济活动都是其致富的关键。赖纳特指出，在这种高质量经济活动中，"技术发展的成果将会被如下群体所分享：a）企业家和投资者；b）工人；c）当地劳动力市场中的其他人；以及 d）国家——通过更大的税基"。[③] 尽管我们所强调的高质量发展与历史上这些国家和地区的发展相比有着更为丰富的含义和更高的要求，尤其是强调在创新、协调、绿色、开放、共享五大理念的前提下实现生产率、实际工资与利润率的协同增长，但生产率、实际工资与利润率的协同增长是基本要求，如果不能实现这一目标，就意味着经济增长缺乏动力、经济效率没有提升、人民福祉也没有得到改善和提高，也无法达成更多其他目标。

第一次工业革命以来，不同国家的发展并未出现主流经济学所预

---

① Allen, R.C., "Engel's Pause: A Pessimist's Guide to the British Industrial Revolution", Economics Series Working Papers 315, 2007.

② 详见〔挪威〕埃里克·赖纳特：《富国为什么富 穷国为什么穷》，杨虎涛等译，中国人民大学出版社，2013；〔美〕罗伯特·戈登：《美国增长的起落》，张林山等译，中信出版集团，2018。

③ 〔挪威〕埃里克·赖纳特：《富国为什么富 穷国为什么穷》，杨虎涛等译，中国人民大学出版社，2013，第101页。

言的趋同，不仅成功跻身富裕国家阵营的国家和地区屈指可数，而且穷国和富国的差距也越发加大。这意味着，一个国家真正将其发展建立在坚实的高质量经济活动基础上并非易事。一方面，高质量经济活动存在着竞争性，每一次技术革命浪潮都为后发国家实现赶超提供了技术的机会窗口，但这种机会窗口具有唯一的"利基"性，一旦先行者占据技术高点，机会窗口就会对后来者关闭，后来者需要向先行者缴纳"利基"租金并在全球分工与贸易体系中被成功的先行者锁定；另一方面，高质量经济活动本身具有特定性，它对技术和产品特征、新技术引发的规模和结构效应都有特定的要求，对于不同规模、不同禀赋和不同起点的国家和地区，并非每一次新技术都构成"致富"机会。第一次工业革命以来的每一次技术革命浪潮都并非具有同等的"致富力"，其原因也在于此。

概括而言，一种经济活动如果可被称为高质量经济活动，需要具备以下几个要素。第一，生产率增长空间。高质量经济活动必须具有足够的生产率增长空间，生产率从低到高的增长过程，不仅需要投资和创新，也能形成知识和能力的积累。第二，分工深度。高质量经济活动具有足够的分工深度，可以产生足够多的新部门。分工深度对经济活动的质量具有双重意义：更深度的分工会创造出更多具有生产率改进空间的新部门，而这些新部门会产生更强的协同效应。第三，净创造效应。高质量经济活动的产生和发展是一个创造性破坏的过程，但只有创造效应大于其破坏效应才可称之为高质量经济活动。新部门被创造出来的同时，也会替代或摧毁传统的、生产同类型使用价值的旧部门，如汽车替代马车等。在总量意义上，只有新部门对应的就业、利润和资本积累以及总产出，大于被替代或摧毁的传统部门原来所对应的就业、利润和资本积累以及总产出时，才可称为创造效应大于破坏效应。第四，渗透效应。高质量经济活动所涵盖的技术、产品或服务具有广泛的技术外溢效应或渗透效应，从而能影响其他生产率改进空间有限或生产率提升缓慢的部门，产生更大范围的产业协同效应，进而导致这些受影响部门在就业、利润和资本积累以及产出总量上的优化，使生产率得到更大范围的提升。

生产率增长空间、分工深度、净创造效应和渗透效应，共同构成了高质量经济活动的特征。其中，生产率增长空间是决定性的。正如保罗·克里格曼（Paul Krugman）的名言——生产率无影无踪，但从长远观点观察，它几乎可以决定一切。[①] 生产率增长之所以重要，是因为生产率的增长意味着会产生额外的资源，可用于更大范围的投资。而生产率增长又和分工深度、净创造效应和渗透效应密切相关。生产率增长空间既包括高质量经济活动部门本身的生产率增长空间，也包括它通过渗透效应提升其他旧的、停滞的或"慢"的部门的生产率增长空间。高质量经济活动部门本身的生产率增长空间由技术变迁所带来的分工深度决定，新技术"裂变"的部门越多，部门间的协同效应也越强，高质量经济活动部门本身的生产率提升的持续时间也越长；而渗透效应则由这种新技术的相应产品或服务的"通用程度"决定，如果新技术对应的产品或服务具有更高的"通用程度"，即可用于更多行业和更多产品的过程创新之中，就可以带来持久的生产率溢出，意味着更大范围内存在更多部门的生产率提升空间。在技术发展历史上，诸如新动力、新能源、流水线等，就属于此类技术产品。而由分工深度和渗透效应决定的生产率增长空间和生产率改进的持续时间，最终决定了总量意义上的净创造效应。如果一种新的技术经济范式能带来大范围、持久的生产率优化，其创造效应以及互补效应就足以弥补和超过其破坏和替代效应。

生产率增长空间、分工深度、净创造效应和渗透效应的大小和强弱，共同定义了高质量经济活动的规模和结构，进而决定了它是否具有足够的拉动力量，带动一个经济体持续地实现生产率、实际工资和利润率的协同增长与良性循环。规模和结构的关系，即杨格定理所刻

---

① 〔美〕保罗·克鲁格曼：《预期消退的年代》，王松奇译，中国经济出版社，2000，第5页。

画的市场规模与迂回生产、产业间分工相互作用和自我演进的关系，市场规模引致分工的深化和结构的复杂化，分工的深化和结构的复杂化又引致市场规模的扩大，二者循环累积、互为因果。高质量经济活动的规模和结构之所以重要，是因为一方面它们对生产率增长的广泛程度和持续时间而言至关重要。生产率提升快的"快"部门本身需要其他部门的"引致需求"拉动自身创新，同时反过来对生产率提升慢的"慢"部门产生扩散，最终在更大范围和更长时间内起到提升生产率的作用。另一方面，实际工资的提升也依赖高质量经济活动的规模和结构。当高质量经济活动达到相当规模的时候，该部门的从业者就更有能力消费劳动生产率较低、进步较慢的部门的产品和服务，从而让这些部门的从业者的收入增加。高质量经济活动的结构越复杂，这种收入的传递效应就越持久，就能在生产率的逐级溢出过程中实现更多部门从业者的实际工资提升。

总体而言，高质量经济活动并不拘泥于一个行业、一种产品，而是一组可以协同发展的、可以带动和渗透"旧"部门的产业活动，它在国民经济体系中的规模大小和结构的复杂程度，决定着高质量经济活动引擎力的大小。相较于较小的经济体而言，要实现生产率、实际工资和利润率的协同增长，大的经济体对高质量经济活动的规模和结构就有更高的要求。对于较小经济体而言，即使其内部缺乏足够的产业梯度，无法形成足够的部门间市场，但凭借某一个或少量部门或产品的竞争优势，仍有可能带动该经济体实现人均实际工资的上升。典型如北欧诸国，只要在某一产品或服务领域，如精密仪器、金融产品甚至手表上具有国际竞争优势，就足以拉动其人均收入的持续增长。但对于大国而言，则需要更大规模和结构更复杂的高质量经济活动。

第二节　戈登三问与索洛悖论

在《美国增长的起落》这一经济史巨著中，著名经济史学家罗伯特·戈登提出了三个问题：第一，为什么人均产出在经历了从罗马时代到 1750 年后的两千多年停滞之后，经济增长能够结束休眠状态开始苏醒？第二，为什么从 20 世纪 60 年代至 70 年代初增长开始放缓？第三，为什么 20 世纪中叶美国经济增长如此迅速？① 而第一个问题可以说是现代经济史上最根本的问题。

无独有偶，在 2017 年 10 月 19 日，《自然》杂志也刊发了经济学家罗伯特·艾伦（Robert Allen）的《以史为鉴：未来的工作会怎样？》一文。在这篇文章中，艾伦指出，与第一次工业革命时英国的恩格尔停顿（Engels' Pause）② 相比，美国 20 世纪 70 年代以来的情形更为糟糕，尽管在时间上还没有达到恩格尔停顿的长度，但实际工资和劳动生产率的背离程度要严重得多，同时还伴随着严重的不平等和就业极化。这意味着，20 世纪 70 年代以来，美国人的实际生活水平并没有得到提高。艾伦因此将 20 世纪 70 年代以来的时期称为问题时代（problem-ridden present），而将 1830～1970 年称为西方致富时代（western ascent to affluence）。③

事实上，无论是戈登还是艾伦都在强调同一个事实，即真正带来巨变的是包含了第三次和第四次技术革命浪潮的第二次工业革命。而 20 世纪 70 年代以来，尽管发生了第五次和正在发生第六次技术革命浪潮，却再也没有出现生产率、实际工资和利润率的协同增长。无论是从利润率、投资率，还是从就业创造、实际工资增长等方面观察，20 世纪 70 年代以来，西方国家就已经进入了"长萧条"之中。马伦（Phil Mullan）2016 年的统计显示，美国相对于经济规模而言的商业投资净额，已经从二战后经济繁荣期结束时的近 6%，下降到了如今的 2.5% 左右，资本积累速度缓慢，进而影响生产率的增长。而就整个发

---

① 〔美〕罗伯特·戈登：《美国增长的起落》，张林山等译，中信出版集团，2018，第 538 页。
② 劳动生产率自 1769 年开始增长，但实际工资自 1830 年才开始增长，经历了 61 年的停顿期。
③ Allen, R. C., "Lessons from History for the Future of Work," *Nature*, 2017, 550 (7676)：321 - 324.

达经济体而言，20 世纪 70 年代的生产率增速从 3.25% 左右降到 2.00% 左右，在 21 世纪头一个十年中期则下降到了 1.25% 左右，2008 年全球金融危机后则进一步降到了 1% 以下。① 戈登的研究则进一步表明，1928 ~ 1972 年，美国的产出资本比的年化增长率为 0.9%，而 1972 ~ 2013 年则降低到了 -0.8%。② 从劳动收入占比和实际工资水平上看，1972 年美国非农私人经济部门的小时工资和周工资（以 1982 ~ 1984 年美元计算）分别为 9.26 美元/小时和 341.83 美元/周，此后 21 年间这两项指标持续下降，至 1993 年分别降至 7.78 美元/小时和 266.65 美元/周。甚至在 2008 年全球金融危机爆发前的过度繁荣时期，小时工资和周工资也依旧只有 8.57 美元/小时和 288.06 美元/周，远低于 20 世纪 60 年代至 70 年代的平均水平。③ 在 20 世纪 70 年代以来的长期下行中，ICT 革命仅在 1995 ~ 2004 年挽救了这种颓势，但 2005 年之后这种长期停滞特征更为明显。④

早在 1987 年，索洛就针对 ICT 革命提出了著名的索洛悖论（也称生产率悖论），"我们到处都看得见计算机，就是在生产率统计方面却看不见计算机"。⑤ 对于索洛的这一质疑，不同学者也给出了不同的解释。其中，Jacobs 和 Nahuis 将索洛悖论归因为学习成本，认为生产率提升缓慢源于新技术条件下高技术劳动力（high-skilled workers）将花费时间研习和熟悉新技术，这在短期将导致经济增长率的降低，但随着时间的推移，这种短期停滞就会消失。⑥ 而 Paul David 则依据新熊彼

---

① Mullan, P., *Creative Destruction: How to Start an Economic Renaissance* (Bristol: Policy Press, 2017).

② 〔美〕罗伯特·戈登：《美国增长的起落》，张林山等译，中信出版集团，2018，第 623 页。

③ 王生升：《在历史坐标中解析中美经贸摩擦的真相》，《光明日报》2019 年 6 月 20 日，第 13 版。

④ 在马伦看来，甚至这一时期的复苏都和 ICT 没有什么关系，更多应该归因于冷战结束、东亚崛起和美元霸权的红利。详见 Mullan, P., *Creative Destruction: How to Start an Economic Renaissance* (Bristol: Policy Press, 2017)。

⑤ Solow, R. M., "We'd Better Watch Out", *New York Times Book Review*, 1987.

⑥ Jacobs, B. and Nahuis, R., "A General Purpose Technology Explains the Solow Paradox and Wage Inequality", *Economics Letters*, 2002, 74 (2): 243 - 250.

特学派的产业协同理论将索洛悖论归结于"时滞"，即任何一种新的通用技术在其发明之初都不可能立即带来生产率增长，只有关键的动力部门的产品变得廉价而普遍时，动力部门、支柱部门和引致部门才能形成互为市场的良性循环，从而引发生产率的大范围提升。① 这两者可统称为"时间延滞"论。

与"时间延滞"论不同，Gullickson 和 Harper 则认为，导致索洛悖论的不是时间延迟，而是领域的问题。ICT 的主要应用领域是服务业部门，而服务业部门产出提升体现的是便利程度、舒适程度等的提升，但这些效应难以统计。② Griliches 对服务业劳动生产率的测度结果也支持了这一观点，他的统计结果显示，70%的 IT 资本都投向了服务业部门。③ 而在关于 ICT 是否意味着科技平原的讨论中，泰勒·考恩（Tyler Cowen）等人也认为，ICT 时代的创新更多是针对"再分配"类型的产品，而不是面向有"实用价值"的产品。④ 在特里普利特（Triplett）和马伦（Phil Mullan）等人看来，索洛悖论并不是悖论。因为 ICT 本身就不具备大幅提高生产率的能力，ICT 的发展主要针对信息传递效率而非生产领域，即便是指向生产领域的信息传递，其对生产过程的影响也十分有限，特里普利特称之为"过度期望"。⑤ 马伦则指出，ICT 只对应了两个领域的劳动生产率优化——批发零售业和金融业，尤其是金融证券交易业。但这两个领域，正是距生产活动最远的两大领域，加速进行金融交易或者扩大消费，并不会创造出一种生产率更高的经济，这两种功能都不会直接创造出新的价值。⑥ 此类观

① David, P. A., "The Dynamo and the Computer: An Historical Perspective on the Modern Productivity Paradox", *American Economic Review*, 1990, 80 (2): 355 – 361.

② Gullickson, W. and Harper, M. J., "Possible Measurement Bias in Aggregate Productivity Growth", *Monthly Labor Review*, 1999, 122 (2): 47 – 67.

③ Griliches, Z., *Output Measurement in the Service Sectors* (University of Chicago Press, 1992).

④ 转引自〔美〕布拉德福德·德龙：《美国经济增长的前景》，《比较》2014 年第 1 期。

⑤ Triplett, J. E., "The Solow Productivity Paradox: What Do Computers Do to Productivity?", *The Canadian Journal of Economics*, 1999, 32 (2): 309 – 334.

⑥ Mullan, P., *Creative Destruction: How to Start an Economic Renaissance* (Bristol: Policy Press, 2017).

点可被称为"领域错配或错误期望"。

尼古拉斯·克拉夫茨（Nicholas Crafts）则对蒸汽机、电力、ICT 对英国和美国经济增长的贡献率进行了测度，见表 3 - 1 至表 3 - 3。

表 3 - 1　蒸汽机对英国经济增长的贡献率（年均百分比）

单位：%

指标	1760 ~ 1879 年	1800 ~ 1829 年	1830 ~ 1860 年
蒸汽动力资本贡献	0.005	0.012	0.04
蒸汽动力 TFP 贡献	0.003	0.00	0.01
铁路资本贡献			0.16
铁路 TFP 贡献			0.05
蒸汽动力总贡献	0.008	0.012	0.26
对人均 GDP 增长的贡献	3.8	2.4	23.6

表 3 - 2　电力对美国经济增长的贡献（年均百分比）

单位：%

指标	1899 ~ 1929 年	1919 ~ 1929 年
电动机 TFP 贡献	0.01	0.03
电力设施资本贡献	0.21	0.18
电力设施 TFP 贡献	0.05	0.02
电力资本贡献	0.29	0.75
电力时代总贡献	0.56	0.98
对人均 GDP 增长的贡献	28.2	47.0

表 3 - 3　ICT 对美国经济增长的贡献（年均百分比）

单位：%

指标	1974 ~ 1990 年	1991 ~ 1995 年	1996 ~ 2000 年
ICT 资本贡献	0.52	0.57	1.36
ICT TFP 贡献	0.17	0.24	0.50
ICT 对经济增长的总贡献	0.69	0.79	1.86
对人均 GDP 增长的贡献	30.4	54.6	56.3

数据来源：Crafts, N., "The Solow Productivity Paradox in Historical Perspective", *Social Science Electronic Publishing*, 2002, (4): 561 -562. 表 3 -1 至表 3 -3 根据原文附录整理。

从表 3-1 至表 3-3 可以看出，第一，如果以标志性事件为工业革命的起点，"时间延滞"效应是客观存在的。以 1769 年蒸汽机的发明为起点，1769～1829 年，蒸汽机对生产率、经济增长和人均收入的贡献微乎其微，但在 1830～1860 年，蒸汽机、铁路开始彰显其经济效能；以 1875 年人类第一座火电厂的建立为时间起点，电气化技术对美国经济增长的贡献也直到 1919 年才开始明显显现出来；而以人类第一个微处理器 Intel 4004 出现的 1971 年为 ICT 革命起点，ICT 对经济增长、生产率和人均收入的贡献也一直到 1995 年才显示出来，三次革命的时滞期分别为 61 年、44 年、24 年，有明显缩短趋势。第二，随着工业革命的推进，通用技术的总效能也在不断提升，蒸汽机技术的效能充分发挥时，年均总贡献为 0.26%，占人均 GDP 增长率的 23.6%，这两个数据在电气时代变为了 0.98% 和 47%，在 ICT 时代则高达 1.86% 和 56.3%。

尼古拉斯·克拉夫茨的研究也表明，Jacobs 和 Nahuis 以及 Paul David 等人的"时间延滞"说是成立的。事实上，正如多西（Dosi）等人的研究所指出的，索洛悖论在提出 8 年之后，就遭遇到了美国生产率的复苏：1995～2004 年，美国的劳动生产率年均增长率达到了 2.8%，但 2005 年之后则下降了 1.3 个百分点。[1] 而从全要素生产率上观察，在经历了 1970～2004 年的 0.57% 的年均增长后，1995～2004 年的全要素生产率增速也达到了 1.03%。尽管这一数值远低于 1920～1970 年的 1.89%[2]，但至少可以说明，无论是从资本贡献还是从全要素生产率的贡献来说，ICT 并不逊色于前两次工业革命。这也说明，如果仅仅是指生产率的增长，索洛的"悲叹"只是早了近十年而已。作为一种通用技术，ICT 并非一无是处。

---

① Dosi, G. and Virgillito, M. E., "Whither the Evolution of the Contemporary Social Fabric? New Technologies and Old Socio-economic Trends", *International Labour Review*, 2019, 158 (4): 593-625.

② 〔美〕罗伯特·戈登：《美国增长的起落》，张林山等译，中信出版集团，2018，第551页。

从历史唯物主义出发，无论是以戈登、艾伦为代表的经济史学家，还是多西等新熊彼特学派的学者，他们在从技术革命浪潮和长波视角分析 ICT 时代以来的长萧条过程中，都只是孤立地强调了技术原因，而未能从生产力与生产关系的矛盾中把握长萧条更深层次的制度原因。从本质上看，无论是长萧条还是"黄金三十年"，抑或是 1995～2004 年的 ICT 短期繁荣，都是生产力与生产关系的矛盾运动的长期趋势与外在表现。技术及其组合本身不会自动产生任何经济社会后果，资本积累、价值及剩余价值的生产以及它们的最终实现才是最终的推动力量。在马伦（Phil Mullan）看来，正是新自由主义主导下的畸形金融以及资本主导的经济制度和政治制度，才造成了长萧条的抑制性，使真正的创造效应未能得以彻底且有效的释放。而并非单纯的新旧技术更替，亦非市场本身的破坏就可以解决长萧条的"抑制性"弊端，只有进行包括制度在内的变革，才能达到创造性破坏与破坏性创造并举的效果。① 而哈维更是直言，信息技术是新自由主义的推手，它只"适合用于投机行为和最大化短期市场合同，而不是用于提高生产力，它主要围绕一些新兴行业，比如电子游戏、影视、广告、艺术展演等，从而使人们没有注意到社会基础设施投资的缺失"。②

第三节 规模和结构：ICT 的增长特征

但是，必须注意到前文所述尼古拉斯·克拉夫茨研究中的另外一个细节：从总贡献上看，三次技术革命浪潮的通用技术部门本身对经济增长的贡献率是逐步提升的，分别为 0.26%、0.98% 和 1.86%，而部门对经济增长的贡献率是按照"（该产业部门当年增加值 - 该产业部门上年增加值）/ 上年国内生产总值"来计算的。这就是说，单独

---

① Mullan, P., *Creative Destruction：How to Start an Economic Renaissance*（Bristol：Policy Press, 2017), pp. 149–167.

② 〔美〕大卫·哈维：《新自由主义简史》，王钦译，上海译文出版社，2016。

就蒸汽机、电力、ICT 的相关部门对经济增长的贡献率而言，ICT 相关部门对 GDP 增长的贡献率并不低。

问题的关键在于：第一，为什么蒸汽机 0.26% 的贡献率和电力设备 0.98% 的贡献率，却对应了超过半个世纪的 GDP 和全要素生产率的增长，而 ICT1.86% 的贡献率却只对应了 10 年的增长？罗伯特·艾伦的研究表明，1800~1829 年，英国的实际工资没有增长，但人均产出年均增长 0.63%，全要素生产率年均增长 0.69%；1830~1859 年，人均产出年均增长 1.12%，实际工资年均增长 0.86，全要素生产率年均增长 0.94%；1860~1900 年，人均产出年均增长 1.03%，全要素生产率年均增长 0.89%，人均工资增长 1.61%。[1] 而按照麦迪逊数据库的统计，1820~1869 年，16 个发达国家 GDP 年均复合增长率达到 2.2%，1870~1912 年达到 2.5%，1913~1949 年达到 1.9%，1950~1973 年则达到 4.9%。这就是说，在第一次工业革命的蒸汽时代，GDP 以年均复合增长率超过 2.2% 的速度增长了 50 年以上，即使不考虑黄金时代的高增长，第二次工业革命也曾以接近 2% 的增长率持续了近 80 年。但马伦的统计结果表明，20 世纪 60 年代至 21 世纪头十年，G7 国家每十年的 GDP 分别增长了 64%、39%、38%、29%、14%。ICT 革命对应时段的经济增长率显然较以前要弱得多。[2] 而且，即使是在 1995~2004 年的 ICT 生产率效应爆发期间，主要对应的也是利润率的增长，而不是生产率和实际工资的增长。

再考虑尼古拉斯·克拉夫茨统计的另一个细节。在蒸汽机械化时代和电气化时代，单独就蒸汽机和电力的资本贡献、对全要素生产率的贡献，乃至于对经济增长的总贡献和对人均 GDP 增长的贡献都不大，甚至低于 ICT 的贡献，但无论是蒸汽机械化时代，还是电气化时

---

[1] Allen, R. C., "Engel's Pause: A Pessimist's Guide to the British Industrial Revolution", Economics Series Working Papers 315, 2007.

[2] Mullan, P., *Creative Destruction: How to Start an Economic Renaissance* (Policy Press, 2017).

代，蒸汽机和电力对经济增长贡献的持续时间都很长。联系同时期的经济增长率和全要素生产率增长，蒸汽机和电力的低贡献却明显伴随着该时期的高增长，ICT 的高贡献却伴随着同时期的低增长。如前所述，所谓贡献率，只是指在增长中的占比，即（该产业部门当年增加值 - 该产业部门上年增加值）/上年国内生产总值。这就是说，在 ICT 成为通用技术的经济增长时期，ICT 部门本身的增长很快，但这种高贡献率对应着较短时期较低的增长率（从 GDP 到全要素生产率），而在蒸汽机和电力成为通用技术的增长过程中，蒸汽机和电力部门本身的增长占比并不高，但这种低贡献对应着较长时期较高的增长（从 GDP 到全要素生产率）。相较于第二次工业革命，ICT 革命如此短暂而有限的生产率效应，显然并不足以拉动美国这样庞大的经济体实现类似于第二次工业革命时期那样持久而强劲的劳动生产率、实际工资和利润率之间的循环累积，这也是 ICT 时期对应着"长萧条"的原因。易言之，如果说第二次工业革命对美国而言是高质量经济活动的话，那么第三次工业革命在"质"和"量"方面显然无法与之相比。因此，问题的关键就在于，不是 ICT 技术本身没有增长效应，而是为什么 ICT 不能带来长时间的高增长？

　　按照新熊彼特学派的划分，一种新的通用技术兴起之后将对应着三种不同的部门：生产关键生产要素①的动力部门（motive branches），使用关键生产要素的支柱部门（carrier branches）和围绕着支柱部门和动力部门而展开的引致部门。只有当动力部门取得突破性进展时，支柱部门和引致部门才会爆发性增长。在历次技术浪潮中，不同的关键生产要素（铁和煤，钢、石油、天然气和合成材料，芯片和存储

---

① 弗里曼和佩雷斯认为，"关键生产要素"是技术 - 经济范式中的"一个特定投入或一组投入"，它可能表现为某种重要的资源或工业制成品，决定着技术经济范式的特征并成为划分不同类型的技术经济范式的依据。"关键生产要素"需满足三个条件：使生产成本具有明显下降的能力，在很长时期内有无限供应能力，广泛被应用和易于扩散的能力。详见〔英〕克里斯托夫·弗里曼、〔英〕卡洛塔·佩雷斯：《结构调整危机：经济周期与投资行为》，载〔意〕G. 多西等主编：《技术进步与经济理论》，钟学义等译，经济科学出版社，1992，第 58~74 页。

器）的廉价化[①]是各技术系统自我增强效应的"引爆点"，分别引发了煤、铁、蒸汽机的机械力革命，钢、铁路、内燃机、石油和汽车之间的能源和交通革命，以及以计算机、互联网为代表的信息和通信技术革命。而尼古拉斯·克拉夫茨在 2004 年的统计[②]中，并未对三个技术革命时期的部门进行总体和结构的对应分析，只是对动力或支柱部门中的某一个部门进行了分析，因此也就无法准确地反映新技术革命的整体规模和结构及其经济拉动效应。

沿袭高质量经济活动的规模与结构特征，我们有必要对不同时期代表性部门的规模和结构进行比较。依据美国国民经济账户的划分，我们对第二次和第三次工业革命的新部门规模进行了比较。图 3 - 1 为 ICT 部门增加值占 GDP 的比重，结果表明，按行业增加值占比统计，部门增加值加总后占 GDP 比重最高为 4%。

同样根据 BEA 的数据，我们对 1947～2017 年第二次工业革命对应的部门增加值占 GDP 的比重也进行了统计。根据第二次工业革命的部门创造，我们在制造业中剔除了 ICT 部门（狭义制造，对应正方形），而圆圈对应采矿业、公共事业、建筑业、制造业（不包括电脑及电子产品制造）与运输仓储业的加总（广义制造）。如图 3 - 2 所示，第二次工业革命所对应部门的增加值占比，仅剔除 ICT 部门的狭义制造业的占比最低也达到了 7%，广义制造业在最低的时候也达到了 13%，在战后的"黄金三十年"中，这两个比重平均达到了 14% 和 23%。

单就新创生部门而言，ICT 显然无法与第二次工业革命时代相提并论。罗伯特·戈登将第二次工业革命分为两个进程，第一进程是 1870～1900 年，主要涉及电力、内燃机、公用事业、通信和娱乐业，以及包括石油在内的化学工业；后续阶段则是 1900～1970 年，涉及大

---

① 亦即生产关键投入的动力部门的劳动生产率的极大提高。

② Crafts, N., "Steam as a General Purpose Technology: A Growth Accounting Perspective", *The Economic Journal*, 2004, 114 (495): 338 - 351.

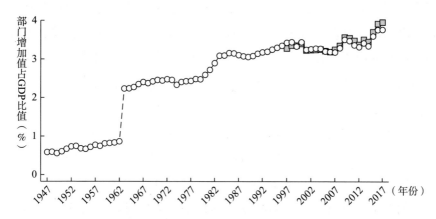

图 3 - 1　美国 ICT 部门增加值占 GDP 的比重

注：因 1997 年 BEA 统计口径调整，102 项目［包含计算机和电子产品制造（不包括导航、测量、电子医疗、控制设备制造），软件出版，广播和电信，数据处理、托管及相关服务，互联网出版、广播和网络搜索门户，以及计算机系统设计和相关服务等行业］与项目 19（计算机与电子产品生产）、52（广播电信）、53（数据处理、互联网出版和其他信息服务）、68（计算机系统设计及相关服务）在年份和统计口径上略有差异，我们分别对单独的 102 项目（数据为 1997 ~ 2017 年）和 19、52、53、68 项目的加总进行了统计，102 项目统计数据即图中的正方形，加总的统计数据如圆圈所示。图 3 - 1 中正方形对应项目 102；圆圈 1947 ~ 1962 年部分只包括项目 19，1963 ~ 2017 年部分对应项目 19、52、53、68 的加总。

数据来源：BEA。

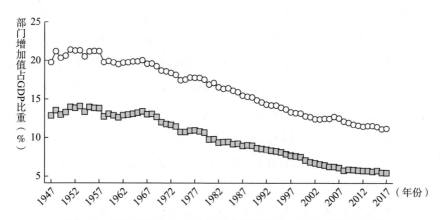

图 3 - 2　美国第二次工业革命对应的部门增加值占 GDP 的比重

数据来源：BEA。

规模生产、航空、公路运输和汽车业以及建筑行业。这两个时期也可以称之为电气化时代和机动化时代，每一阶段都创造出了大量的新部门。而在 BEA 的统计口径中，1870 年以来的第二次工业革命产生的部门，涵盖了制造业领域中的绝大部分，如包括汽车、飞机、轮船在内的运输设施，以及家用耐用消费品、加工机械设备、合成材料、石油化工，还有高速公路和机场等基础设施、空中航线等。弗里曼和卢桑认为，"20 世纪 60 年代以来，这些部门占了国民总产出的很大比重，可能高达三分之一"。① 相较之下，20 世纪 70 年代至今的 ICT 革命则主要创造了计算机、网络和移动电信产业等有限部门。对于美国这样体量的经济体而言，这种新创生部门的经济增长效应及拉动力量显然要弱于第二次工业革命时期。

第四节　人工智能如何"赋能"？

以大数据、人工智能为代表的技术被视为新一代通用技术，成为各国技术竞争和产业竞争的主阵地。就技术特征而言，当前的人工智能仍只是弱人工智能，而非强人工智能，而弱人工智能的主要技术价值在于通过搜索、匹配和预测，使机器像人类一样，甚至比人更好地完成单一任务的执行，体现为通过标准化和数据化强化和提升自动化程度。而弱人工智能和强人工智能的差异在于：前者只需要机器学习，遵循"有多少人工有多少智能"的逻辑；而后者则需要机器具有人类大脑的结构和工作模式，最后产生的结果并不是人工智能，而是智能人工（IA）。受限于模拟神经元的困难以及"莫拉维克悖论"和"波兰尼悖论"，强人工智能发展路途漫漫。② 因此，对人工智能的摧毁性

---

① 〔英〕克里斯·弗里曼、弗朗西斯科·卢桑：《光阴似箭：从工业革命到信息革命》，沈宏亮译，中国人民大学出版社，2007，第 309 页。

② "莫拉维克悖论"是指计算机可以替代复杂计算却永远无法模仿感知和运动，而"波兰尼悖论"则是说我们知道的要超过我们能表达的。参见杨虎涛：《人工智能、奇点时代与中国机遇》，《财经问题研究》2018 年第 12 期。

或替代性持过度悲观或过度期待的态度，都是没有技术依据的。例如，认为在人工智能大规模取代劳动力之后，由于所有的服务业和制造业的劳动生产率不断快速提高，产品和服务的单位成本会不断下降，"宏观经济也不会再趋于停滞，而是不断增长，所以人工智能的发展和广泛应用将根治鲍莫尔病"[①]。这样的判断是没有技术依据的，至少不符合当下这个弱人工智能时代。

对人工智能能否带来可观的经济增长，经济学家可分为悲观、乐观和谨慎乐观三派。悲观论者如戈登、马伦等人都认为，无论是信息通信技术（ICT）还是人工智能，都无法达到第二次工业革命时的增长效果，由于创新更侧重于分配领域而非价值创造领域，甚至还有可能带来停滞[②]；乐观论者如 Aghion 等认为 AI 主要通过影响市场结构、部门再分配和组织形式进一步影响经济增长[③]，Furman 和 Seamans 认为 AI 在提高生产率方面具有很大潜力[④]；谨慎乐观者则认为通用技术的扩散是波形而非直线式的，经济效率优化与生产率增长存在时滞。[⑤]

支持悲观论的证据主要在于，当前人工智能投资额度较小，且对应领域有限，主要集中于服务业，而这也正是 ICT 时代的主要特征。1999 年，Sichel 等人的研究就表明，索洛悖论主要源于 ICT 投资规模不足，20 世纪 80 年代至 90 年代初，美国 ICT 产业的投资增长率虽然很高，但份额不足社会总投资额的 2%。[⑥] 同样，尽管社会各界高度关

---

① 谭洪波：《人工智能能够根治鲍莫尔病吗?》，《光明日报》2017 年 12 月 19 日，第 14 版。

② 〔美〕罗伯特·戈登：《美国增长的起落》，张林山等译，中信出版集团，2018，第 538 页；Phil, M., *Creative Destruction*: *How to Start an Economic Renaissance* (Policy Press, 2017).

③ Aghion P., Jones B. F., Jones C. I., "Artificial Intelligence and Economic Growth", NBER Working Papers, No. 23928, 2017.

④ Furman, J. and Seamans, R., "AI and the Economy", *Innovation Policy and the Economy*, 2018.

⑤ Brynjolfsson, E., Rock, D., and Syverson, C., "Artificial Intelligence and the Modern Productivity Paradox: A Clash of Expectations and Statistics", NBER Working Papers, No. 24001, 2017.

⑥ Sichel, D. E., "Computer and Aggregate Economic Growth: An Update", *Business Economics*, 1999, 18 – 24.

注，但当前人工智能的投资份额仍然很小，以中国为例，近年来对 AI 的投资尚不及社会投资总量的 1%。2017 年全球人工智能融资为 395 亿美元，中国就占了 70% 以上。不仅投资不足，而且和 ICT 时代一样，当前的人工智能也主要集中于服务领域，比较世界各国人工智能政策的集中领域可知，美国、欧盟成员和日本的人工智能规划也主要集中于安防、教育、金融、健康和城市管理等领域，较少涉及生产领域。① 但当前无论大数据还是人工智能技术，其仍局限于诸如广告投送、生活消费等有限的应用场景之中。《中国人工智能发展报告（2018）》显示，2017 年，中国人工智能市场规模 237 亿元，主要集中在计算机视觉、语音、自然语言处理，硬件和算法的市场规模不足 20%。以深度学习为代表的新一代人工智能技术主要体现在算法层面，成熟的实体终端产品并不多，截至 2018 年，实体终端产品主要集中在智能音箱、智能机器人和无人机三种产品上，并且这三者的规模都很有限。②

前述分析表明，ICT 的经济增长效能之所以弱于第二次工业革命时期，其中一个很重要的原因，在于 ICT 时代的技术和产品特征明显不同于第二次工业革命时期，其典型表现是新部门创生效应较弱，而渗透效应则过度集中于服务业。如果人工智能的应用也仅仅局限于抖音、今日头条和美团等生活服务产品，其效能也只会体现为生活方式的改变，而无法产生大范围的生产率溢出。对于人工智能这一通用技术而言，其对应的新创生部门可能也是相对有限的，如果要提升其生产率增长空间和净创造效应，就需要不断加大其渗透效应。而渗透效应取决于人工智能的通用性，即在多大范围上可以适用于传统部门。从产品创新和过程创新的区别上来说，就是人工智能的产品创新，要尽可能地成为更多部门的过程创新，或者人工智能可以被用于多个领域去提高生产率，这样才能形成更为持久和更为广泛的生产率改进。

---

① 清华大学中国科技政策研究中心：《中国人工智能发展报告（2018）》，第 60 页。
② 清华大学中国科技政策研究中心：《中国人工智能发展报告（2018）》，第 12 页。

在通用性上，人工智能完全不同于传统 ICT，这是人工智能可以实现远比 ICT 更大范围渗透效应的根本原因。不同于 ICT 时代的信息化和网络化的是，人工智能是在数据化基础上实现智能化。如果说 ICT 时代只是解决了生产主体和交易主体的信息普遍连接从而极大提升交易效率的话，那么人工智能则是实现了从生产到消费全流程的智能化改造，不仅能提升交易效率，也能极大地提升生产效率。ICT 时代，计算机只是实现了单点经济主体的信息和数据的电子化处理，而互联网只是实现了计算机与计算机之间的连接，其数据处理能力不足以应对系统性强、复杂性高的生产 – 销售 – 消费全流程。但以算法、数据和高能芯片为内容的人工智能则可以实现多主体、多维度数据的处理并完成智能预测和决策，在万物互联的基础上，人工智能具备更大范围和更多领域的通用性，其数据处理和覆盖具有更强的系统性和即时性。其对应领域绝不会，也不可能仅限于生活性服务业和金融交易等领域。要使人工智能真正成为促进高质量发展的引擎，也应针对其"通用性"进行相应促进和引导，使其扩散到更大的范围，从而产生更大的通用效能和协同效应。具体路径如下。

第一，实现人工智能应用从消费领域向生产领域的广泛渗透和升级，使人工智能在大范围的工业生产中得到应用，而不只是局限于商业和生活应用。人工智能要更多地指向生产领域，通过"赋能"制造业，从而更大程度、更大范围地实现人工智能在助力制造方式变革上的智能化优势。数字经济在从 ICT 时代到 AI 时代转变的过程，也是工业、实体制造的信息化向信息的工业化、实体化转变的过程，如果说 ICT 只是实现了生产的信息化和网络化，那么，人工智能的应用前景就是数据化基础上的智能化。也只有在智能制造领域全方位渗透，人工智能才能成为真正意义上的通用技术，从而引发持久、大范围的产业升级与技术变革。依托人工智能、5G 技术和工业互联网，传统产业生产过程中的要素协同性和全要素生产率将得到提升，这是提升人工智能渗透效应的关键所在。潘云鹤院士指出，中国的数字经济对工业的渗透率只有 17%，远低于德国、韩国、美国的 40% 以上[①]，这意味着人工智能向制造业的渗透不仅必要，而且紧迫，尚有很大的拓展空间。

人工智能并不是孤立地作用于智能制造，而是与 5G、工业互联网等技术协同作用，共同实现工业制造的数据化、网络化和智能化。其中，工业互联网是其主要应用场景。作为连接工业全要素、全系统、全产业链、全价值链，支撑工业智能化发展的关键基础设施，工业互联网是新一代数字技术向实体经济拓展的核心载体，而人工智能广泛地应用于数据分析、智能决策过程，是实现自动化到智能化的关键所在。易言之，如果缺少高水平的人工智能支持，工业数据就无法得到充分利用，在此基础上的工业互联网就只能是深度的系统自动化，而不是智能化。

当前，我国工业互联网发展与智能制造尚处于起步阶段，工业控制、工业软件、工业信息安全、开源平台、开源社区等关键核心技术均存在空心化、短板化、空白化的问题。工业互联网平台建设的关键技术，如边缘智能、工业大数据分析、工业机理建模和工业应用开发也存在明显的技术瓶颈，存在"制"的高端装备匮乏，"造"的关键零部件、核心技术和知识产权受制于人等现象。但人工智能作为一种高度依赖算法和数据训练体量的技术，具有先行突破、带动发展的可能性。因为经过七十年的发展，中国已成为目前世界第一制造国和工业门类最为齐全的国家，在工业生产的数据多样性、完备性和数据体量上具有无可比拟的优势，而工业智能制造的发展和升级的过程，本质上也是制造业数据流量成为互联网主导流量的过程，中国的生产能力、生产规模和产业部门的多样性，为人工智能的工业运用提供了极为有利的条件。

第二，需要大力推进人工智能与新材料、新能源等战略性新兴产业的技术渗透和产业协同。从工业革命的历史看，第一次和第二次工

---

① 《院士潘云鹤：中国数字经济对工业渗透率仅为 17%》，新浪科技百家号，2019 年 10 月 18 日，https://baijiahao.baidu.com/s? id = 16477341481715542024&wfr = spider&for = pc。

业革命，都不只是单纯的信息连接和空间运输技术的革命，而是兼具能源、材料和信息连接或空间运输技术的革命，这种兼具能源、材料和连接三要素的变革，带来的不仅仅是"怎样生产"和"在哪里销售"的变革，同时也涉及了"用什么生产"的劳动对象的变革。正如曼德尔指出的那样，"一场真正的技术革命，包括资本主义生产和分配，包括运输和电信的所有方面的基本技术的彻底翻新"。① 在缺乏制造技术、材料、能源和高端装备产业进步的前提下，孤立的人工智能不仅只会停留在有限的应用领域中，而且其效能也无法得以充分发挥，因为人工智能复合了算法、数据、芯片三个基本要素，其数据采集、存储与处理过程同样需要能源和材料的进步才能不断升级，而制约人工智能算力和算率的，不只是算法本身，也需要材料和能源的革命性变革，才能减少其单位能耗和设备体积。新材料、新能源的研发与生产过程既可以成为人工智能的应用场景，其本身的发展也会间接影响人工智能的效能发挥，这种产业间的协同效应不仅可以有效地促进人工智能、新能源和新材料等产业的发展，其变革过程也将带来更大范围和更深程度的分工。

第三，大力推进人工智能在生产性服务业的广泛和深度运用。生产性服务业是生产性活动尤其是制造业的重要支撑，主要包括研发设计与其他技术服务，涉及物流仓储、信息服务等多个领域。在诸如物流、仓储、设备租赁等传统生产性服务行业，人工智能、大数据已开始得到运用，未来在算法优化、数据生产和利用上还有很大的发展空间。与此同时，随着自动化进程的加快和智能化生产初现端倪，"黑灯"工厂也将普及化、常态化，更多的延伸劳动将围绕着服务而非生产环节展开，制造业企业将越来越多地开展服务活动，即所谓服务型制造或服务化（servitization）。② 人工智能在服务制造业的增值环节也

① 〔比利时〕厄尔奈斯特·曼德尔：《资本主义发展的长波——马克思主义的解释》，南开大学国际经济研究所译，商务印书馆，1998，第 19 页。
② 李晓华、刘尚文：《服务型制造内涵与发展动因探析》，《开发研究》2019 年第 2 期。

可以发挥重要的作用。

尤其值得重视的是，人工智能在知识生产过程，尤其是研发活动中也具有广泛的应用前景。人工智能不仅仅是一种技术，也是一种研究工具，在依赖试错法、穷举法的科研活动中具有人类智力不可比拟的优势。人工智能在知识生产，尤其是研发活动中具有广泛的应用空间，这能进一步提升研发活动的效率，进而对技术进步和全要素生产率提高产生积极的影响。2020 年，百度、阿里和腾讯等企业就通过开放 AI 算力帮助抗病毒药物的研发。例如，阿里云就在疫情期间向全球公共科研机构免费开放 AI 算力，与全球相关机构合作，针对 SARS/MERS 等冠状病毒的历史药物研发进行数据挖掘与集成，计算靶点和药物分子性质，并跟进新型冠状病毒最新科研动态。百度研究院也向各基因检测机构、防疫中心及全世界科学研究中心免费开放了算法和相关网站，协助医疗界对新型冠状病毒 RNA 空间结构进行预测。[①]

传统服务业普遍被视为"停滞"部门，其资本有机构成低、劳动生产率提升缓慢、缺乏生产率溢出效应，而在 ICT 时代，ICT 应用和投资多集中于服务业，尤其是金融和批发零售等领域，也的确产生了生产率的"逆向渗透"困难，即低生产率部门很难向高生产率部门渗透，这也是 ICT 的经济增长效能不理想的原因之一。在特里普利特和马伦等人的分析中，ICT 之所以造成"过度期望"和与之对应的"失望"，在于 ICT 主要应用于非生产性领域，无法对生产过程产生足够大的影响。[②] 但随着人工智能、大数据和工业互联网的兴起，服务业部门的构成及其生产和服务方式发生了很大的改变。以人工智能、大数据为代表的新一代数字经济在服务业的渗透上不仅距离生产过程更近，而且相当一部分领域如知识生产、服务型制造本身就是生产性活动，这是

---

① 《疫情下工业互联网平台的发展契机》，先进制造业网，2020 年 3 月 3 日，http://www.amdaily.com/Internet/IndustrialInternet/11929.html。

② Triplett, J. E., "The Solow Productivity Paradox: What Do Computers Do to Productivity?", *The Canadian Journal of Economics*, 1999, 32 (2): 309 – 334; Mullan, P., *Creative Destruction: How to Start an Economic Renaissance* (Policy Press, 2017).

ICT 时代所无法达到的。

尽管经济学家就人工智能的经济增长效能存在着不同的观点，但对人工智能在短期对就业的冲击的看法却高度一致。就高质量发展的目标而言，尤其值得注意的是人工智能在短期内的就业破坏效应。大量研究表明，从长期看，弱人工智能对就业不会产生毁灭性的影响。因为尽管人工智能会对传统技术工作形成替代，但由于生产率效应、资本积累和新工作的创造等多方面的反制力量，这种就业破坏效应最终会被抑制。而且，由于人工智能时代的服务业部门仍将存在鲍莫尔病，所以仍将消耗大量的劳动力。[1] 尽管如此，人工智能的短期就业冲击仍需要社会付出巨大的调整代价，在结构性失业的过程中不可避免地产生大量的人力资本浪费，这将集中体现在直接受到人工智能技术冲击和替代效应最为显著的行业。Jaimovich 和 Henry 的研究表明，1982～2017 年，美国就业明显极化：创造性的、认知性的工作如科技工作者、设计师等高技能工作和基于人际交往、服务型的工作如餐厅服务员、导游等低技能工作两极增加，但常规操作性工作如制造业蓝领则不断减少。[2] 而计算机化（computerization）带来的数字化、程序化和自动化对传统制造业岗位的破坏是这种极化现象产生的主要原因。[3] 随着人工智能时代的来临，这种更高级的计算机化的就业破坏效应不只会影响传统制造业，还会波及大量可实现数据标准化的高级服务行业，如金融交易、会计等。要将这种短期的就业破坏效应降到最低，需要顺应技术发展趋势，有针对性地培养适应人工智能时代的专业技术人才，同时也迫切需要加大对传统行业从业人员的技能培训。

---

[1] Nordhaus, W. D., "Are We Approaching an Economic Singularity? Information Technology and the Future of Economic Growth", NBER Working Papers, 2015.

[2] Jaimovich, N. and Henry, E., "Job Polarization and Jobless Recoveries", *Review of Economics and Statistics*, 2018, 102 (1).

[3] Almeida, R. K., Fernandes, A. M. and Viollaz, M., "Does the Adoption of Complex Software Impact Employment Composition and the Skill Content of Occupations? Evidence from Chilean Firms," CEDLAS, Working Papers 0214, 2017.

第四章　数字经济时代的社会－政治范式

　　新熊彼特学派的代表人物、技术－经济范式理论的提出者佩蕾丝认为，在技术革命浪潮的长时期波动分析中，历史分析进路应当与周期只是国内生产总值上升和下降的这种传统观念明确决裂，因此应当抛弃康德拉季耶夫的长波概念，而用发展的巨浪（great surges of development）进行替代。真正应当重点关注的是每一次技术革命的结构，尤其是它在经济和社会中的扩散和同化过程中的规律。而发展的巨浪是一次技术革命及其范式在整个经济中传播的过程，它不仅意味着在生产、分配、交换和消费方面的结构性变化，也意味着社会发生深刻的质的变化。

　　新自由主义的盛行固然与"问题时代"同步，但不能忽视的是，"问题时代"也恰好是第五次技术革命浪潮，也即信息通信技术（information and communications technology，ICT）革命发生的时期。为何前四次技术革命浪潮对应了"西方致富时代"，而第五次技术革命浪潮却与"问题时代"相伴?① 两次巨浪为何如此不同？对于奉行"创新是经济增长源动力"这一原则的新熊彼特学派而言，"问题时代"与第五次技术革命浪潮的同步性，即使未宣告理论的失败，也至少对理论提出了新的挑战。例如，按照新熊彼特学派对技术革命浪潮阶段的划分，技术革命浪潮的导入期必有金融危机，而金融危机之后，经过"转折点"（turning point）时期的制度重组，必迎来拓展期。但 21

---

① 关于"问题时代"与"西方致富时代"的相关内容见第三章第二节，此处不再赘述。

世纪以来连续两次大的金融危机——21 世纪初的纳斯达克风暴和 2008 年全球金融危机，均未形成转折点。虽然传统技术 – 经济范式在一定程度上摆脱了技术决定论倾向，并实现了制度分析的转向，但仍然无法解释不同次技术革命浪潮效能释放过程中的结构性影响和制度性障碍的形成原因。

从历史唯物主义的立场出发，任何一次技术革命浪潮经济潜能的释放，并不是技术体系本身的自然表达，而是与整个社会政治环境、观念、政策密切相关。由于技术革命浪潮是一个持续渐进的过程，技术革命浪潮的经济效能也并非自然释放，而是受到社会 – 政治范式的制约。普遍认为，当前世界经济正处于第五次技术革命浪潮末期与第六次技术革命浪潮早期的重叠时期，以互联网、计算机等信息通信技术为基础的数字经济（即数字经济 1.0）正在向以人工智能（AI）等为代表的新一代数字经济（即数字经济 2.0）深化和发展。通过社会 – 政治范式的适应性变革，实现社会 – 政治范式与技术 – 经济范式的耦合，避免"问题时代"的再现，对当前中国经济实现高质量发展具有重要的理论意义与实践价值。

第一节　新熊彼特学派的制度分析进路与演进

对新熊彼特主义者而言，在长波或者"巨浪"的内在机制问题上，熊彼特的遗产更多的是启发性的。尽管熊彼特是公认的创新理论的开创者，其最重要的贡献在于强调了创新这一动力，但就这一动力如何获得、如何发生，尤其如何影响长期经济波动，熊彼特并没有提供令人满意的解释。因此，弗里曼指出，熊彼特的《商业周期》在当时曾被认为具有重大的理论贡献，但半个世纪后，不得不承认，《商业周期》在经济思想史上不仅不能和马克思、凯恩斯或李嘉图的主要著作相提并论，甚至和熊彼特本人的其他著作相比都不那么重要，"熊彼特依然是 20 世纪经济学家中离经叛道的巨人，尽管他赢得了业界的尊重，却肯定没有赢得他们的忠诚"。①

对熊彼特商业周期理论的批评主要集中于两个方面，首先是对于创新的规模和持续时间的解释，其代表性质疑是库兹涅茨在《美国经济评论》上发表的对《商业周期》一书的著名评论：第一，哪些创新的规模如此之大，以至于有可能推动整个世界经济的长周期发展？第二，为什么一个长周期要持续大约半个世纪？如果是企业家的能量驱动了整个系统，那么英雄企业家每 50 年就累一次吗？② 其次是弗农·拉坦（Vernon W. Rutta）对创新蜂聚假说及其周期性的质疑，拉坦认为，对于创新为什么会蜂聚，或者为什么蜂聚具有特定的周期性，熊彼特并没有提供真正的解释。③ 对于库兹涅茨的质疑，熊彼特直至去世都未能正面给予回应。在熊彼特之后，门施等人虽然努力证明萧条引致创新蜂聚的发生，但对蜂聚的周期性也没有给予很好的解释。

门施之后，新熊彼特学派一直试图弥补熊彼特理论中的缺陷，如弗里曼、克拉克和苏特等人的新技术系统（new technology systems）、多西的技术形态（technological styles）、技术范式（technological paradigms）等理论范畴的提出，均旨在阐明技术创新的发生和扩散机制。真正系统回应拉坦和库兹涅茨质疑的是佩蕾丝。④ 在多西的技术范式概念的基础上，佩蕾丝提出了元范式（meta-paradigm）概念，并依托这一概念发展出了技术 - 经济范式理论。虽然同样也是从熊彼特的创新动力这一基准点出发，但佩蕾丝认为技术革命浪潮并不是严格意义上的经济现象，而是整个社会经济和制度系统的变革过程。因此在技

---

① Freeman, C. P., "Schumpeter's 'Business Cycles' Revisited", *Globelics Working Paper Series*, 2015.

② Kuznets, S., "Schumpeter's Business Cycles", *American Economic Review*, 1940, 30 (2): 257 - 271.

③ Ruttan, V. W., "Usher and Schumpeter on Invention, Innovation, and Technological Change: Reply", *The Quarterly Journal of Economics*, 1961, 75 (1): 152 - 154.

④ Freeman, C. P., "Schumpeter's 'Business Cycles' Revisited", *Globelics Working Paper Series*, 2015.

术 - 经济范式理论中，佩蕾丝力图摆脱门施等早期新熊彼特主义者的技术决定论倾向，通过在两个方面的创新，使新熊彼特学派的长波理论具有了一种明显的制度分析色彩。其一，佩蕾丝在技术革命的阶段性波动中引入制度重组概念，并将其视为从波谷向波峰转变的关键因素；其二，佩蕾丝认为金融资本与生产资本的主导权的交替是从技术革命导入期到拓展期的必经之路。当佩蕾丝以金融资本和产业资本的主导权争夺来表达技术浪潮的波动过程，以及表达旧的技术 - 经济范式的潜力在未被耗尽之前就不会被替代这样的观点时，她实际上是在主动向马克思靠拢。泰勒科特因此评价佩蕾丝的理论是"马克思主义和熊彼特主义传统的最优雅的综合"。[1]

　　在技术 - 经济范式理论中，技术革命、技术 - 经济范式和技术革命浪潮构成了一个在分析层次上依次推进但在分析逻辑上密不可分的有机整体。技术革命率先发生在个别部门，但缺乏对整个社会经济全盘改造的效能，然而和技术革命相伴而生的技术 - 经济范式则不同，从一开始它就具有普遍的示范意义。"技术 - 经济范式是一个最佳惯行做法的模式（a best-practice model），它由一套普遍的、通用的技术原则和组织原则所构成，代表着一场特定的技术革命得以运用的最有效方式，以及利用这场革命重振整个经济并使之现代化的最有效方式。一旦得到普遍采纳，这些原则就成了组织一切活动和构建一切制度的常识基础。"[2] 潜在的技术革命能否成为现实的革命，取决于技术 - 经济范式被普遍接纳的程度。当一种技术 - 经济范式得以全面铺开时，就会完整地展现出"发展的巨浪"，它是一次技术革命及其范式在整个经济中得以传播的过程，这一过程不仅在生产、分配、交换和消费方面产生结构性变化，而且也在社会中产生了深刻的

---

① Andrew, T., *The Long Wave in the World Economy: The Current Crisis in Historical Perspective* (Routledge, 1992).

② 〔英〕卡萝塔·佩蕾丝：《技术革命与金融资本》，田方萌译，中国人民大学出版社，2007，第21页。

质的变化。[①]

佩蕾丝的技术－经济范式与多西的技术范式有着内在的一致性。多西认为，和科学研究存在一个共同的范式一样，技术也存在一种发展的范式。"技术范式可以定义为解决所选择的技术经济问题的一种模式，这些解决问题的方法立足于自然科学的原理"[②]。不难看出，多西的技术范式，本质上是一种技术活动进行或展开时遵循的逻辑，但这种范式和逻辑并不是固定不变的，而是一种演化的、在启发式的进展过程所遵循的逻辑。在技术范式的逻辑框架下，技术和产品的具体化所表现出的集合，就是技术轨迹。

从表面上看，多西的技术范式更多地刻画着技术方案的演进，因此常常被认为是一种技术分析，这显然是一种误解。联系多西对知识的分类，我们就可以对技术范式的这一制度属性有更为直观和更为清楚的认识。在多西看来，技术进步涉及不同类型的知识：普遍的、可编码的知识，非公开的、隐含的知识，或者是受到专利保护的知识。主体在利用和形成这些知识的过程当中，又会受到企业原有累积性知识影响，从而最终形成特定的解决办法。因此，"创新知识受到范式的限定，并且沿着特定的轨道出现"。[③] 从这个意义上说，创新知识是专门的、局部的，在单个企业层次上，知识又是累积的，遵循技术范式去解决问题的企业和由此而形成的产品和技术轨迹，就呈现高度的异质性，所以我们就看到了不同企业特有的创新轨迹。这种根据知识理解技术的方法，也是熊彼特学派不同于主流经济学的关键所在。后者是从产出结果上倒推技术，和技术的本质没有任何关系，但在新熊彼特学派眼中，技术变迁是基于科学原理，按需求和问题导向并受制

---

① 〔英〕卡萝塔·佩蕾丝：《技术革命与金融资本》，田方萌译，中国人民大学出版社，2007，第 25 页。

② 〔意〕G·多西等主编：《技术进步与经济理论》，钟学义等译，经济科学出版社，1992，第 276 页。

③ 〔意〕G·多西等主编：《技术进步与经济理论》，钟学义等译，经济科学出版社，1992，第 278 页。

于各种累积性知识的交互作用过程，这当然不同于新古典经济学那种将技术看作一种广泛适用、易于再生产和再使用的信息概念。

技术范式是一个微观概念，它所要表达的，是技术是什么和技术如何形成的问题。而技术－经济范式，则是一个宏观技术概念，是技术在经济系统中的总体特征、扩散进程和宏观表达。但无论是技术范式，还是技术－经济范式，都带有明显的制度含义，两者只是在不同层级上刻画制度经济学中的所谓"共有知识"（common knowledge）的形成。无论是多西强调技术创新需要遵循特定的逻辑并受到特定约束，还是佩蕾丝强调"每次技术革命，不仅带来了生产结构的全面改造，且逐渐带来社会结构、意识形态和文化的治理制度的转型"①，本质都是在强调不同层级"共有知识"的交融与型构。而作为一个宏观分析性概念，技术－经济范式体现了一种技术革命推动下的经济活动，从生产组织形式到流通、消费方式，以及在组织形态、制度结构上的通用性。在某种意义上，它与新熊彼特学派的另一重要概念——通用技术（general purpose technology，GPT），构成了一组对等性的分析概念，前者指广泛被接纳的制度形式，后者指广泛被使用的技术安排。

技术－经济范式的形成，意味着包括佩蕾丝在内的新熊彼特主义者，如弗里曼、卢桑和泰勒科特等人，已经将关注重点从技术变革带来的经济增长变化转移到与技术本身的相互关系、扩散模式和对创新方向的影响，如技术如何导致企业和机构组织的变革以及如何影响就业、社会生活方式和市场结构等。巨浪概念的提出，不仅是为了跳出传统的长周期分析的局限，也体现了新熊彼特主义者通过理性历史分析方法对熊彼特遗产进行改造的努力。应当说，从技术范式到技术－经济范式，新熊彼特学派的这种"改造"是相对成功的。多西的技术范式理论，作为一种知识生成理论在创新经济学中得以广泛运用，并可以为企业异质性理论和动态能力理论提供理论基础；而佩蕾丝的技

---

① 〔英〕卡萝塔·佩蕾丝：《技术革命与金融资本》，田方萌译，中国人民大学出版社，2007，第 30 页。

术－经济范式理论不仅可以包含技术变迁过程，还可以纳入制度竞争和制度惰性等元素，从而使其有可能成为一个更具有宏观历史格局的资本主义发展阶段理论。作为一种长期历史制度分析范式，技术－经济范式理论不仅是对早期技术决定论的突破，也是对技术范式理论的扩展与升级，本应对"问题时代"有着很好的解释力，但遗憾的是，技术－经济范式理论仍然低估了观念、利益集团、社会政策等方面的重要性，而过分局限于生产组织这一层级的制度变革，大大削弱了这一理论的适用范围和解释力，其突出表现，就是过于短暂的转折点判断和过于轻松的制度重组。

第二节　技术－经济范式理论的内在不足

继门施之后，弗里曼、卢桑和佩蕾丝等新熊彼特主义者一直在努力避免技术决定论的倾向，而尽可能向一种协同演化理论发展。而技术－经济范式理论无疑是这一努力的集中体现。但在批评者看来，技术－经济范式理论仍有技术决定论的嫌疑。巴巴鲁萨就认为，尽管新熊彼特学派和社会积累结构学派（SSA）都将利润率视为积累过程中的一个核心决定因素，但在制度与技术的决定与被决定的关系问题上，两者仍存在根本性分歧。社会积累结构学派认为，技术变革的影响在很大程度上是由社会制度调节的。但对于新熊彼特主义者来说，制度环境仍然是由长波创造的，是技术进步释放出的社会和经济变革的结果。之所以产生这一分歧，在于新熊彼特学派主要聚焦微观层面的分析，而社会积累结构学派聚焦宏观经济分析，这就造成了"两种理论在因果关系上的逆转"。[①]

---

① Tomás Gutiérrez-Barbarrusa, "The interpretation of the Cyclical History of Capitalism. A Comparison between the Neo-Schumpeterian and Social Structure of Accumulation (SSA) Approaches in Light of the Long Wave Theory", *Journal of Evolutionary Economics*, 2019, 29（2）: 1 – 34.

　　巴巴鲁萨的评价仅适用于早期的熊彼特主义者，如门施，但对于20世纪80年代之后发展起来的新熊彼特主义者，如佩蕾丝、弗里曼和多西等人而言，认为其理论观点是"制度环境仍然是由长波创造的"可能并不妥当。新熊彼特主义者的技术－经济范式理论并不是一种技术决定论，值得讨论的是技术－经济范式理论是否给制度分析留出了足够的理论空间。事实上，早在20世纪90年代初，多西等人就强调长波分析中的经济—制度—技术之间的协同演化，"让我们大胆地区分三个基本的子系统——技术体制、经济机器（内部反馈和调节机制，与相对价格、投入产出流量、需求生成、投资等有关）和机构制度状况（包括规则生成、流行的行为、经济活动的组织形式、政治环境等）。于是，我们可以将三个基本子系统之间出现高水平同态的地方用光滑构型来描述，相反，低水平同态与它们结构上的不匹配有关"。① 这清楚地表明，新熊彼特学派视长波为技术、经济和社会制度三个子系统协同演化的结果，波峰是三者的最佳耦合期，波谷则是三者不匹配产生的最小交集的反映。弗里曼和佩蕾丝虽然的确表达过制度随着技术进步而变动的观点，"一类特定类型的技术进步——定义为'技术经济模式'的进步，对所有经济部门产生如此广泛的影响，以至于它们的扩散伴随着调整而引起的结构性危机，在这种情况下，社会和机构制度的变革必然带来新技术和社会经济管理体系——或者规则体制之间更好的匹配"②，但这并不意味着他们将技术创新置于决定性的位置上。在新旧技术－经济范式的交替更迭中，佩蕾丝同样强调："激增指的是连续（和重叠）技术革命的扩散和社会经济演化的过程，这种社会制度领域和技术经济领域之间的反馈关系类似于共同进化。在这两种情况下，我们都没有宣称技术在社会变革中的决定性

---

① 〔意〕G·多西等主编：《技术进步与经济理论》，钟学义等译，经济科学出版社，1992，第35页。
② 〔意〕G·多西等主编：《技术进步与经济理论》，钟学义等译，经济科学出版社，1992，第49页。

作用"。[1] 多西也指出，弗里曼和佩蕾丝所强调的是，不同时代的关键技术和产业通常需要不同的配套制度，在不同时代成为领跑者的国家，也正是那些拥有或设法建立了适当制度的国家。[2]

技术－经济范式理论的真正不足，在于低估了制度调整的难易程度，也正是在这一点上，新熊彼特主义者给了批评者机会。对于一个资本主义发展的长期波动理论而言，关键的问题并不在于如何解释从波峰到波谷的发生，而在于如何解释从波谷到波峰，也即结构性危机的化解。佩蕾丝意识到波谷如何获得向上的动力至关重要，因此在导入期和拓展期的交替时期，就必然经历一个调整期，也即转折点（turning point），其主要内容是实现制度重组。但在转折点问题上，佩蕾丝处理得过于简单，也过于乐观了。对于佩蕾丝而言，转折点代表了一个根本性的变化，即从基于财务标准的疯狂模式向基于生产逻辑的协同模式的转变，生产资本向金融资本夺权。但这一过程在佩蕾丝看来是较为容易的，"转折点可以持续或短或长的时间，从几个月到几年不等"。[3] 在佩蕾丝对五次技术革命浪潮的刻画中，第一次技术革命浪潮的转折点只持续了 4 年（1793～1797 年），第二次技术革命浪潮的转折点持续了 2 年（1848～1850 年），第三次技术革命浪潮的转折点只持续了 2 年（1893～1895 年），受战争因素影响，第四次技术革命浪潮的转折点在欧洲持续了 4 年（1929～1933 年），但在美国持续了 14 年（1929～1943 年）。在《技术革命与金融资本》一书中，佩蕾丝将第五次技术革命浪潮的转折点确定为 2001 年。[4] 而这一预言显然没有对应于后期的经济发展，因为 1995～2004 年，正是信息通信技

① Perez, C., "Unleashing a Golden Age after the Financial Collapse: Drawing Lessons from History", *Environmental Innovation and Societal Transitions*, 2013, 6: 9–23.

② Nelson, R. R., "Economic Development as an Evolutionary Process", *Innovation and Development*, 2011, 1 (1): 39–49.

③ 〔英〕卡萝塔·佩蕾丝：《技术革命与金融资本》，田方萌译，中国人民大学出版社，2007，第 59 页。

④ 〔英〕卡萝塔·佩蕾丝：《技术革命与金融资本》，田方萌译，中国人民大学出版社，2007，第 63 页。

术革命快速开展的时期。① 这意味着纳斯达克风暴并不具备技术-经济范式理论中金融危机的破坏性修复功能，2001 年也不是转折点的开始。2008 年全球金融危机爆发之后，佩蕾丝不得不修正自己的早期观点，认为 2007～2008 年标志着上升或巩固阶段的结束，我们再次进入了转折点。②

转折点之所以短暂，在很大程度上是因为佩蕾丝将这一时期的制度重组归结为新旧两种技术-经济范式之间的角力，以及生产资本和金融资本的交替。而在金融资本与生产资本的轮番主导中，佩蕾丝只是片面地强调了金融资本的灵活性以及由此而来的对创新扩散的积极影响，认为一旦失去利润预期，金融资本就会向生产资本交出主导权，这显然低估了现代资本体系的复杂性。金融资本的确为新技术的发展提供了必要的融资机制，对实现长期经济扩张具有基础性作用；但当新技术不能提供金融资本期望的利润前景时，金融泡沫的破灭并不会让金融资本自动进入休眠状态。金融化的过程也并不限于金融行业本身，而是渗透进实体经济乃至民众日常生活。在经济生活的普遍金融化体系中，金融活动的投机利润始终对企业的生产性投资构成一种分流和抑制：一方面，企业可以通过参股金融机构、并购或管理层收购等活动实现盈利；另一方面，金融化的非金融行业公司也必须在金融市场上持有相当规模的投机头寸，保持流动性以应对金融市场的不确定性，这种额外的流动性需求客观上减少了企业可以投入新技术、新设备和研发的自有资金。事实上，普遍的、无所不在的金融化已经使佩蕾丝的生产资本、金融资本两者的边界模糊，也使其关于生产资本和金融资本之间交权与夺权的构想显得过于理想化了。

尽管力图强调技术、经济、社会制度三者的协同演化，但正如批

① Gordon, R. J., "Why Has Economic Growth Slowed When Innovation Appears to be Accelerating?", NBER Working Papers, No. 24554, 2018.

② Tomás Gutiérrez-Barbarrusa, "The interpretation of the Cyclical History of Capitalism. A Comparison between the Neo-Schumpeterian and Social Structure of Accumulation (SSA) Approaches in Light of the Long Wave Theory", *Journal of Evolutionary Economics*, 2019, 29 (2): 1-34.

评者指出的那样："新熊彼特学派的主要弱点之一就是缺乏主体理论，这限制了它对增长过程发生机制的解释力，而且过于侧重社会技术系统的宏观环境分析，而没有提供关于这些转变是如何发生的见解"。[①]这种无行为主体和过于侧重技术系统宏观环境分析的弊端，使新熊彼特学派的技术－经济范式理论在制度分析上只赢得了体系宏大，却失去了结构细节。该理论对于生产组织形式、主导性范式变化的分析更类似于一个简略的制度的成本－收益分析，而不是一种制度的演化分析。在技术－经济范式理论中，和技术革命相伴而生的技术－经济范式从一开始就具有普遍的示范意义。事实上，在一种技术革命的潜能完全展现之前，不可能存在一个清晰可辨的制度范式。作为技术、经济、社会制度三者协同演化的结果，技术－经济范式也不可能存在一个理想的、均衡的模式，而只能是一个具有历史特定性的制度组合。社会制度、技术和经济三者的持续互动与演化，最终型构了一种"通用"的经济形态。而社会制度、技术和经济三者的持续互动与演化的过程，必然也意味着不同的阶级和社会力量之间冲突与妥协的过程，直到最终"一个政治经济计划能够击败它的对手，或者达成历史性的妥协"[②]。技术－经济范式的切换也并不只是金融资本与生产资本的交替夺权，而是涵盖了包括劳资关系、国际体系等在内的多个方面的内容，阶级或利益集团的博弈、对抗与妥协贯穿着整个技术经济浪潮展开的全过程。忽视转折期制度调整的复杂程度，使技术－经济范式理论在面对第五次巨浪如此漫长的"问题时代"时难免捉襟见肘。

---

① Kohler, J., "A Comparison of the Neo-Schumpeterian Theory of Kondratiev Waves and the Multi-Level Perspective on Transitions", *Environmental Innovation and Societal Transitions*, 2012, 3: 1–15.

② Mcdonough, T., "Social Structures of Accumulation: A Punctuated View of Embeddedness", *The American Journal of Economics & Sociology*, 2011, 70 (5): 1234–1247.

第三节　双重泡沫与技术革命浪潮的制度偏向性

2008 年全球金融危机使技术 – 经济范式理论的上述缺陷暴露无遗。第一，按照技术 – 经济范式的"导入期金融危机"的理论观点，以美国为代表的发达经济体已经经历了一次纳斯达克风暴的崩溃释放，但不仅时隔七年再次爆发更为强烈的金融危机，而且 2008 年之后进入了一个危机更为频繁的时代。这就不仅使"导入期必然有一次金融危机"的观点面临挑战，而且 2001 年和 2008 年两次危机的长波意义也需要重新解释。第二，与第四次技术革命浪潮时期，尤其是"黄金三十年"的劳动生产率、实际工资和利润率的平行增长相比，第五次技术革命浪潮不仅出现了劳动生产率、实际工资和利润率三者的脱耦（decoupling），而且金融化与不平等现象日益加剧。①

在技术 – 经济范式理论中，金融危机的爆发有其必然性和合理性。佩蕾丝认为，一种技术 – 经济范式的完全展开将遵循一个不变的序列：技术革命爆发，进入动荡导入期，金融泡沫破灭，导入期结束；开始监管金融并进入制度重组期；继而进入健康、持续和普遍的增长期；持续到成熟期直至衰竭期。导入期的金融资本主导以及资本非理性地投资于新技术，必然造成过度投资和金融泡沫，并最终引发一场金融危机。虽然金融危机有强烈的破坏性，但它奠定了新技术 – 经济范式所必需的新基础设施，因此金融危机在每一次技术革命浪潮的初期都有一定的积极作用，发挥着桑巴特和熊彼特意义上的"创造性破坏飓风"（gales of creative destruction）的作用。历史上，每一次技术 – 经济范式的潜力在完全释放之前，都有过这种导入期的金融疯狂和随之而来的金融崩溃。例如，第一次工业革命时的运河热、铁路热导致的

---

① Dosi, G., Virgillito, M. E., "Whither the Evolution of the Contemporary Social Fabric? New Technologies and Old Socio-Economic Trends", *International Labour Review*, 2019, 158 (4): 1 – 29.

金融危机，第二次工业革命时美国在汽车、电力和航空领域的疯狂投资导致了 1929 年的大崩盘等。但金融危机之后，只要进入制度重组期，实现生产资本对金融资本的夺权，制定适当的政策来促进健康的市场运作，接下来就会是拓展期。这一时期将是生产资本而不是金融资本引领经济扩张，新技术的潜力就会充分释放。

但纳斯达克风暴似乎并未产生"创造性破坏飓风"的效果，而出现纳斯达克风暴和 2008 年全球金融危机这种连续性的金融危机，也显然不符合技术－经济范式理论中的"导入期金融崩溃"假说。因此，2008 年全球金融危机之后，佩蕾丝提出了双重泡沫（the double bubble）的观点，认为并非所有的金融危机都具有相同的性质和成因，要区别明斯基性质的泡沫和由技术革命传播的方式造成的泡沫。前者形成的是一种流动性泡沫（easy liquidity bubbles，ELB）；而后者是一种技术泡沫（major technology bubbles，MTBs），这种泡沫是由市场经济吸收技术革命的方式造成的，"它们是机遇拉动的结果，而不是信贷宽松推动的结果"[1]。因此，纳斯达克市场崩盘是一种典型的技术泡沫，但 2008 年的全球金融危机则是流动性泡沫而非技术泡沫。

然而，尽管双重泡沫可以解释纳斯达克风暴和 2008 年两次危机的不同成因，从而为佩蕾丝提供重新修正转折点判断的机会，但这并不能解释更为关键的第二个问题——为什么第五次技术革命浪潮会产生与第四次技术革命浪潮迥然不同的社会经济绩效？事实上，金融化既不是 2008 年全球金融危机爆发的根本原因，也不是唯一原因。"即使金融是唯一重要的罪魁祸首，但这也不能解释这场危机为何如此广泛、如此深刻和如此漫长"。[2]

技术－经济范式理论的主要疏漏，在于忽视了技术进步本身具有

---

[1] Cain, L. P., "The Double Bubble at the Turn of the Century: Technological Roots and Structural Implications", *Cambridge Journal of Economics*, 2009, 33 (4): 779 – 805.

[2] Archibugi, D., "The Social Imagination Needed for an Innovation-Led Recovery", *Research Policy*, 2017, 46 (3): 554 – 556.

的制度偏向性，因为一场真正的技术革命浪潮，不仅涉及新的利益创造机制，同时也必然触及利益分配格局的变化。由于每一轮技术－经济范式的展开都是一个渐进而漫长的过程，技术进步红利的产生与分配都并非普惠式的，而是有着明显的偏向性。最初获得技术红利的部门和利益集团，在继续获得技术红利过程中的行为，并不必然导致社会"共享"技术红利，而是必然具有一种制度偏向性，没有任何一种技术－经济范式能自动实现包容性的利益创造和分享机制。但技术－经济范式理论主要强调的是技术进步的收益创造机制，而并未涉及收益分配机制及其引致的冲突和面临的阻碍。从根本上说，第五次技术革命浪潮与"问题时代"的时点对应，并不是偶然的，而是有着内在的必然性。

金融化以及金融泡沫的产生，与第五次技术革命浪潮的技术和产品特征本身有着直接的关系，即信息通信技术革命所对应的技术和产品特征本身具有很强的资本偏向性，更利于实现实体经济金融化，也更易于实现资本对劳动的灵活控制。更为重要的是，一旦经济生活趋向金融化，生产性活动就会受到抑制，而非生产性活动会得到强化，这就更不利于释放技术革命浪潮的潜在生产力，更不利于实现技术红利的普惠式共享。纳斯达克的崩盘并未遵循佩蕾丝提出的发展序列——金融崩溃后经过调整期转向拓展期，而是在 7 年之后就迎来了破坏性更强的金融危机，这固然与纳斯达克崩盘后监管没有跟进以及"9·11"袭击后美联储不断降低利率造成的流动性泛滥有关，但更主要的原因在于纳斯达克风暴后遗留的互联网遗产——从基础设施、技术到人才——的最佳结合领域是金融，而非实体经济。进入 21 世纪之后，美国股市中信息通信技术领域企业的 IPO 数量减少到低于 20 世纪 80 年代的水平，但金融领域企业的 IPO 数量急剧上升。[①] 伦德瓦尔认为，信息通信技术特定的技术性质使金融创新的设计和跨境交易变得容易，

---

① Cain, L. P., "The Double Bubble at the Turn of the Century: Technological Roots and Structural Implications", *Cambridge Journal of Economics*, 2009, 33 (4): 779 – 805.

也使整个金融交易变得更加难以监管。纳斯达克市场崩盘之后，大量复杂的金融衍生工具被发展出来并疯狂扩张，正是这种基于信息技术的金融创新为金融危机埋下了伏笔。① 因此，佩蕾丝的双重危机解释，只是强调了两次危机性质的差异，但并未指出两次危机的内在联系。如果说纳斯达克风暴是信息通信技术本身的技术狂热推动的，那么2008 年的危机则是以信息通信技术为基础的金融创新推动的。

与以往通过调整期的制度重组实现生产资本从金融资本手上夺回主导权不同，第五次技术革命浪潮的实体经济不再是传统制造业，而是新的互联网巨头。作为数据垄断者，这些企业带有天然的金融倾向，并需要通过不断的金融操作如并购等行为来强化自己数据垄断者的地位，提高数据综合使用的效率；也需要通过不断回购股票来稳定股价，换取管理层和股东的利益最大化。"这个角色越来越多地由新巨头们自己来扮演，他们现在现金充裕"。② 大量研究表明，建立在数据垄断基础上的新技术公司高度金融化，其市值与盈利能力无关，产品的价值和价格无关，亚马逊、谷歌、苹果、脸书等公司控制的金融资产比许多顶级投资银行都多。企业越来越多地用利润回购股票，而不是进行实物和研发投资，其唯一目的是让股东的资产增值。信息通信技术革命这种有利于金融创新的技术偏向性特征，进一步强化了金融化的进程，而金融领域也成为信息技术产品和服务使用最为密集的领域，信息通信技术与金融化两者之间呈现一种互相强化的关系。

信息通信技术的发展不仅助长了金融化，而且也更有利于实现资本对劳动的控制，从而加剧工作极化和收入不平等。互联网和通信技术的不断发展，改变了对劳动技能的要求，同时也改变了资本雇用劳动力的方式。为了攫取更多利润，企业倾向于通过短期雇佣和外包等

---

① Lundvall, B. A., "Is There a Technological Fix for the Current Global Stagnation？A Response To Daniele Archibugi, Blade Runner Economics：Will Innovation Lead the Economic Recovery?", *Research Policy*, 2017, 46 (3)：544 – 549.

② Cain, P., "The Double Bubble at the Turn of the Century：Technological Roots and Structural Implications", *Cambridge Journal of Economics*, 2009, 33 (4)：779 – 805.

形式来组织生产，稳定的劳动关系被更多样也更有利于资本的方式，如兼职、自雇和零工等形式所取代，形成了所谓数字泰勒主义。这不仅增加了劳动者对未来的不确定性，也弱化了整个劳动阶层的集体谈判权力。而这种变化同时也瓦解了"干中学"和缄默知识的形成基础，使基于技能积累的现场创新不复存在。在劳动力市场上，生产领域的自动化进程加快，在增加了对高技能劳动的需求的同时，也减少了对低技能劳动力的需求，并且消除了大量的传统中等技能工作，造成了劳动者的就业极化和更大的收入不平等，这也是"问题时代"表现出明显的实际工资停滞的主要原因之一。

第四节　技术－经济范式与社会－政治范式的耦合

相当一部分新熊彼特主义者期望通过新的技术革命浪潮走出"问题时代"。佩蕾丝就认为，需要开启一场绿色革命才能彻底扭转颓势，而环境压力和能源困境将逼迫这场绿色技术革命爆发。[①] 而丹尼尔·阿奇布吉（Daniele Archibugi）则认为，需要通过一场新的生物技术革命来扭转当前的增长缓慢局面，而老龄化将是这一技术革命的催化剂。[②] 但既然第五次"巨浪"与"问题时代"相伴，那么有什么理由认为新的巨浪就必然带领社会走出"问题时代"？

在伦德瓦尔看来，既有技术－经济范式不能解释当前经济增长缓慢的现状，2008 年的金融危机不是由技术－经济范式的枯竭引起的，解决之道也不是创造一个新的经济增长部门。危机的主要原因以及解决途径，都在于社会政治层面，而非技术经济层面。信息通信技术对

① Perez, C., "Unleashing a Golden Age after the Financial Collapse: Drawing Lessons from History", *Environmental Innovation and Societal Transitions*, 2013, 6: 9 – 23.

② Archibugi, D., "Blade Runner Economics: Will Innovation Lead the Economic Recovery?", *Research policy*, 2017, 46 (3): 535 – 543.

新自由主义的泛滥和金融危机的发生的确发挥了作用，但任何技术 - 经济范式都不可能单独发挥作用，关键在于社会 - 政治范式（socio-political paradigm）与新的技术 - 经济范式不相容。因此，需要的是一种新的社会 - 政治范式的革命，而不是期望另一场技术革命从天而降。① 与之类似，多西也认为，技术进步本无好坏，任何一个领域的技术革命，对社会结构的影响都可能有两种结局：或者走向技术封建主义（technological feudalism）和一个严重分裂的社会，其特征是由少数人垄断技术红利；或者走向一个共享技术进步成果的社会。究竟会产生怎样的社会结构，取决于政策如何设计和引导。第五次技术革命浪潮以来所产生的一系列社会经济问题，如就业极化、收入不平等，根本原因仍然在于社会政治领域与技术经济领域的错配。② 而佩蕾丝本人也重新修正了关于转折点和制度重组的观点，认为转折点可能持续 2 ~ 13 年或更长时间，而且转折点并不仅仅取决于金融资本和生产资本的主导权交替，更重要的是取决于政府的行动。技术革命需要政府对社会政治领域的型构（socio-political shaping），为新技术提供充分发挥潜能的竞技场，而且政府的职责也不只是危机过后的金融监管，还应包括在收入分配、失业等方面的积极干预。③

在伦德瓦尔看来，自 20 世纪 80 年代以来被寄予厚望的生物技术之所以始终难以进入大规模爆发时期，在很大程度上就是因为新自由主义体系和信息通信技术之间的相互强化关系，阻碍了生物技术领域新技术的深化和扩散。这实际上说明，技术革命浪潮的效能释放不仅受到既有社会结构、社会政治观念与政策的影响，同时其连续性进程

---

① Lundvall, B. A., "Is There a Technological Fix for the Current Global Stagnation? A Response to Daniele Archibugi, Blade Runner economics: Will Innovation Lead the Economic Recovery?", *Research Policy*, 2017, 46 (3): 544 – 549.

② Dosi, G. and Virgillito, M. E., "Whither the Evolution of the Contemporary Social Fabric? New Technologies and Old Socio-economic Trends", *International Labour Review*, 2019, 158 (4): 593 – 625.

③ 佩蕾丝观点的变化详见她在博客上对埃里克·布莱恩约弗森、安德鲁·麦卡菲等人的《第二次机器革命》的 9 篇评论，http://www.carlotaperez.org/。

也会不断受到变化的社会结构、政治制度和观念的反作用，形成一种协同演化的进程。尤其值得注意的是，虽然强调的是协同演化，但伦德瓦尔和多西等人并未沿用"作用与反作用"的传统表述，而是认为，当这种协同陷入"困局锁定"时，可以通过社会－政治范式的主动变革，打破这种"锁定"。伦德瓦尔写道："我的结论是，政治和新的治理形式对于最终的、持续的经济增长来说，比经济和技术更重要。对于我这样一个终生从事创新经济学研究的人来说，这个结论似乎不合适，甚至令人惊讶"。①

　　尽管伦德瓦尔只是提出了社会－政治范式概念，多西也只是强调了社会结构与技术革命之间的交互关系，两者均未对社会－政治范式的演进特征进行更为系统的、类似于技术－经济范式那样的阐述，但就其所涉及的具体内容而言，显然已经超越了技术－经济范式中的制度分析，而是广泛涉及社会与政治领域，如全球治理、社会流动、社会公平、科技伦理、教育和文化等。伦德瓦尔和多西都认识到，技术－经济范式展开的渐进性决定了它必然与既有的社会结构和政治秩序产生交互影响，技术－经济范式的进一步形成和扩散，取决于这种交互关系，巨浪的内蕴能量及其社会经济影响，是社会－经济范式与技术－经济范式共同作用的结果。当技术－经济范式在型构过程中趋向于"封建式"的不平等结果时，有必要通过社会－政治范式加以矫正，社会－政治范式对技术－经济范式的型构和潜能释放具有明显的引导性、框架性作用，两者的耦合才是避免"问题时代"的关键。而评价社会－政治范式与技术－经济范式耦合绩效的关键标准，在于两者的匹配性是否能在最大限度释放技术革命的经济效能的同时，也实现技术进步红利的"共享"。

　　尽管社会－政治范式目前尚停留在概念层次或理论的雏形阶段，

　　①　Lundvall, B. A., "Is There a Technological Fix for the Current Global Stagnation? A Response to Daniele Archibugi, Blade Runner economics: Will Innovation Lead the Economic Recovery?", *Research Policy*, 2017, 46 (3): 544 – 549.

但这一概念的提出，既是对技术－经济范式理论的重要补充，也是新熊彼特学派长期以来在制度分析这一进路上的标志性突破。其突出特征是，认识到技术变迁不仅具有一种内在的经济逻辑，从而可以形成一种技术－经济范式；同时技术变迁也具有制度偏向性，这种偏向性进而会影响技术变迁的方向和性质，产生技术和制度的自强化效应，这又进一步影响到技术变迁的连续性和方向性。而在佩蕾丝的技术－经济范式理论中，只有新旧产业、金融资本和生产资本的交替，没有具体行动者的博弈、对抗与妥协，也不涉及社会结构的变迁，其制度惰性和制度竞争的分析是高度抽象的，技术浪潮也被视为无国别甚至是普惠式的，并不涉及国家竞争与兴衰。因此，尽管自弗里曼以来，新熊彼特学派一直在强调技术－经济－社会制度三者的协同演化，但直至技术－经济范式理论，各子系统仍被赋予了相对的对立性，不仅技术革命浪潮的最初萌发，而且其最终的绩效，也只是在经济的层面上得到了刻画，而无关社会结构和政治观念。

　　社会政治领域的适应性之所以必要，一方面是因为技术革命浪潮本身的潜能释放需要社会政治领域的支持和促进。因为技术的革命性变化本身具有方向上的不确定性，需要各种政策支持来降低风险，如通过提供基础设施和克服制度障碍等措施加以引导和激发，而在技术革命渐进式的释放和扩散过程中，经济领域产生的一系列结构性变化同样也需要社会政治制度的适应性调整，从而最大限度地发挥新技术的内在潜力。另一方面，技术－经济范式的负面后果，如分配不平等、失业和技术伦理冲突等，也需要社会政治领域各种制度性的调适来予以缓解和消除。社会政治领域的适应和促进作用贯穿了技术革命浪潮的全过程，一次"巨浪"究竟带来的是问题时代还是致富时代，很大程度上取决于社会和政府通过社会政治领域的适应性变革来实现技术革命所带来的巨大变革潜力的能力。例如，在第三次技术革命浪潮中，美国、德国在技能教育和培训体系上的改革，为当时的新工业提供了大量发展所需的工程师和技术工人，这被公认为是美、德在这一轮巨浪中成功赶超英国的主要原因之一；在第四次技术革命浪潮中，美国在基础设施投资、税收和社会保障、反垄断监管、安全标准、免费公共教育与公共资助方面的创新，不仅对引导巨浪的效能持续释放，而且对避免巨浪的破坏性冲击起到了极为重要的作用。

社会－政治范式与技术－经济范式的耦合，本质上是生产力与生产关系、经济基础和上层建筑之间作用与反作用，适应、调整与促进的另一种表达。社会－政治范式与技术－经济范式耦合的标准——最大限度释放新技术的经济效能的同时，实现技术进步红利的"共享"，实际上是在强调一种生产关系、一种上层建筑的变革是否最终适应和促进了生产力的发展。如果说伦德瓦尔的社会－政治范式概念有所创新的话，只是相对于佩蕾丝而言，触及了上层建筑这一新熊彼特学派从未涉及的领域。从历史唯物主义的角度而言，"问题时代"的形成，并不是因为信息通信技术本身就有促进金融化和加速不平等的原罪，而是在信息通信技术革命渐进式释放其经济效能时，社会政治领域未对其方向性进行适当的政策引导的必然结果。

第五节　数字时代的社会－政治范式

数字经济时代需要怎样的社会－政治范式？这首先需要审视新一轮数字经济对既有社会结构和经济结构的影响。以人工智能、大数据和云计算为代表的新一代数字经济，在技术特征、要素特征上具有不同于之前任何一次技术革命浪潮的新特征。

从技术特征上看，新一代数字经济易于实现模块化生产，易于消弭生产和交换的空隙，易于替代劳动（从体力劳动——通过自动化深化，到脑力劳动——通过机器学习）。数字经济的这种技术特点意味着：第一，信息技术革命以来形成的模块化生产将被赋予新的内容，即自动化、智能化的模块化生产，这不仅意味着全球生产链的重构，也意味着全球劳动力市场的重构，机器人制造（robofacturing）的普及带来的无人化生产将使发展中国家通过参与模块化生产吸收剩余劳动力的空间大大缩小；第二，随着 5G 技术、VR 和 AR 技术的广泛使用，服务业，尤其是面对面的服务业将在生产者和消费者空间隔离的情形下变得可行，这意味着限制传统服务业全球化的地理空间约束将不复存在，服务业资源将实现全球配置①；第三，人工智能技术在常规性认知工作领域的应用，不仅会通过"白领机器人"替代基于标准化数据的传统工作，如财务工作、律师等，也会通过机器学习的方式替代传统基于试错型实验获取结果的科研工作，即机器化的知识生产。如果说以互联网、计算机为标志的第一代数字经济只是导致了工作极化——顶端高技术劳动和低端服务业膨胀和中端熟练工作消失的话，那么以人工智能和 5G 技术为代表的新一代数字经济，将对现有的两极也产生巨大的冲击。简言之，新一代数字经济的广泛应用不仅意味着国际分工和国际贸易的内容和方式的彻底变化，也意味着劳动力流动方式和就业市场的巨大变化。

从要素特征上看，新一代数字经济的核心生产要素是数据。从生产数据到生活数据，前者强化智能制造，后者强化各种不同类型的基于平台的生活性服务业。数据的特点是，可重复使用、趋于零的再生产边际成本、强大的规模经济和网络效应。但对数据要素而言，天然存在一种内在矛盾：一方面，资本总有不断强化数据垄断的倾向，数据生产又具有路径依赖和蜂聚效应，即越在一个平台上使用和"贡献"数据，就越容易黏着于这一平台继续使用和"贡献"数据，这就更容易造成数据垄断；但另一方面，数据又只有实现最大化共享才能实现其规模经济和网络经济效应，无论是工业生产数据还是生活消费数据，只有对多维来源数据加以综合运用，才能通过数据的规模效应和网络经济效应产生最大的社会福利。数据垄断和数据共享的矛盾，

---

① OECD, "Trade in the Digital Era", UNCTAD Multi-Year Expert Meeting on Trade, Services and Development, May 2019, https://unctad. org/system/files/non-official-document/c1mem42019_12_Ferencz. pdf.

一方面意味着资本可以凭借数据垄断更容易地控制劳动者和消费者，在生产、服务和消费过程中实施严格的数字控制、跟踪和监控，资本不仅不需要提供数据要素，甚至生产资料和劳动工具的投资成本都可以分摊给劳动者，形成所谓涡轮泰勒主义（Turbo-Taylorism）；另一方面，这种矛盾又意味着社会无法得到数据共享的效率优化和福利改善，虽然数据共享与数据开放也将使数据垄断资本达到更高的综合利用效率，但这种共享与开放又将削弱其市场地位，降低其对劳动者和消费者的控制力。

数字经济时代的这种技术特征和要素特征，需要新的社会－政治范式来应对。从新一轮数字经济的技术特征和要素特征看，信息通信技术（ICT）时代所暴露出来的社会治理和政策困局，不仅在人工智能（AI）时代不会缓解，而且还会进一步加剧。近年来关于机器人税（robot tax）、比特税（Bit tax）和人工智能算法公开的立法讨论，就是对新一轮数字经济的社会政策的反映。从长期看，新一轮数字经济必然对收入分配、劳资关系、产业结构和生产组织方式产生巨大的影响，因此需要从税收立法、劳资关系、社会公平和社会流动性等多方面综合考虑政策导向。但在广泛的政策领域，尤其需要聚焦于数据治理和劳资关系这两个方面。由于社会－政治政策与技术－经济范式良性耦合的标准在于释放而非遏制技术潜能、共享而非极化技术红利，因此，在社会政治政策导向上，一方面，要从数据治理入手，通过制定与数据要素相关的产权制度、税收制度，以及加强数据标准体系和数据安全体系的建设，提高数据要素的网络经济效应和规模效应，在避免数据垄断的同时激励创新性的数据生产和数据使用；另一方面，需要针对劳动力市场可能产生的剧烈调整，做好教育投资和就业缓冲的准备，通过政策调整重新分配技术进步的收益。在实施积极就业政策，如降低创业门槛、提供税收优惠、提供系统性的教育培训的同时，还需要针对非自愿兼职工作、非标准就业形式的劳动合约实施引导和监管，保障劳动者权益。在劳动力市场出现重大震荡，容易引起社会不稳定时，国家有必要实施明斯基的最后雇佣者计划（employer of last resort，ELR），尤其要加大公共服务部门的雇佣力度。由于新一轮数字经济将导致服务业劳动者的全球跨区域配置，因此尤其需要建立有效的、长期的国际治理与协调机制，而这，既是新一轮社会－政治范式型构的重点，也是挑战和压力最为集中、也最为艰巨的领域。

在迎接第六次技术革命浪潮，推进中国经济实现高质量发展的过程中，西方发达国家"问题时代"的成因与内在机理，值得我们警惕和重视；而社会－政治范式与技术－经济范式耦合的必要性和重要性，也对我们具有明显的启发价值。以人工智能、大数据、纳米技术和生物科技为代表的第六次技术革命浪潮的兴起，意味着生产方式和经济活动方式将发生深刻的变革，生产活动的组织方式和生产剩余的分配方式，也将有别于之前的时代，这势必对社会政治领域带来适应性挑战，社会政治领域的理念、规范和政策也应进行适应性的变革。正如多西指出的那样，当前，人类社会正面临着技术发展轨迹和社会经济组织形式变化的历史性关口，既可以走向某种形式的技术封建主义和一个严重分裂的社会，也可以走向一个共同分享技术进步红利的社会，究竟往何处去，很大程度上取决于我们设计和实施的政策。无论巨浪的内容如何，我们在对应的社会政治领域的政策导向上，都应不断强化和凸显"以人民为中心"和"生产力标准"的取向。在这一点上，新时代的经济社会发展目标，与伦德瓦尔等人所倡导的技术红利共享，有着内在的一致性。

第五章　数字经济时代的产业发展战略选择[*]

2019 年 11 月，国家发改委、工信部等十五部门联合印发了《关于推动先进制造业和现代服务业深度融合发展的实施意见》，明确指出先进制造业和现代服务业融合是培育现代产业体系、实现高质量发展的重要途径。以制造业和服务业"两业融合"为导向的产业发展战略对实现"国内大循环为主体、国内国际双循环相互促进的新发展格局"有着极为重要的意义。制造业和服务业的深度融合既可以通过产业协同和分工深化提升产业间的生产需求；又可以通过创新驱动，形成基于劳动生产率改进的实际工资增长，从而提升消费需求；同时还可以锻造产业链韧性，提升产业链质量和价值链地位，促进高水平开放。

虽然在国家政策层面产业发展战略的目标及其实施路径已经十分清晰[①]，但其内在逻辑仍有待给予更加深入的学理性解释。第一，在

---

[*] 本章原题目为《产业发展战略选择的内在逻辑——一个连接演进的解析框架》，发表于《经济研究》2022 年第 6 期，作者为通讯作者，已得到第一作者的授权认可。

[①] 如党的十九大明确提出"加快建设制造强国，加快发展先进制造业，推动互联网、大数据、人工智能和实体经济深度融合"；2018 年底的中央经济工作会议和 2019 年的政府工作报告进一步强调，要推动先进制造业和现代服务业深度融合，坚定不移建设制造强国；2019 年 11 月，十五部门联合印发的《关于推动先进制造业和现代服务业深度融合发展的实施意见》也明确指出，"两业融合"是增强制造业核心竞争力的重要途径，"两业融合"的总体目标是使"两业融合"成为推动制造业高质量发展的重要支撑。

制造业和服务业边界日趋模糊的背景下，为何"两业融合"突出强调先进制造业和现代服务业？第二，在强调先进制造业和现代服务业相融相长、耦合共生的同时，为何又将最终目标定位于推动制造业高质量发展？第三，突出强调先进制造业和现代服务业并将最终目标定位为推动制造业高质量发展，是基于中国国情的特定性选择，还是产业发展的普适性规律？要回答上述问题，需要从根本上对传统制造业和服务业产业特征的"差异"成因以及现代制造业和服务业产业特征"趋同"和"融合"的发生机制提供一个一般性的解释框架，为产业发展战略选择的内在逻辑寻求理论支持。

事实上，自 2015 年中国服务业增加值占国内生产总值的比重超过 50% 以来，国内有关工业和服务业孰重孰轻、是否存在过早"去工业化"等问题的讨论持续不断①；同时，随着制造业服务化和服务业制造化特征的日益明显，中国基于制造业和印度侧重于服务业两种不同导向的产业发展战略也引起了国际学术界的广泛关注②。学术界之所以高度关注上述问题，主要原因在于：一方面，制造业服务化（servicification of manufacturing）特征日益突出，制造业不再仅限于单纯的生产加工，研发、品牌、设计、物流以及售后支持等与制造业相关的服务投入同样构成了商品价值的来源；另一方面，服务业不仅开始呈现出制造业的规模经济与报酬递增等特征③，而且随着远程机器人、5G 技术和 VR/AR 技术的联动使用，传统上很多不可贸易的服务行业

---

① 关于这方面的讨论可参见魏后凯、王颂吉：《中国"过度去工业化"现象剖析与理论反思》，《中国工业经济》2019 年第 3 期；黄群慧、黄阳华、贺俊等：《面向中上等收入阶段的中国工业化战略研究》，《中国社会科学》2017 第 12 期，第 94~116 页；江小涓：《高度联通社会中的资源重组与服务业增长》，《经济研究》2017 年第 3 期。

② 关于这方面的讨论可参见：Baldwin, R., *The Great Convergence: Information Technology and the New Globalization* (Harvard University Press, 2017)。更早期的谈论则可追溯到 Bosworth, B., and Collins, S. M., "Accounting for Growth: Comparing China and India", *Journal of Economic Perspectives*, 2008, 22 (1): 45–66。

③ Crozet, M. and Milet, E., "The Servitization of French Manufacturing Firms", in L. Fontagné and A. Harrison editors, *The Factory-Free Economy: Outsourcing, Servitization, and the Future of Industry* (Oxford University Press, 2017), pp. 111–135.

已经成为可贸易的服务业①。制造业和服务业产业特征的这种趋同，必然对传统发展经济学的制造业"引擎假说"提出挑战。② 经济学家不仅需要回答制造业和服务业是否发生了"引擎"切换，也需要对发展中国家的产业发展战略选择做出回应。

但是，在制造业和服务业产业边界日趋模糊的大趋势下，以统计意义上的产业规模作为政策导向的意义已经越来越小，与"产业结构对标"的产业发展和产业升级思路，其合理性和可操作性的基础已越来越薄弱。③ 只有在深刻理解产业特征演进的内在逻辑的基础上把握产业发展趋势，才能准确把握"两业融合"和发展新格局的关键领域和着力点。相较于"引擎"是否切换这一命题，理解产业特征演进的内在逻辑不仅在理论上更具有基础意义，而且对指导实践也具有更重要的参考价值。

第一节　连接、分工与产业特征

（一）连接：概念界定

在社会科学各个领域，"连接"一词在不同语境下有着不同的含义。社会学的"连接"主要用于刻画社会主体的互动及由此而形成的社会网络关系。社会网络的三大核心理论——强弱连接理论、社会资本理论和结构洞理论，都将连接作为网络分析的最基本分析单位。马克·格兰诺维特的强连接（strong tie）和弱连接（weak tie）理论认为，在社会经济特征相似的个体之间发展起来的强连接和在社会经济特征不同的个体之间发展起来的弱连接在知识和信息的传递过程中发挥着

---

① Baldwin, R. and Forslid, R., "Globotics and Development: When Manufacturing is Jobless and Services Are Tradable", NBER Working Papers 26731, 2020.

② Loungani, P., Mishra, S., Papageorgiou, C. and Wang, K., "World Trade in Services: Evidence from a New Dataset", IMF Working Papers, 2017, https://www.imf.org/en/Publications/WP/Issues/2017/03/29/World-Trade-in-Services-Evidence-from-A-New-Dataset-44776.

③ 黄群慧、贺俊:《"十三五"时期的产业发展战略》,《光明日报》2015 年 7 月 8 日。

不同的作用①；布迪厄②的社会资本理论认为，个人和企业组织都是通过连接获取资源，从而形成个人或企业的社会资本；伯特的结构洞理论通过连接的间断性和连续性形象地刻画了社会网络的异质性③。总体上，社会学试图通过社会连接的密度、强度、对称性、规模等来说明行为主体特定的行为和过程，以及由此而形成的社会结构及其演进模式。

与社会学的"连接"主要强调社会主体间互动关系不同的是，经济学的"连接"主要指地域、经济主体、经济资源之间因经济活动而产生的关联性，其具体内涵随研究对象的变化而有所不同。在区域经济学、空间经济学、经济地理学等高度关注空间问题的学科领域，某个特定地域的连接度（connectivity），代表着交通网络的发达程度，常用贝塔指数（beta index）（边数/顶点数）进行表示；交通运输经济学则用中心性（centrality）来衡量交通枢纽的性能④；企业网络理论则将企业与客户之间的连接度视为企业能力的一个重要标识⑤。在更为宽泛的意义上，经济学家一般认为连接是资源重组与整合的必要条件。例如，昝廷全认为，不同资源点之间具有拓扑连通性是资源整合的必要条件；如果两个经济系统之间存在物质、能量、信息的交换，就可以称它们是连通的，而连通性可以划分为技术连通、经济连通和制度连通，其中技术连通是基础。⑥ 近年来江小涓等人对数字经济的研究也大量使用"联通"一词，认为信息传播速度加快引起经济社会各个

---

① Granovetter, M. S., "The Strength of Weak Ties", *American Journal of Sociology*, 1973, 78 (6): 1360 – 1380.

② Bourdieu, P., "The Forms of Capital", In Richardson, J. (Ed.), *Handbook of Theory and Research for the Sociology of Education* (Greenwood, 1986), pp. 241 – 258.

③ Burt, R. S., *Structural Holes : The Social Structure of Competition* (Harvard University Press, 1995).

④ Bootsma, P. D., *Airline Flight Schedule Development- Analysis and Design Tools for European Hinterland Hubs* (PH. d. diss., University of Twente, 1997).

⑤ 孙浦阳、刘伊黎：《企业客户贸易网络、议价能力与技术追赶——基于贸易网络视角的理论与实证检验》，《经济研究》2020 年第 7 期。

⑥ 昝廷全：《资源位定律及其应用》，《中国工业经济》2005 年第 11 期；昝廷全：《万能连通因子》，《中国传媒大学学报》（自然科学版）2013 年第 3 期，第 17 ~ 20 页。

层面高度联通，从而引起广泛的资源重组与聚合，其强调"全纳"产业链尤其强调互联网产业链不断扩张所导致的商品生产、服务提供与消费者的联系。①

"连接"一词在不同的语境下所具有的不同含义，与研究者的视角和所关注的问题密切相关。社会学领域的"连接"指向人际交互，是因为连接范围和连接频率体现了社会主体交往与互动的程度，与社会资本、社会网络的形成密切相关；经济学家倾向于用"连接""联通""连通"指代不同地域、不同主体和不同经济资源之间在经济意义上的可达性，通过某种具体的技术手段或者设施，不同地域、不同主体或不同经济资源之间互联互通，可以实现某种特定的经济活动，从而带来经济活动内容或组织形态的变化。例如，交通基础设施和交通工具，使不同地域之间的人员、商品流通和货物贸易成为可能；信息通信基础设施和数字化设备，使平台经济、电子商务活动成为可能。总体上，经济学家普遍认为，连接的改进，无论其内容和方式如何，都对经济增长具有积极的作用。回顾经济史可以发现，物理交通连接（physical transport link）② 对未知空间拓展和已知地域连接具有革命性的意义，"空间上的阻隔一直分裂和制约着经济活动，每有一个连接使分离的线路组成互通的网络，生产率就发生一次骤然飞跃"。③ 信息通信连接如电报、电话和互联网的发明与演进也普遍降低了交易成本、提高了交易效率，高速而稳定的网络连通性（internet connectivity）对企业劳动生产率、就业具有重要的积极影响④。在里夫金看来，信息

---

① 江小涓：《高度联通社会中的资源重组与服务业增长》，《经济研究》2017 年第 3 期。

② Perez, C., "Technological Revolutions and Techno-Economic Paradigms", The Other Canon Foundation and Tallinn University of Technology Working Papers in Technology Governance and Economic Dynamics, 2009. 在佩蕾丝对技术-经济范式的刻画中，运输所导致的连接变化是一个重要的维度。

③ 〔美〕大卫·兰德斯：《解除束缚的普罗米修斯》，谢怀筑译，华夏出版社，2007，第198 页。

④ Collins, P., Day, D. and Williams, C., "The Economic Effects of Broadband: An Australian Perspective", Research Statistics and Technology Branch, Department of Communications, Information Technology and the Arts, 2007.

连接甚至和能源革命一样，是工业革命的标志之一。

从更为抽象和一般的意义上看，构成社会生产总过程的生产、分配、交换和消费各个环节内部和各环节之间都包含着连接，连接内嵌于经济活动的各个环节与各种场景，是社会生产总过程的内在特征之一。经济体系成长的过程，既是人类在如何组织生产、用什么生产和对什么生产三个层次上的活动的复杂化和体系化的过程，也是人类经济活动在人－物、物－物和人－人意义上"连接"的不断扩展的过程。由于在社会生产总过程当中，直接生产过程是社会再生产的起点，生产对分配、交换和消费起着决定性的作用，内嵌于制造业产品生产过程和服务业服务提供过程的连接，不仅是制造业和服务业产业特征形成的关键，也对社会生产总过程其他环节的连接起着决定性的作用。

根据连接对象如地域、主体，以及连接手段如交通工具、通信工具等本身的差异性，连接以及连接方式可以分为多种类型。为了解释制造业和服务业的产业特征的形成与演变，我们有必要摒弃这些具象本身的差异，实现从具体到抽象的提炼，以便"在分析中达到越来越简单的概念"。为此，我们需要从生产过程——无论是制造业还是服务业——所共有的最一般特征出发讨论连接。在抛开多样性的连接内容、连接技术之后，依据连接方式的物理特征，最具一般性的连接存在两种类型，即实在的、有形的物理连接和虚拟的、无形的信息连接，这两种类型的连接为制造业和服务业所共有。对这两种连接方式各自的变化及其相互作用的考察，是我们分析制造业和服务业产业特征从"差异"到"趋同"与"融合"的关键。

（二）分工与产业特征

在经济学领域，尽管连接作为描述性概念已经得到了广泛应用，但其分析性意蕴仍有待拓展。事实上，经济学家早期关于分工的大量论述已经不同程度地涉及"连接"。斯密和杨格等人认识到，分工取决于市场规模，而市场规模又取决于分工水平。其中，斯密尤其强调市场规模的边界受到物理连接亦即运输能力的限制；杨格则强调，迂回生产所带来的报酬递增，只有在分工通过市场交换普遍连接起来之后，才能在产业整体而非个别企业中得以清晰体现[1]。与斯密等人不同的是，马克思区分了社会分工和企业内分工，同时还指出，两者都与分离和连接密切相关。[2] 社会分工源于地理分离的氏族部落分工或者氏族内部的生理分工，企业内分工源于生产环节的分离。但是，两者都需要一种内在联系把不同的生产部门连接起来[3]。前者通过社会交换实现，通过"一种内在联系把各种不同的需要量连结成一个自然的体系"[4]；后者通过生产环节的紧密联系，"使许多人的同种作业具有连续性和多面性"[5]。马克思的前一种"连结为自然的体系"正是斯密和杨格所强调的因素，即市场交换；后一种生产环节的"连续性和多面性"则涉及工业时代更为常见、也更为基础的机器体系内部的物理连接（physical link），这也是斯密和杨格所忽视的内容。

斯密、杨格和马克思关于分工的论述实际上暗含着如下的意蕴：分工作为生产环节进而作为生产部门的独立过程，与连接是同一进程的两个方面；"分工"所带来的专业化和规模化，只有在"连接"的有效保障下才能实现。这一洞见不仅可以赋予连接这一概念更多的分析性含义，而且也为我们基于连接演进建立一个产业特征变迁的解析框架奠定了逻辑基础。

与斯密和马克思的时代相比，现代化经济体系的"连接"更为复杂和多样。在本文，我们尝试通过可操作性的分类和界定来彰显"连接"这一概念更多的分析性意义。第一，我们从制造业和服务业生产

---

[1] 〔美〕阿林·杨格：《报酬递增与经济进步》，贾根良译，《经济社会体制比较》1996 年第 2 期。

[2] 马克思经常用连接、连结、集合来表述此类含义。例如，马克思认为，协作可以与生产规模相比相对地在空间上缩小生产领域，而在劳动的作用范围扩大的同时劳动空间范围的这种缩小，会节约非生产费用，马克思称这种缩小是由劳动者的集结、不同劳动过程的靠拢和生产资料的集聚造成的。参见《马克思恩格斯全集》（第 23 卷），人民出版社，1972，第 365 页。

[3] 《马克思恩格斯全集》（第 23 卷），人民出版社，1972，第 392 页。

[4] 《马克思恩格斯全集》（第 23 卷），人民出版社，1972，第 394 页。

[5] 《马克思恩格斯全集》（第 23 卷），人民出版社，1972，第 366 页。

过程的一般特征出发讨论连接。在抛开具体的多样性的连接手段、连接技术之后，依据连接内容的形式特征，最具一般性的连接技术存在两种类型，即实在的、有形的物理连接和虚拟的、无形的信息连接，二者的不同组合会形成不同的连接方式，从早期的单一（物理）连接到后期的双重连接，再到正在迎来的"全纳"连接。第二，与生产过程在空间、时间上的"拆解"（unblinding）相对应，连接是保障生产环节在空间和时间上"拆解"之后，产品或服务过程完整性的基础。因此，任何时空"拆解"所带来的经济效应，如规模经济、效率经济与可贸易性，均需要对应的"连接"存在。第三，就商品和服务的生产过程而言，连接的重要经济意义在于克服不确定性，可达性只是其物理表征。如果一种连接能有效地克服经济活动的某类不确定性，那么这种连接就是有效或"强"的连接；反之，则是无效或"弱"的连接。

制造业的产业特征可概括为规模经济和效率经济，前者包括部门自身的规模报酬递增和通过前后向联系的外部经济；后者包括专业化和分工、技术创新、资本深化和人力资本等。[1] 基于这些特征，制造业能够产生更强的生产率溢出效应和产业协同效应。也正因如此，制造业一直被视为一个国家走向富裕必须开展的高质量经济活动。[2] 经济史的研究也表明，绝大多数高收入国家都经历了"制造业富国"这一阶段，制造业在高峰时期占高收入国家国内生产总值的比重往往高达 25%～35%。[3] 与之相反，传统服务业[4]具有完全不同的产业特征。

---

[1] 黄群慧、黄阳华、贺俊等：《面向中上等收入阶段的中国工业化战略研究》，《中国社会科学》2017 年第 12 期，第 94～116 页。

[2] Reinert, E., *Globalization, Economic Development and Inequality: An Alternative Perspective* (Edward Elgar, 2004).

[3] Hallward-Driemeier, M. C., Nayyar, G., *Trouble in the Making?* (The World Bank Group, 2017).

[4] 服务业的分类较为复杂，本文采取江小涓的分类方法，传统服务业指早于现代制造业就存在和发展的服务产业，如家庭服务、零售服务、旅行服务、教育服务、医疗服务、文化艺术服务、治安和国防服务、行政服务等，较早时期的服务经济研究都以此类服务业为对象。详见江小涓：《服务业增长：真实含义、多重影响和发展趋势》，《经济研究》2011 年第 4 期。

斯密等古典经济学家对服务业的概括——在发生的一瞬间就消失、不能存储、不能整合到其他产品[1]——在很长时期里都足以涵盖大部分服务业的特征，服务业被普遍认为缺乏资本深化和技术进步空间，被视为停滞部门（stagnant sector），难以成为带动其他部门生产率进步和国民收入普遍提升的"引擎"。

随着第五次技术革命浪潮的展开，制造业和服务业的产业特征开始逐步"趋同"。一方面，制造业的服务化特征日益明显。服务型制造不仅使传统制造业的业务向服务业延伸，同时也催生了大量诸如苹果、思科和戴森这类完全不实际从事生产但设计、销售产品并协调生产活动的"无工厂商品生产商"（factoryless goods producers，FGPs）[2]。另一方面，一些新型服务业也开始具有传统制造业的特征[3]，如金融、电信和电子商务等，它们的资本构成越来越类似于制造业，对固定资本投入的要求越来越高[4]，其生产率增长速度甚至高于制造业[5]。服务业的可贸易性也在不断提高。[6] 总体而言，传统上只有制造业才具有的特征——可贸易性、规模经济、创新和干中学等，正在成为越来越多服务行业的特征。[7]

---

[1] 〔意〕埃内斯托·费利、弗里奥·C. 罗萨蒂、乔瓦尼·特等主编《服务业：生产率与增长》，李蕊译，格致出版社，2011，第 18 页。

[2] Bernard, A. B. and Fort, T. C., "Factoryless Goods Producers in the US", in L. Fontagné and A. Harrison editors, *The Factory-Free Economy. Outsourcing, Servitization, and the Future of Industry* (Oxford University Press, 2017).

[3] Hallward-Driemeier, M. C., Nayyar, G., *Trouble in the Making?* (The World Bank Group, 2017).

[4] Lionel Fontagné & Pierre Mohnen & Guntram Wolff, "No Industry, No Future?", Université Paris1 Panthéon-Sorbonne (Post-Print and Working Papers) hal–01299902, HAL, 2014.

[5] Jorgenson, D. W. and Timmer, M. P., "Structural Change in Advanced Nations: A New Set of Stylised Facts", *Scandinavian Journal of Economics*, 2011, 113 (1): 1–29.

[6] OECD, "Trade in the Digital Era", UNCTAD Multi-Year Expert Meeting on Trade, Services and Development, May 2019, https://unctad.org/system/files/non-official-document/c1mem42019_12_Ferencz.pdf.

[7] Schwarzer, J. and Stephenson, S., et al., "Services Trade for Sustainable, Balanced and Inclusive Growth", Policy Brief produced for the T20 Task Force on Trade, Investment and Globalization, 2019, https://t20japan.org/policy-brief-services-trade-sustainable-inclusive-growth.

在理论层面，对传统制造业和传统服务业产业特征差异的解释，大致遵循"生产特征决定产业特征"的逻辑。按照这种逻辑，传统制造业与服务业的产业特征差异，主要在于两者生产方式不同和产品属性不同。对于制造业而言：第一，可以用机器替代人的劳动，机器的效能又可以随着技术进步不断提升，因此始终存在机器设备投资和资本深化的必要性和可能性；第二，生产的是有形的、可存储的商品，规模生产并不要求瞬时的规模消费与之对应；第三，产品具有可贸易性，可贸易性不仅促进了规模经济，并且也强化了制造业的技术差异性。而传统服务业在上述方面都与制造业迥然不同：第一，服务业的本质是人的服务，服务的认知性和非常规性的特征决定其难以被机器所替代，劳动力节约型的生产率提高几乎没有可能；第二，服务业往往是面对面发生，服务产品既无法标准化，也无法存储和转移，规模生产无法被规模消费；第三，服务业不具备可贸易性，这也限制了服务业的生产率提升空间。①

沿袭这一分析进路，制造业服务化和服务业制造化的出现，也是由于信息通信技术改变了传统制造业和服务业原有的生产特征和产品属性。制造业的服务化进程，源于常规性（routine）、操作性（manual）工作被自动化机器替代，因此具体制造环节相对萎缩；但围绕着价值创造和价值实现的非常规性（non-routine）、认知性（cognitive）②

---

① 关于制造业和服务业的产业特征理解，详见〔法〕让·克洛德·德劳内、让·盖雷等：《服务经济思想史：三个世纪的争论》，江小涓等译，格致出版社、上海人民出版社，2011；Baumol, W. J., "Macroeconomics of Unbalanced Growth", *The American Economic Review*, 1967。

② 根据劳动内容，阿西莫格鲁等人将常规性（routine）、非常规性（non-routine）以及认知性（cognitive）、操作性（manual）作为主要的区分维度，这就构成了四种技能的组合，即常规性认知、常规性操作、非常规性认知和非常规性操作。常规性技能，无论是认知性的还是操作性的，本质上都是易于获得和易于替换的技能，它们要求人具有读懂、遵从指令且适应程序化任务的能力；非常规性的认知活动和操作活动，因无法转化为程序性活动，其劳动过程和劳动效率仍高度取决于劳动者本身的能动性和创造性。详见 Acemoglu, D. and David, A., "Skills, Tasks And Technologies：Implications for Employment And Earnings", *Handbook of Labor Economics*, 2011, 4（12）：1043 – 1171。

工作难以被机器替代，由此衍生出围绕制造而展开的生产性服务业。[①]
服务业的制造化则同样是因为信息通信技术对服务业生产对象和生
产手段的改变，服务业制造化的典型领域，如金融、电信、电子商
务等，其服务产品均可以被数字化存储，同样可以实现制造业的标
准化生产；由于数据是这些服务业的关键性生产要素，而且边际成
本极低，因此服务业和制造业一样具有规模经济特征，可贸易性也
大大提高。[②]

　　通过生产方式及产品属性来解释制造业和服务业产业特征的"差
异"与"趋同"，固然有其合理性，但从认识论的角度而言，仍属于
功能解释而非起源解释[③]，不仅未能触及本质性的规律，而且具有同
义反复之嫌。更为关键的是，使用机器并不一定导致制造业的规模经
济和效率经济，而且信息通信技术的发展对制造业服务化和服务业制
造化的影响也明显存在进程差异。第一次工业革命以来一直到 19 世纪
末，制造业的引擎作用并不明显。在 1770 ~ 1830 年，劳动生产率和实
际工资基本上都没有得到提高，产出增加主要依赖劳动力投入。[④]
1820 ~ 1870 年的半个世纪里，西欧和美国的人均年收入平均增长率仅
为 1.0% 和 1.3%。制造业规模经济和效率经济特征的彰显及引擎作用
的发挥，一直到 19 世纪末期才开始发生。[⑤] 这意味着，使用机器并不
是制造业规模经济与效率经济的充分条件。同样，信息技术革命虽然
始于 20 世纪 70 年代初，但是，典型的微笑曲线一直到 20 世纪 90 年
代之后才开始呈现，而服务业的制造化特征一直到 21 世纪初期才开始

---

① Hallward-Driemeier, M. C., Nayyar, G., Trouble in the Making? (The World Bank Group, 2017).

② 江小涓：《服务全球化的发展趋势和理论分析》，《经济研究》2008 年第 2 期。

③ 根据迈尔的演化哲学观，功能解释只涉及短期触发机制，而不涉及长期存在的原因解释。详见〔美〕恩斯特·迈尔：《进化是什么》，田洺译，上海科学技术出版社，2009。

④ Allen, R. C., "Engel's Pause: A Pessimist's Guide to the British Industrial Revolution", Economics Services Working Papers 315, 2007, pp. 1471 - 1498.

⑤ Hallward-Driemeier, M. C., Nayyar, G., Trouble in the Making? (The World Bank Group, 2017).

在某些领域集中显现。

这意味着，即使使用机器是"差异"形成的基础，信息通信技术的发展是"趋同"的关键，但演变进程所体现出的差异性至少表明，无论是机器还是信息通信技术，都是通过作用于生产过程的关键节点，从而在量变基础上引发质变，导致产业特征出现可观察的明显变化。因此，进一步的问题在于，机器或信息通信技术究竟是作用于生产过程的哪个"节点"，才导致了产业特征的形成与变化？易言之，产业特征的演变是否存在一个更为底层的一致性逻辑？

为了弥补"生产特征决定产业特征"分析进路的不足，本文尝试在具体生产方式和产品属性分析的基础上更进一步，从制造业和服务业的关键共性——连接——出发，分析产业特征的形成与演变，对制造业和服务业产业特征的"差异"形成和"趋同"发生提出一个新的解释框架。在我们看来，任何一种产品或服务的生产或提供过程，都必然包含了人－物、人－人以及物－物之间的有形的物理连接和无形的信息连接，两种连接方式的变化及其组合的结构性差异，必然映射生产或服务过程中人－物、人－人以及物－物之间关系的变化，并最终表现为具体的产业特征。无论是机器还是信息通信技术，最终都是通过作用于具体生产过程中的连接这一关键"节点"，才导致了产业特征的形成与变化。制造业和服务业产业特征的"差异"形成和"趋同"发生，根源都是在于连接技术和连接方式的变化。连接技术和连接方式的进步所带来的连接范围和连接效率的提高，不仅通过节约投入而提高效率，也是使生产环节、生产和消费之间发生空间分离，从而导致分工和专业化程度提高的原因。以人工智能、大数据和5G技术为代表的新一代数字经济对产业特征的影响，也主要通过对"连接"产生影响而得以体现。相较于通过生产方式及产品属性这种生产特征分析的进路，从连接这一制造业和服务业的关键共性出发展开分析，更能接近产业活动的底层逻辑，对产业特征的变化也更具解释力。从根本上讲，产业活动的关键特征包括规模经济、效率经济（分工与专业化）与可贸易性，这都与连接直接相关。规模经济既需要解决生产过程中物理连接的紧密度，也需要解决信息连接的即时性；效率经济（分工与专业化）与可贸易性本质上是生产或服务提供过程的"拆解"，而任何一种经济活动在其内部环节发生时空分离的同时，都必须依赖有效的连接手段保障其功能的完整性，从这一意义而言，拆解——无论是分工还是贸易，都是连接效率提升的结果。

第二节　连接演进与产业特征的演变

按照制造业和服务业中物理连接和信息连接的演进过程，本文将制造业和服务业的产业特征演变分为三个阶段：基于单元驱动的机器体系的物理连接的形成，是制造业规模经济和效率经济特征出现的基础，也是导致传统制造业和服务业产业特征泾渭分明的原因；信息通信技术革命出现之后，制造业和服务业生产过程中物理连接和信息连接的变化，是制造业服务化和服务业制造化趋势产生的原因；当前正在兴起的以5G、人工智能等为代表的新一代数字技术，通过进一步改变制造业和服务业的物理连接和信息连接方式而改变制造业和服务业的产业特征，使两者融合共生。

（一）单元驱动下的物理连接：制造业产业特征的来源

一般认为，工业制造的第一原则是可互换性（interchangeability）。可互换性意味着工业构件的标准化和通用化，从而为工业的规模化生产奠定了基础。但贝斯特指出，可互换性的意义只在于确定产品工程，而产品工程的关键是确保每一环节的物质流动能以"正确的数量"在"正确的时间"到达下一环节。因此，制造业本质上是一个时间系统，其核心要义首先是同步化（synchronization）。无论是福特制的单一产品流（single-product flow），还是丰田制的准时生产体系［just-in-time（JIT）system］，制造业的核心，既不是互换性，也不是流水线，更不是规模，而是同步化。① 正是生产的同步化，推动了劳动生产率的提高和单位成本的降低。

贝斯特的同步化，本质上正是生产过程中机器体系的物理连接（physical link）。对于这种连接，马克思在《资本论》第一卷第十三章"机器和大工业"及《1857—1858年经济学手稿》的相关篇章中曾有过深入阐述。在马克思看来，"所有发达的机器都由三个本质上不同的部分组成：发动机，传动机构，工具机或工作机"②，机器体系的真正意义就在于发动机、传动机构和工具机相互连接所产生的体系性效能。马克思指出，"只有在劳动对象顺次通过一系列互相连结的不同的阶段过程，而这些过程是由一系列各不相同而又互为补充的工具机来完成的地方，真正的机器体系才代替了各个独立的机器。……当工作机不需要人的帮助就能完成加工原料所必需的一切运动，而只需要人从旁照料时，我们就有了自动的机器体系"③，"通过传动机由一个中央自动机推动的工作机的有组织的体系，是机器生产的最发达的形态"④，是真正意义上发达的机器体系。

贝斯特的同步化概念和马克思关于发达的机器体系的论述虽然触及了连接对于具体生产过程的重要意义，但主要集中于具体生产过程中机器体系的耦合，而忽视了这种连接的另一重效果：只有系统的机器连接实现之后，对应不同生产环节的机器体系才能独立出来。易言之，机器体系的物理连接具有双重意义：一方面，实现机器体系的同步化，使发动机、传动机和工具机的使用经济化，这就为规模经济奠定了基础；另一方面，集成的、紧密连接的机器体系可以在保持发动机、传动机和工具机连接经济性的前提下，将不同的生产环节按需要拆解为多个不同的机器系统，这就使基于分工和专业化的效率经济成

① Best, M. H., *The New Competitive Advantage The Renewal of American Industry* (Oxford University Press, 2001).
② 《马克思恩格斯文集》（第5卷），人民出版社，2009，第429页。
③ 《马克思恩格斯文集》（第5卷），人民出版社，2009，第436、438页。
④ 《马克思恩格斯文集》（第5卷），人民出版社，2009，第438页。

为可能。如果说交通运输在物理空间上的连接，主要是从需求拉动的角度对生产形成"倒逼"，构成了规模经济和效率经济的外部"拉力"的话，那么这种机器体系的物理连接则是在直接生产过程中构成了制造业规模经济和效率经济的内部"推力"。显然，内部的"推力"更为关键。

在工业革命之后很长一段时间里，尽管存在孤立的发动机或工具机的创新，乃至单独的能源动力变革，但由于机器体系本身的物理连接程度很低，无法对能源、材料实现量化分割的经济化使用，生产环节无法有效分拆，制造业的规模经济和效率经济特征并不明显。事实上，一直到18世纪末期，棉纺织业机器设备的产量仍小得惊人，价格也极为低廉，唯一真正高成本的投资是建筑和能源。[①] 早期的机器对人的替代，无论是在成本还是效率上并没有明显的优势[②]，即使在进入19世纪中期之后，使用机器的制造业生产率的改进也仍然并不显著。

制造业的"大爆发"始于连接革命。更具体地说，机器体系的连接方式在实现单元驱动替代直接驱动之后，制造业才表现出了典型的规模经济和效率经济特征。工业革命以来，机器体系的连接方式经历了四个阶段的变化，首先是直接驱动系统（direct drive system），出现于早期水动力和蒸汽动力驱动的工厂。其连接方式是：主发动机通过滑轮和皮带将动力传输到管线轴（line shaft），管线轴将动力输出到工具机附近，然后通过平行于管线轴的曲轴（countershaft，也称为副传动轴）和一系列的滑轮、转轴和皮带传递到工具机。直接驱动系统的弊端在于，任何一个生产环节都需要一套单独的发动机和传动机系统。由于动力无法细分和定向投放，无论生产量大小，都必须让机器全系

---

① 〔美〕大卫·兰德斯：《解除束缚的普罗米修斯》，谢怀筑译，华夏出版社，2007，第65页。

② Allen, R. C., "Lessons from History for the Future of Work", *Nature*, 2017, 550（7676）: 321－324.

统工作，不仅生产环节无法实现分割，而且生产时间、工厂的地址选择也受到很大限制。在这种无法分离生产环节的机器系统中，根本不可能出现制造业的专业化和规模化。

电力革命之后，直接驱动系统仍然保留了很长时间，并经历了电线轴驱动（electric line shaft drive）和电动群驱动（electric group drive）两个改良阶段。电线轴驱动在原理上与直接驱动基本一致，唯一区别是动力来源变成了电力。电动群驱动则可以通过一个大型电机驱动几个或几百个机器，相较于电线轴驱动，电动群驱动的变化在于每组机械都由一根相对较短的直线轴驱动，并由自己的电机驱动。这样在机械定位上具有更大的灵活性，也只需要更少的皮带和滑轮，从而降低了能耗，提高了生产效率，也使生产安全性和工厂可利用面积大大提高，但其缺点是要求机器以相似的速度运行。① 因此，无论是电线轴驱动还是电动群驱动，只是"用一台或多台电动机代替蒸汽机，而不改变能源配送系统，只是一项新技术在旧技术框架上的并列"。②

1900 年，单元驱动（unit-drive）开始起步，到 1930 年，单元驱动完全替代了传统的机器连接方式。单元驱动的连接方式是：发电厂的电力通过电线将电能分配给单台电机，然后电机被直接安装在被驱动的机器上，机器通过皮带或齿轮直接连接，而不需要通过管线轴和曲轴系统获取动力。传动这一连接环节的改进，使发动机与工具机保持了最小距离甚至趋于一体化。在此基础上，工厂设计、机械布局和生产流程就可以按照生产需要的顺序来安排，这样不仅生产空间可以得到最大程度的利用，而且生产环节也可以按产品流程进行分解。直到这时，制造业的规模经济和效率经济才成为可能。

单元驱动的优势在于：第一，动力可按生产需要切割，任何一台

---

① 群驱动第一次大规模应用是通用电气公司。系统由 43 台 1775 马力的直流电机和 5260 英尺的轴系构成，43 台直流电机发动机分布在 40 个不同部门，每台电机平均有 100～150 英尺的轴。由于电机可以安装在天花板上，生产空间得到了扩展。

② Devine, W. D., "From Shafts to Wires: Historical Perspective on Electrification", *Journal of Economic History*, 1983, 43 (2): 347–372.

传动机或工机具的故障都不影响生产流程的持续进行，这就使生产环节的空间分离成为可能；第二，单元驱动消除了由旋转管线轴和中间轴摩擦造成的功率损失，能源使用效率极大提高，单元驱动的出现，使电力不仅仅是工厂内动力分配的手段，而且是增加产量的"杠杆"[1]；第三，单元驱动体系下的机器可以按照生产操作的自然顺序安排在不同工厂车间，实现车间分工，这正是后续企业分工的基础；第四，生产的安全性和空间经济性极大提高，单元驱动使制造商在建筑设计和机械布置方面具有灵活性，可以最大限度地提高生产能力。

机器体系一直发展到单元驱动阶段，制造业真正意义上的规模经济和专业化才开始起步。通过单元驱动方式实现物理连接的机器体系可以经济地、量化地、分割式使用能源和材料，以及任务导向式地分布工具机和加工对象。直到这时，制造业的大裂变——分工、专业化与规模经济才开始蓬勃发展。1879~1919年，制造业劳动生产率仅提高了86%，但在单元驱动得以大规模应用之后的1919~1953年，制造业劳动生产率则大幅提升了近两倍[2]；尽管1869年就发现了直流电，但1899年以前，超过95%的机械力仍然来自水和蒸汽。单元驱动起步之后的30年时间里，电力才逐步替代了传统能源，1929年，电力占据了所有能源动力的78%。[3] 不仅劳动生产率增速创下了历史纪录，而且BEA统计口径中的绝大多数产业部门均出现在单元驱动发展之后的20世纪20年代至50年代，有经济史学家甚至称这一现象为"一次性事件"[4]。

制造业的物理连接始终是工业生产方式变革的标志，其发展一直

[1] Devine, W. D., "From Shafts to Wires: Historical Perspective on Electrification", *Journal of Economic History*, 1983, 43 (2): 347-372.
[2] Devine, W. D., "From Shafts to Wires: Historical Perspective on Electrification", *Journal of Economic History*, 1983, 43 (2): 347-372. 数据结果根据第350页表格计算。
[3] Atkeson, A. and Kehoe, P. J., "The Transition to a New Economy after the Second Industrial Revolution", NBER Working Papers, 2001, http://www.nber.org/papers/w8676.
[4] 〔美〕罗伯特·戈登:《美国增长的起落》，张林山等译，中信出版集团，2018。

遵循着体积递减定律（the law of diminishing sizes）。① 体积递减不仅体现为动力和材料的分割趋于微型化和精准化，而且发动机、传动机和工具机的集成连接程度也日益提高。继 1930 年单元驱动成为工业生产的主要连接方式之后，1948 年自动生产线普遍化，"自动化"一词开始首次使用，1957 年又出现了更大的、可以有限移动的机械集成系统，而后又进一步发展出柔性制造、模块化装配等体系。在这一过程中，机器体系物理连接方式变化所带来的连接效率的提高，为制造业的规模经济和效率经济提供了基础性的技术支持。在缺乏高效的物理连接的前提下，能源动力或工具机的变革只能提供规模经济和效率经济的可能性。

（二）信息通信技术下的双重连接：产业特征趋同的成因

无论是制造业还是服务业，其产品或服务的生产过程既是物质流动过程，也是信息流动过程，因此既存在人－物或物－物之间的物理连接，也存在人－物或人－人的信息连接。传统制造业产业特征的形成，主要依赖有形的物理连接对机器体系效能的改变，如单元驱动、机电一体化等。在制造业服务化和服务业制造化发展过程中，不仅有形的物理连接，而且无形的信息连接；不仅机器体系本身的机－机连接，而且生产和流通过程中的人－机、人－人连接，也都发挥着重要的作用。正是在这种"双重连接"的影响下，制造业和服务业的产业边界开始模糊，产业融合逐步显现，而且这种"双重连接"的进一步发展，也将继续深刻地改变产业活动的经济特征，使制造业和服务业呈现融合发展的态势。

对于制造业而言，虽然"制造"在形式上是一个机器体系在物理意义上的同步过程，但对这一过程的管理、调节和重塑是一个信息流动过程。完整的生产过程既包含机器体系的运作，也包含人对机器系

① Best, M. H., *The New Competitive Advantage The Renewal of American Industry* (Oxford University Press, 2001).

统的主动性干预和调节，而后者本质上是人和机器体系、不同环节生产者与管理者之间的信息连接。从信息连接的性质看，福特的装配线实际上是一个初始的信号装置或视觉信息系统，工程师的工作任务是根据生产线上材料堆积的视觉信号来调节同步性。[①] 事实上，不仅福特装配线，而且丰田的准时生产体系的看板制的内容，如"编码标注"、"目视管理"以及"看板必须附在实物上存放"等原则，也都是生产过程中人－机连接的表征。

也就是说，制造业生产过程的信息采集、加工和管理，本质上是在劳动者和劳动资料、劳动对象之间建立一个连接的回馈系统，从而对机器体系的同步性进行有目的的管理和干预。从福特的单一产品流，到丰田制的准时生产体系，进而到全面质量管理（total quality control，TQC）、优化生产技术（optimized production technology，OPT）、分销资源计划（distribution resource planning，DRP）、制造执行系统（manufacturing execution system，MES）、敏捷制造系统（agile manufacturing system，AMS）等一系列现代生产管理的发展过程，既是机器系统连接精细化、集成化程度提高的要求，更是信息连接系统不断升级和发展的结果。

由于传统服务业无法用机器替代人的劳动，并不存在类似制造业的机器体系连接，其物理连接主要体现在人与设备、服务工具之间的生物力－工具连接，而服务内容主要通过服务提供者和消费者之间的信息连接来完成，这种信息连接难以借助外部设施，而只能通过语言、表情、体态的人际互动来完成，所以，服务过程中的认知性和非常规性劳动对服务质量起着更为关键性的作用。[②] 这样，不仅在物理连接上，传统服务业不可能产生类似制造业的同步性，而且在信息连接上，

---

① Best, M. H., *The New Competitive Advantage The Renewal of American Industry* (Oxford University Press, 2001).

② Acemoglu, D. and David, A., "Skills, Tasks And Technologies: Implications For Employment And Earnings", *Handbook of Labor Economics*, 2011, 4 (12): 1043–1171.

服务业也是瞬时的、非标准化的，同时也是不可存储、不可编码的。这种物理连接和信息连接的差异性，正是传统制造业和服务业特征迥异的关键原因。

制造业的服务化和服务业的制造化，是这种生产过程中机器之间的物理连接和人-机、人-人之间的信息连接的"双重连接"变化的必然结果。根据连接方式、连接内容的差异，我们可以将现代信息通信技术的发展及其所带来的连接演进划分为三个阶段：①20世纪70年代以来，计算机技术的发展，使制造业和服务业的信息系统实现了数字化和电子化，这为后期的物理连接和信息连接提供了基础；②20世纪90年代之后，互联网技术的发展，使信息可以以标准化形式实现即时传递，从而使生产环节和管理环节的空间分离成为可能，制造业服务化和服务业制造化的特征开始明显地表现出来；③2010年之后，随着移动互联网、大数据、人工智能和物联网的发展，制造业和服务业在产业特征上进一步趋同，当前正在兴起的5G、VR/AR和工业互联网等技术将极大地推动这一进程，"两业融合"成为必然趋势。①

我们首先考察制造业的服务化。在现代信息通信技术革命之前，单元驱动等物理连接方式只是实现了制造业生产环节的拆解。尽管制造业的自动化程度不断提高，但在缺乏有效的信息连接的情形下，企业生产环节的空间分离仍难以实现跨国别甚至跨地域的有效分布，为了保障管理的有效性和即时性，企业的管理活动往往需要紧密地内嵌于生产过程，在时间和空间上保持与生产过程的紧密联系，从而快速获得生产信息。这一时期即所谓地方经济全球化（globalizing local economies）时期。20世纪70年代初，随着计算机的兴起和半导体技术的发展，机器体系的物理连接开始趋于"机电一体化"（mechatron-

---

① 从党的十五大提出"大力推进国民经济和社会信息化"到党的十六大提出以"信息化带动工业化，以工业化促进信息化"，党的十七大提出大力推进信息化与工业化融合，到党的十九大提出"推动互联网、大数据、人工智能和实体经济深度融合"，从"两化融合"到"两业融合"的变化，折射出制造业和服务业产业特征及其相互关系的演变。

ics），即在机械设备中加入传感器、测控仪表、伺服传动、电子元器件，通过机械和电子技术的融合将信息处理和控制功能附加或融合在机械装置中，使机器体系趋向于更易于精度控制的一体化；企业生产和管理的信息系统则从初始的信号装置、视觉信息系统和文字编码系统转换为数据化系统，在生产和管理环节上实现了从工厂到办公室（from factory to office）的计算机化（computerization）转型。[①] 但这一时期，机器系统的物理连接与管理过程的信息连接之间仍需要保持较近的地理距离，以保证生产管理的时效性，企业经济活动的空间分离，如环节拆解、流程外包和模块化生产仍然有限。

20世纪90年代之后，互联网的兴起使信息连接突破了空间和地域限制，制造业开始实现生产环节和管理环节的双重空间分离。生产环节按成本原则在全球范围内进行拆解，管理环节则按层级有效性原则进行空间分离。这种双重分离之所以成为可能，是因为基于互联网和计算机的信息连接和基于高度集成化的机器物理连接的"双重连接"为生产和管理活动的空间分离创造了连接条件。在信息连接方面，主要表现为通过数字化以及现代通信技术实现对生产链和供应链的监督、控制和管理；在物理连接方面，则表现为趋于精细化、集成化的机器体系和加工对象的模块化，使过去集中在一个经济体内的生产线可以分拆为数十道甚至上百道工序，并根据成本和效率指标分发给世界各地的生产商。

在生产与管理以及生产和管理内部各环节之间发生空间分离之后，仍然能够保障经济活动的功能完整性，关键在于物理连接和信息连接两者都基于计算机化时代的遗产——数字化系统。这就使生产与管理以及生产和管理内部各环节之间建立起了一个数字化互通桥梁，使"双重连接"也同样存在同步优化的可能。这一根本性的变化，来自生产过程的信息生成不再是福特制时期的视觉信号系统，而是可编码、

---

① 详见 Baldwin, R. , *The Globotics Upheaval：Globalization, Robotics, and the Future of Work*（Oxford University Press, 2019）.

可存储的数字化系统，即制造数字化（the digitization of manufacturing）。管理者和工程师只需要根据对应的生产过程编码，就可以实现对生产过程的调节、干预、故障修理与风险防控。相较之下，福特制时期初始的信号装置或视觉信息系统高度依赖生产现场管理，信息连接和机器连接必须保持一定的时效性甚至需要现场同步，这就大大限制了经济活动空间拆解的可能性。

互联网的发展使地方经济全球化（globalizing local economies）时期终结，取而代之的是工厂全球化（globalizing factories）时期。在工厂全球化时期，生产环节、服务环节与管理过程的空间分离开始加速与深化，制造业的服务化特征日益明显。被深度分离的生产环节、管理环节和服务环节，无论是针对使用价值的研发、物流仓储和生产组装，还是针对价值实现的市场营销、品牌管理，乃至财务、人事管理，都可以按比较优势原则进行地理空间布局，并最终获得规模化成长。①最终，服务在制造业价值创造和价值实现过程中，或者作为投入（如产品设计、研发与营销），或者作为交易促进因素（如物流服务或电子商务平台）发挥着日益重要的作用。有学者甚至认为，从概念上讲，生产性服务占最终商品和服务价值的份额可以渐进地达到100%。②

与制造业一样，服务业的制造化特征也与信息通信技术革命的发展进程密切相关。20世纪70年代以来的计算机化，使服务业的自动化、数字化和标准化程度有所提高，如商业零售和物流运输行业的计算机化管理等；20世纪90年代，互联网兴起之后，一些新型服务业领域如金融、电信等行业以及搜索引擎类互联网企业首先出现明显的服务业制造化特征，这些行业的服务内容可以被数字化存储、编码并

---

① 也有学者称之为"服务切割外移"，认为20世纪90年代信息技术广泛应用以后，原本处于制造业生产过程中或制造业企业内部的服务供给——包括信息系统维护、售后服务、后勤等"非核心业务"和研发设计、供应链管理、人力资源管理等核心业务——独立出来，由专业化企业提供，形成生产性服务业。详见江小涓：《服务业增长：真实含义、多重影响和发展趋势》，《经济研究》2011年第4期。

② 〔意〕埃内斯托·费利、弗里奥·C.罗萨蒂、乔瓦尼·特等主编《服务业：生产率与增长》，李蕊译，格致出版社，2011，第14页。

更容易进行交易；随着移动互联网的发展，服务业制造化的领域进一步扩展到依托互联网平台发展起来的文化娱乐、电子商务和零工经济类服务业。上述服务业的共有特征是，固定资本投入和边际成本递减类似于制造业，规模经济、范围经济和长尾效应极为显著。① 在这些行业，服务内容以及服务与消费之间的连接方式被改变了。服务内容依赖数字化机器设备，服务与消费的连接则通过生产者—机器—消费者的数字化通道进行。借助数字化机器设备，服务内容首先被数字化，以虚拟化的形式在服务器上存储并在网络上得以呈现，在服务提供者和消费者的连接达成之后，实际服务会产生，如电子商务、外卖和网约车等；或者服务内容直接以数字化形式存储并被"随时随地"消费，如视频、音乐等，即服务的"物化"（embodied service）。服务内容的虚拟化过程，本质上是数字产品的制造过程，其生产通过信号采集、计算机处理、服务器存储等一系列物理连接完成。这种数字化生产使服务内容不仅具备通用性，而且可复制、可存储和可转移，从而使服务业获得规模经济特征。同时，由于数字化的服务内容和消费者之间的信息连接又基于网络平台进行，服务产品生产的边际成本和交易的边际成本也近乎为零。在梅特卡夫定律的作用下，服务业的生产成本和交易成本得以极大降低，呈现典型的制造业规模经济特征。

（三）新一代数字技术下的双重连接："两业融合"的底层逻辑

2010 年之后，随着移动互联网的逐步普及和机器学习理论的兴起，大数据、人工智能和物联网技术开始迅速发展。如果说基于计算机与计算机之间连接的传统互联网技术只是数字经济 1.0 版本的话，那么基于移动终端、应用场景和计算机之间连接的物联网和人工智能、大数据等新一代数字技术则属于数字经济 2.0 版本。与前者相比，后者实现了更大范围和更高效率的连接。在范围上，移动互联进一步突破了人–机连接的时空限制，实现了经济主体更大时空范围内的连接；

---

① 江小涓：《高度联通社会中的资源重组与服务业增长》，《经济研究》2017 年第 3 期。

在效率上，连接速度的不断提高和智能化元器件的嵌入，又使连接的精准性和时效性得到提高。当前正在兴起的人工智能、机器人、5G 和 VR/AR 等新一代数字技术，将对连接方式产生更为深远的革命性变革，通过对空间距离和时间延滞效应的进一步消减，新一代数字技术将极大提高物理连接和信息连接的效率。连接方式的这种变化，不仅使制造业服务化和服务业制造化的趋势不可逆转，也使制造业和服务业的边界进一步模糊，两者在智能化这一终极目的上实现了进一步融合。

新一代数字技术对制造业的物理连接和信息连接方式产生了全面而深刻的影响。新一代数字技术将制造业的整个生产链和供应链乃至消费终端的即时信息纳入连接体系之中。在这种连接系统中，企业类似于一个全息有机体。一方面，生产者可以准确获取各生产环节的生产数据，并且可以迅速调动、安排与调整生产流程；另一方面，生产者还可以通过网络便捷而又精确地获取不同地区不同消费者的全样本数据。同时，消费者也可以通过数据通道随时接入"企业"，参与产品的设计、研发、产品定制等过程。这都为企业即时对接消费者数据，进行有针对性的分析并做出最佳生产决策创造了条件。如果说单元驱动只是让企业实现了"点"（单个企业）对"面"（局部空间的消费群体）的"单工通信"①（生产者的单向输出）生产模式的话，那么20 世纪 70 年代以来信息化、模块化和自动化生产，就是实现了生产的"点"对"线"的"半双工通信"② 生产模式，生产环节之间以及生产与消费之间的信息连接仍然不是即时的、智能的和双向的。在人工智能时代，依托人工智能和 5G、VR/AR 等新一代数字技术建立起来的生产系统，可以实现生产者与生产者之间、生产者与消费者之间

---

① 单工通信是指消息只能单向传输的工作方式。单工通信信道是单向信道，发送端与接收端的身份是固定的，发送端只能发送消息不能接收消息，接收端只能接收消息不能发送消息，数据信号只能从一端传输到另一端，即信息流是单向的。

② 半双工通信可以实现双向的通信，但不能在两个方向上同时进行，必须轮流交替进行，如对讲机。

"点"对"点"的"全双工通信"① 生产模式。在这种全双工通信的生产模式下，数据收集、加工和决策的重要性更加凸显，也使制造业服务化的特征更为明显。

新一代数字技术同样也深刻地影响着服务业的连接方式、连接内容和产业特征。在连接方式上，融合了5G、人工智能技术的物联网将成为服务业的普遍连接方式；在连接内容上，一切场景均可生成多维大数据，并被纳入连接系统。连接方式和连接内容的变化为服务的标准化、规模化、即时化和自动化提供了技术支持，从而使服务业的产业特征进一步趋于制造化。首先，服务内容更加趋于标准化，依托物联网的数据感知与收集技术、大数据、人工智能技术，传统服务业的很多人际互动环节和数字结算环节可以在标准化体系内进行，如无人酒店、无人超市等。其次，服务业更具有规模效应，依托多主体大数据综合分析，人工智能技术将对传统上分散的服务业的业务进行整合，从而通过提升服务连续性产生服务经济的规模效应，如物流、客运等行业的运程空载，可以通过多企业数据综合分析得以解决；企业的流程再造和优化，可以通过同类型企业案例经验的不断累积实现规模效应。再次，服务业在服务提供时间上可以打破时空阻隔，按时甚至提前远程完成服务过程，如借助产品终端数据设备，可以按时或提前完成产品检查、维修和诊断，这改变了传统服务无法存储、必须同时同地进行的特征。最后，服务业的自动化程度可以不断提高。其典型表现是，一定的基础算法结构可以自动生成算法和模型，为不同应用场景提供系统解决方案。

新一代数字技术也将使服务业的资本构成和可贸易性进一步提高。一方面，已经呈现服务业制造化特征的新型服务业，如金融、电信、数据中心，以及依托移动互联网平台发展起来的文化娱乐、电子商务和零工经济等服务业的资本构成将进一步提高。数据收集、分析与存

---

① 全双工通信是指通信的双方可以同时发送和接收信息的信息交互方式。

储等设备的固定资产投资将不断上升，不仅基于经验判断、日常交流的常规性认知劳动如客服、理财分析，而且传统上被认为是新知识创造的研发工作的试错性实验，都可以被智能自动化设备或智能程序所替代，一如在部分传统制造业部门可以用机器替代人一样。另一方面，如果说第一代数字技术只是使新型服务业集中体现了制造化特征的话，那么新的连接方式则不仅使新型服务业的制造业特征更为显著，而且也将使传统上必须"面对面""同时同地"开展业务的服务行业具有更为典型的制造业特征。一些必须"面对面""同时同地"开展业务的传统服务业，在第一代数字技术下虽然可以借助平台进行，但在服务提供过程中仍然要依赖传统基础设施的物理连接来完成，服务和消费之间的连接仍受到传统基础设施的物理连接可达范围的限制。而人工智能和5G、VR/AR 等新一代数字技术将实现远程自动化服务，将原本局限于一定地域范围内的资源和服务提供能力扩展至全球，这不仅会产生梅特卡夫定律下惊人的级数增长，而且通过劳动力资源的全球配置产生巨大的经济效率改进，此消费类服务业也将成为新的服务贸易增长点。

在新一代数字技术影响下，制造业和服务业在连接内容和连接方式上日渐趋同。从连接内容看，无论是制造业还是服务业，都需要将数据这一新型的关键生产要素纳入产品或服务的连接体系，而且数据的有效生产和使用，也都必须依赖更为高效的物理连接系统和信息连接系统。从连接方式看，制造业和服务业都会逐步依赖基于云计算和边缘计算协同的物联网架构①，除了在设备层的具体部件和执行功能

---

① 这一基本架构包括四个环节：设备层（device layer）、企业应用层（plant apps layer）、边缘层（edge connectivity layer）和云托管的企业层（enterprise layer）。设备层包含了连接到本地局域网或物联网的单个设备部件，通过传感器、位置跟踪器、音视频设备实现对单个设备的可见性控制，以实现即时交互并提供原始的数据；企业应用层提供对所有连接设备的可见性控制；边缘层（edge connectivity layer）提供单个设备和应用层之间的连接；云托管的企业层（enterprise layer）则提供跨企业、跨生产环节的可见性控制。设备层的原始数据获取之后逐层上传，最终由企业层进行分析、预测和决策，再根据数据训练算法模型，将训练和分析的结果"推"向边缘层，最终下发至每个设备从而实现智能化操作。

存在差异之外，其连接架构及内在逻辑也趋于一致：物理连接都要依赖传感器、位置跟踪器、人机互动等空间连接设备，信息连接都依赖人工智能算法、芯片和物联网平台，最终都需要在最接近消费终端的产品或服务生成现场与决策中心之间形成一个同步化的数据反馈回路。

连接内容和连接方式上的趋同，进一步淡化了制造业和服务业的边界，使两者更多地表现为融合。一方面，相似的连接内容和连接方式使制造业和服务业都需要在对方的支持下才能获得"强"连接。制造业的数字化、网络化、智能化制造和服务体系需要服务业的一体化解决方案，服务业的数据生成和一体化解决方案又依赖制造业提供的系统数字设备。另一方面，依托有形资产或无形资产的专用性，制造业和服务业又可以在领域上相互延伸，如电商、研发设计等服务企业可以依托渠道和创意优势，通过委托制造、品牌授权等方式向制造环节拓展；制造、施工企业可以依托产品市场占有率整合资源，延伸发展咨询设计、施工安装、系统集成、运维管理等一系列服务。制造业和服务业的融合，不仅体现为制造业和服务业在技术和功能上的相互支持，也意味着通过多种形式的融合模式与融合过程，可以推动研发模式、制造范式、服务模式的创新，形成服务业和制造业的共生型产业生态。

第三节　产业特征演变与产业发展战略选择

连接技术和连接方式的变革一直在塑造着人类经济活动的范围与内容，在不断改变经济活动的产业特征的同时，也影响各个国家的经济发展战略尤其是产业发展战略的重心。制造业之所以长期以来被视为经济发展的引擎，在于相较于农业和服务业，制造业具有更大的生产率增长空间，更为广泛的"前向联系"和"后向联系"，以及由此产生的更大的生产率溢出效应和产业协同效应，是无可争辩的富国

"扶梯"。正如发展经济学家赖纳特指出的那样，自那些"天然富裕"（naturally wealthy states）的国家——威尼斯、荷兰、没有农业的小城邦——之后，我们再也找不到一个不需要经历长期的锁定目标（targeting）、对制造业部门进行支持或保护就能够建立起自己的工业部门的国家。[①]

前文分析表明，制造业之所以具有此类产业特征，在于制造业具有同时期农业和服务业所不具备的连接方式。然而，在信息通信技术革命改变了制造业和服务业的连接方式，从而使制造业和服务业产业特征出现明显趋同之后，单纯通过产业特征去选择产业发展战略已经失去了对标意义。因为从规模经济和效率经济特征上看，制造业和服务业两者已无明显差别，服务业甚至在吸纳就业上更具优势。也正因如此，经济学家们才对制造业和服务业"引擎"地位切换这类问题长期存在分歧。[②] 要摆脱这种选择困难症，就必须要超越单纯的产业特征表象，从产业特征演进的底层原因——连接演进的角度去把握产业特征演进的内在机制，从而把握新的时代背景下产业发展战略的方向。历史地看，在每一次连接的变革过程中，掌握关键连接节点的国家和地区，始终能够在经济全球化过程掌握更大的控制权、获取更多的连接红利。

伴随制造业和服务业产业特征趋同的过程，产业发展已经进入制造和服务业生产环节大拆解的全球分工时代，制造业和服务业的不同环节在全球范围内构成了一个复杂的产业网络。从连接的角度而言，不仅制造业和服务业都具备高效的物理连接和信息连接，而且连接的所有权、控制权、使用权和剩余索取权也发生了深度分离，使用连接和控制连接的主体不再必然合一，而是呈现可以深度分离的状态。在

---

① 〔挪威〕埃里克·赖纳特：《富国为什么富 穷国为什么穷》，杨虎涛等译，中国人民大学出版社，2013，第103页。

② Hallward-Driemeier, M. C., Nayyar, G., *Trouble in the Making*? (The World Bank Group, 2017).

具体生产过程具备高效的物理连接和信息连接的国家、地区和企业，并不必然具备掌控关键连接节点的能力；而核心知识产权、先进技术和产业标准的掌握者或制定者，则事实上控制着全球产业网络的关键节点，也拥有决定产业网络是否连接和如何连接的主导权，具有引导、重塑和变革产业网络布局的能力。在这样的分工和贸易网络之中，拥有控制连接的能力，远比具有连接的规模重要。[1]

　　相当一部分观点认为，随着新一代数字技术的发展，以服务业为重心的发展方式和发展战略更具可行性。其理由在于，新一代数字技术克服了传统服务业必须面对面、同时同地的时空制约，远程自动服务将使传统服务业这一停滞特征最明显的服务部门可贸易化，由此几乎所有服务业都获得了时空的解放，可以像制造业一样按成本和效率原则，将过去必须局限于一定地域和时间范围内的服务活动拆分为不同的环节，在全球范围内进行布局。通过这样的大拆解，服务业不仅就业吸收能力较制造业更具优势，而且同样具有生产率提升空间。当服务业具备生产和就业吸纳双重优势且可贸易性日渐提高时，以服务业为导向的发展战略更具合理性。[2] 基于印度和中国的比较，一些经济学家将服务业形容为后发者实现赶超的"新船"。[3] 鲍德温等人甚至认为，机器人、5G 和 VR/AR 的结合将使服务业远程贸易或服务业的

---

① 以制造业为例，由于物理连接趋于模块化生产且信息连接趋于全球化管理，一般意义上的制造业已经无法像经典发展经济学理论所描述的那样成为富国"引擎"。制造业占比很高但附加值很低已成为很多发展中国家面临的共同问题。以韩国和马来西亚为例，在20世纪70年代至90年代，韩国和马来西亚的制造业占比都在38%左右；1990~2008年，马来西亚的制造业占比上升到45%左右，韩国则一直维持在38%左右，但同期两国的平均国民收入却拉开了数倍以上的差距。详见杨虎涛、李思思：《"汉江"奇迹与"马来"困局——基于演化发展经济学视角的比较》，《亚太经济》2018年第1期。

② Hallward-Driemeier, M. C., Nayyar, G., *Trouble in the Making*?（The World Bank Group, 2017）.

③ 关于新船的提法，详见世界银行和布鲁金斯基金会的研究，如 Ghani, E. and Kharas, H., "The Service Revolution", *Economic premise*, 2010, Number 14, http://www.worldbank.org/economicpremise；Kharas, H., "Service with a Smile: A New Growth Engine for Poor Countries", *Voxeu Org*, 2011。

数字移民（digital immigrants）①——低工资国家的服务人员通过远程自动设备为高工资国家的居民提供服务——成为必然趋势，服务业劳动力的国际工资套利会为发展中国家带来一次新的"大融合"（great convergence）。发展中国家可以利用本国服务业劳动力成本远低于发达国家这一比较优势，通过服务业的数字移民实现本国的就业和经济增长。"发展中国家的工人不必将他们的劳动力嵌入一种产品，然后通过出口该产品来利用这一优势，他们将越来越能够直接出口劳务。这能让新兴市场奇迹持续并扩散开来"。② 鲍德温等甚至质疑中国发展道路的持久性："由于服务业的成功与制造业的成功基于完全不同的因素，发展战略和思维定式可能必须改变，全球化的转变很可能会使中国正在走的传统制造业发展旅程失效，而使印度正在走的服务型发展旅程成为可能。"③

在发展经济学领域，罗丹曾提出两种基本的发展模式：要么引导剩余劳动力流向资本（即移民模式），要么促进资本流向剩余劳动力（即工业化模式）。由于大量移民涌入会引发严重的经济社会问题，工业化模式一般被认为是更可行的模式。④ 罗丹的工业化模式之所以可行，主要是因为工业化可以吸纳大量非熟练劳动力，并通过干中学获得劳动生产率的提升，因此成为完成资本积累和技术积累的必由之路。但是，随着新一代数字技术的发展，工业化模式必须面对如下事实：第一，制造业就业吸纳能力将持续萎缩，随着自动化和智能化程度的提高，机器人流程自动化（robotic process automation，RPA）将进一步

---

① 也有学者将其称之为"虚拟跨境流动"，详见江小涓：《服务全球化的发展趋势和理论分析》，《经济研究》2008 年第 2 期。

② Baldwin, R. and Forslid, R., "Globotics and Development: When Manufacturing is Jobless and Services Are Tradable", NBER Working Papers 26731, 2020, http://www.nber.org/papers/w26731.

③ Baldwin, R. and Forslid, R., "Globotics and Development: When Manufacturing is Jobless and Services Are Tradable", NBER Working Papers 26731, 2020, http://www.nber.org/papers/w26731.

④ Rosenstein-Rodan, P. N., "Problems of Industrialization of Eastern and South-Eastern Europe", *The Economic Journal*, 1943, 53 (210/211): 202–211.

深化，"黑灯"或"无人"工厂会成为常态，生产加工环节需要的劳动力会越来越少，这一趋势不可逆转；第二，智能化和自动化生产使劳动力成本因素不再重要，加之3D打印、无人驾驶等技术对供应链的缩短将在一定程度上使发达国家制造业回流，传统上发展中国家通过大规模制造业吸纳非熟练劳动力的空间受到挤压。

在实践方面，印度、哥斯达黎加和菲律宾等国家20世纪90年代后的产业结构变迁及其对经济增长的积极贡献，普遍被视为得益于服务活动——金融、信息技术、业务流程外包和其他商业服务的扩张，且其发展同样遵循了从低端到高端的递进过程：先是低端的业务流程外包服务，如联络和呼叫中心，然后"晋级"金融和会计等高价值服务。[1] 这似乎表明，即使不围绕制造业的生产性需求，交易直接发生在服务提供商和最终消费者之间的"独立"服务行业，如旅游、医疗保健等，也可以成为发展的"扶梯"。借助新一代数字技术的连接效率，数字移民不仅可以极大地吸纳劳动力，而且服务业由于也存在生产率改进的空间，同样可以发生溢出效应，带动整个国民经济的发展和国民收入水平的提升。鲍德温的"数字移民"和大融合观，似乎是对移民模式的可行性甚至是必然性的合理证明。

长期以来，卡尔多的典型事实一直都具有经验意义：①制造业产出与平均国内生产总值增长之间正相关；②制造业产出与制造业生产率之间正相关；③制造业产出和经济总体生产率之间正相关。[2] 但是，德里梅尔和纳亚尔等人重新总结了关于制造业的三个新的典型事实：第一，高收入国家仍贡献了全球制造业增加值的大部分，低收入国家在全球制造业就业中的份额高于它们在附加值中的份额；第二，绝大多数国家制造业在国内生产总值和总就业中的份额都在下降，但很少

---

[1] McMillan, M., Rodrik, D. and Sepulveda, C., "Structural Change, Fundamentals, and Growth: A Framework and Country Studies", Policy Research Working Paper 8041, 2017.

[2] Kaldor, N., *Causes of the Slow Rate of Economic Growth in the United Kingdom: Inaugural Lecture at the University of Cambridge* (Cambridge University Press, 1966).

转化为绝对下降，这反映了服务业的更快增长；第三，制造业在总增加值和就业中的份额以较低的水平达到峰值，且达到峰值时人均收入水平较低。新的典型事实表明：无论是高收入国家的去工业化，还是中低收入国家的过早去工业化，都与制造业服务化程度不断提高这一客观事实密切相关。与此同时，中低收入国家的"过早去工业化"可能并非刻意为之，而是高端生产性服务业停留于发达国家、劳动密集型和产品加工贸易型产业的附加值与吸纳就业能力同时下降的综合结果。①

新的典型事实意味着鲍德温的"数字移民"或大融合观不具备可行性。发达国家在高端生产性服务业和制造业增加值拥有更大份额的事实意味着，留给发展中国家的服务业选择空间已经非常有限。除了传统的"纯劳动"型服务业如家庭服务、餐饮、保安等行业之外，服务业还包括：①资金、设备和技术高度密集的服务业，如电信服务、航空服务、运输等行业；②公共服务行业，如教育、文化、卫生等行业；③生产性服务业，包括高端的软件研发、咨询和创意设计等知识密集型服务业，以及低端的劳动密集型服务业，如呼叫中心、售后服务等。② 但对于发展中国家而言，诸如电信服务、航空服务、运输等服务行业所需要的设备本身对制造业就有着很高的要求，其规模增长虽然既可以来自国内需求，也可以来自外部需求，但对于发展中国家而言，国内需求受经济发展水平和可支配收入制约，外部需求在开放经济条件下同样面临着发达国家同行业的竞争，因此这些服务业对发展中国家的引擎作用相当有限；而公共服务行业的发展则需要相应的财政收入作为支撑，对发展中国家而言也很难有大的提升空间。对于发展中国家而言，真正可选的"引擎"性服务业集合只存在于生产性

---

① Hallward-Driemeier, M. C., Nayyar, G., *Trouble in the Making?* (The World Bank Group, 2017).

② 此处的分类参考了江小涓：《服务业增长：真实含义、多重影响和发展趋势》，《经济研究》2011年第4期。

服务业中。

但是，在人工智能和 5G、VR/AR 等新一代数字技术进一步改变连接内容和连接方式之后，发展中国家在生产性服务业中的可选集合也相当有限，而且极不稳定。诸如印度、哥斯达黎加和菲律宾等国家近年来着力发展的大部分生产性服务业，如呼叫中心、金融、会计和法律服务，均属于常规性服务，相关从业者存在被业务外包国的白领机器人（white collar robot）替代的可能性。即使这一替代不会发生或者进程很慢，发展中国家的人力资本储备也不足以支持通过此类生产性服务业吸纳大规模的劳动力，而高端的软件研发、咨询和创意设计等知识密集型服务业仍会高度集中于发达国家，很难成为发展中国家实现赶超的"新船"。这是因为，并非所有的生产性服务在制造业服务化的转型过程中都能成为可分离的中间需求。制造业服务化中的新增服务包括两方面内容。一是从生产型制造向生产服务型制造转型中新增的服务内容，如在产品中植入传感器、通信模块使产品具有动态存储感知与通信能力，实现可追溯、可定位、可互动的产品智能化，然后通过实时连接，实现服务智能化。这类服务属于制造业企业本身的业务延伸，其数据信息需要回流企业制造和管理系统，以进一步优化产品流程，因此难以分离为中间需求。二是制造业在智能制造转型过程中新增的服务内容，如智能制造中的装备智能化、生产方式智能化、管理智能化等，其虽然在形式上属于服务业，但需要建立在传感、测试、数控技术等技术基础之上，与制造环节、制造技术密不可分，具有很强的资产专用性。在智能制造的"赛博物理系统"（CPS）中，"数字虚体"（C）必须嵌入"物理实体"（P）才能交汇融合为新形式的系统（S），这类服务同样深嵌于制造业企业本身，也难以成为可贸易、可外包的中间需求。对于发展中国家而言，由于缺乏具有竞争力的制造业基础，这类制造业服务化中的新增服务也难以为其所有、为其所用。

因此，虽然理论上服务业同样具备类似制造业的"引擎"功能，但对于发展中国家而言，服务业这一"新船"的可选"舱位"相当有限。被鲍德温等人给予厚望的"数字移民"更多地只会集中于生活性服务业中难以被机器替代的工作岗位。虽然这类服务业存在进入和扩张的可能性，却同样难以成为后发国家实现赶超的"新船"。第一，一体化的智能化机器人完全可以替代低收入国家同性质岗位的劳动力；第二，服务业的数字移民是双向的而非单向的，数字移民的流动方向既可以是低收入国家向高收入国家流动，也可以是高收入国家向低收入国家流动。由于高收入国家在高技能服务业如医疗、教育、咨询等行业拥有技术优势，这对低收入国家的高技能服务行业反而是一种冲击，低收入国家可以实现数字移民的服务业岗位反而是可以被智能化机器所替代的低技能工作。因此数字移民必定是不均衡甚至是单向的。数字移民本质上类似于发展中国家向发达国家出口原材料和初级制成品而进口附加值更高的制成品，只会导致发达国家与发展中国家之间新的"分流"，而非融合与趋同。

新一代数字技术带来的连接变革虽然深刻地改变了制造业和服务业的分工与贸易秩序，但无论是寄希望于具体的"数字移民"融入连接，还是不加分类地强调服务业对制造业的"引擎"功能替换，都未能跳出传统的产业分类和产业发展思维。在制造业和服务业产业特征趋同、"两业融合"不可逆转的背景下，产业发展战略的重心不应也无法局限于某一个具体产业，制造业的服务化和服务业的制造化既不意味着制造业引擎功能的消失，也不意味着服务业引擎的崛起，而是从制造业单一"引擎"向"制造＋服务"的"双引擎"的切换。国家的产业发展战略必须结合本国产业发展基础和禀赋结构，在制造业和服务业融合构成的产业网络之中寻求关键连接的所有权和控制权，避免被动连接和低端嵌入，从而最大限度地获取新一轮连接革命的主导权和红利。

在从制造业单一"引擎"向"制造＋服务"的"双引擎"的切换过程中，制造业的引擎功能并未消失，而会进一步下沉。首先，制

造业的引擎功能不再像工业化时代那样主要体现为工业体系内的"前
向联系"和"后向联系",而是表现为跨产业的制造 – 服务协同。尽
管就单纯的制造环节而言,制造业的就业吸纳能力不可避免会降低,
但这一过程同时也伴随着生产率的提高,并会催生新的生产性服务业。
生产性服务业的规模扩张和专业化发展,依赖于制造业的技术进步和
效率提高,其发展最终从属于制造业的需要,既有利于价值创造也有
利于价值实现。而制造业的技术进步和效率提高,又依赖研发、创意、
金融服务等生产性服务业,以及教育、公共管理等公共服务业的支持。

其次,制造业的引擎从传统发展模式中的"单点"推进,如通过
钢铁、汽车一个重点行业带动,转向为"多点"支持,即材料、新能
源和新型数字设备等多行业的协同发展,为智能制造和智能服务提供
多样化的底层设备。在数字经济时代,制造业和服务业的投入虽然都
越来越依赖数据,但数据的载体却是各种硬件基础设施,产品或服务
的生成依然离不开各种机器设备。数据不能脱离设备而生成和传输,
单纯的数据也不可能生产出任何物质产品和服务。在新一代数字技术
的连接体系中,无论是智能传感器、神经网络芯片、开源平台(主要
针对开发框架、算法),还是 5G、物联网系统、高效能计算设施、智
能用电设施等,底层支持仍然是制造业。新一代数字技术体系并不是
去设备化、去机器化,而是将智能化和数据化嵌入设备和机器体系之
中,通过改进其物理连接和信息连接来实现更为智能化的生产和服务。
离开了制造业,智能化和数据化也就失去了嵌入的对象。从制造业和
服务业的最终产品(或服务)看,数字化与智能化只是赋能手段,具
体功能仍需要在物理世界去实现。

最后,制造业的这种功能下沉还表现在,其引擎功能和连接节点
的关键性作用完全可以通过服务业的形式得以承载和表达。在"两业
融合"的发展过程,制造业的竞争优势并不需要体现为大规模的厂房
和海量的机器,而是具备核心领域的管理能力、知识产权、核心技术
和产业标准,对这些关键节点的掌握,可以塑造制造业的"形"和

"网"，从而带来较大的连接红利。

相较之下，服务业的引擎功能则更为显性化。服务业不仅本身兼具就业创造效应和生产率提升空间，而且对制造业的发展起着极为重要的支持作用。从就业创造效应看，数字技术的发展不仅通过创造新的使用价值催生新的服务行业如网络游戏产业、短视频、在线教育等，而且也通过连接效率的提高使制造业的服务延伸成为可能，加速了服务专业化和外移。从生产率提升空间上看，不仅诸如电信、物流运输、研发等服务业，而且诸如医疗、教育和公共管理等行业和传统生活性服务业也将进一步出现智能化和制造化的特征。此外，制造业的规模扩张和效率提升在很大程度上也取决于关键服务业的发展，如工业互联网平台和物联网等。总体上，制造业的产品和技术为服务业提供支持；服务业或者通过助力制造业高附加值的形成，或者通过加速制造业的价值实现，又为制造业的发展提供动力。制造业与现代服务业的融合深度，不仅体现着产业间的协同效应，也直接影响着制造业和服务业"质"的高低。

简言之，无论连接技术和连接方式如何变化，也无论制造业和服务业在产业特征上如何趋同，在任何一个时代的产品或服务的全球分工体系当中，都存在附加值不同的高、中、低端活动。一国的产业发展战略究竟是选择制造业还是服务业，抑或是"两业融合"，取决于该国原有的产业基础、禀赋结构和经济规模等多种因素。当制造业和服务业在连接技术推进下趋向于特征趋同和功能融合时，在全球分工和产业网络内，区分制造业和服务业"孰为引擎"已不再重要，重要的是掌握更多的连接"节点"——从技术到制度，从供应链到价值链。无论是制造业还是服务业，只有形成独有的利基，掌握了一定关键"节点"，一国才具有在与其他节点掌握者交换与博弈的对等权力。对于大国而言，这种网络的关键节点数量必须足够庞大，其才能从全球经济贸易中获得应有的利益与尊重；对于发展中国家而言，如果不能掌握关键节点，仅依赖要素价格或资源优势融入新的连接体系，仍然难以避免"担水劈柴"的低端地位。被鲍德温等经济学家寄予厚望的数字移民的主要意义在于解决就业，但无法为国家经济发展提供长期、稳定的增长引擎。由于所有连接技术的基础设施仍然需要制造业来提供，算法、芯片和平台等关键性的连接控制权依然掌握在发达国家手中，所以发展中国家的数字移民仍然是一种低水平被动嵌入。单纯的数字移民不可能实现经济赶超，倒是有可能在保障就业的前提下维护现有分工和贸易秩序，实现从价值链到供应链的"稳定"。

第四节　关键连接及其重要性

连接以及连接技术和连接方式，是容易被忽视的推动历次工业革命和人类社会进步的重要力量。工业革命的发展历程在某种意义上就是"连接"的演进过程，没有人与人、人与物以及物与物之间连接的进步所带来的贸易繁荣和文明交流，人类社会也不可能取得长足的进步。[①] 人工智能以及 5G 技术之所以成为大国博弈的焦点，就是在于它正在重塑社会生产的连接方式、产业特征乃至各个国家的发展方式和发展战略。

因连接发展而导致的制造业和服务业特征的趋同，并不意味着制造业引擎功能的衰退，也不意味着服务业"新船"旅程必然成功。因为一国具体产业发展战略的选择，不仅取决于既有的产业基础和禀赋结构，还取决于其工业化与现代化的长期目标。发达工业化国家产业结构上的"退二进三"，固然带来了就业极化、收入分配不公等问题，但在资本逻辑主导下，通过高端生产性服务业控制连接，其仍然可以在价值链中处于优势地位，使资本积累获得保障。这就使发达工业化国家在产业发展上更多地表现为"服务业上浮"和"制造业下沉"，

---

① 胡乐明、刘刚、高桂爱：《经济长波的历史界分与解析框架：唯物史观视角下的新拓展》，《中国人民大学学报》2019 年第 5 期。

但这并不意味着发展中国家也可以选择相似的战略。一方面，发达工业化国家的产业结构更替和重心选择，建立在长期的工业化基础上，其对核心技术、关键知识产权和产业标准的掌握，是在长期的工业化进程中逐步积累工业能力、工业知识的结果，这是发展中国家所不具备的历史因素；另一方面，即使在"服务业上浮"的发达工业化国家，其制造业比重在减少到一定程度之后也基本保持稳定态势，尤其是德日两国，在进入21世纪之后制造业增加值占GDP的比重基本维持在20%左右。这表明，即使占据了价值链高端位置，发达国家也依然对引领性、战略性的制造业给予了高度重视。

当前，人类经济社会正在迎来新一轮数字技术革命浪潮，以5G、物联网和人工智能等为代表的数字技术正在重塑经济体系。在这样一个大变革的时期，涉及关键连接的制造业尤为重要。

针对新一轮数字技术浪潮中制造业的基础地位，中国保持制造业比重基本稳定就显得十分必要且紧迫。作为世界上最大的制造业国家，中国的工业化没有发展到像美国、英国那样经历发达工业化之后向服务业引擎"自然切换"的阶段，制造业生产率与发达国家尚有很大差距，且中国难以获取高端生产性服务业的优势，未能获得价值链的控制权。《2019中国制造强国发展指数报告》指出，2018年中国制造业劳动生产率为28974.93美元/人，仅为美国的19.3%、日本的30.2%和德国的27.8%。[①] 在先进制造、高端装备、核心知识产权和关键行业标准上，中国也存在明显的短板和不足，远未达到高端自主可控的发展水平。这是国内学者普遍担忧中国存在过早去工业化风险的主要原因。但与此同时，相对绝大多数发展中国家而言，中国制造业又具有不可比拟且已经形成的巨大优势。世贸组织发布的《全球价值链发展报告2019》指出，从传统贸易、简单全球价值链和复杂全球价值链供应中心的变化上看，2000年，传统贸易网络中的三大区域供应中心

---

① 《2019制造强国发展指数：中国位居全球第四，制造业生产率不足美国两成》，澎湃，2020年1月2日，https://m.thepaper.cn/baijiahao_5416327。

是美国、德国和日本，但到 2017 年，中国在传统贸易网络中取代了日本的地位。2000 年，美国是简单全球价值链贸易网络的全球中心，德、日为区域中心；到 2017 年，中国取代了日本和美国的部分地位，成为简单全球价值链贸易网络的全球第二大供应中心。尽管如此，2017 年，美国和日本仍是复杂全球价值链贸易网络中的重要枢纽，无论是从交易的附加值，还是从国家数量来看均是如此。这种变化一方面印证了中国尚未能够在复杂全球价值链贸易网络占据中心位置；另一方面也意味着，在历经工业"从无到有"和"从小到大"两个阶段之后，中国已经不再只是全球分工秩序的被动接受者，而是分工秩序的推动者。

　　中国完善的制造业体系和庞大的制造业规模是数字经济时代的有利条件。首先，庞大的产业规模和部门的多样性，提供了更高的产业协同性，这不仅有利于制造业本身的规模经济和效率经济的进一步提升，也为生产性服务业的发展提供了更为广阔的市场前景。从根本上来讲，制造业始终是生产性服务业的需求方，从需求引致创新的角度而言，完善的制造业体系和庞大的制造业规模是生产性服务业技术创新和效率提升的坚实基础。其次，在"万物可联、处处可联"的智能制造时代，完善的制造业体系和庞大的制造业规模实际上为物联网、工业互联网提供了更多的连接主体，为人工智能、边缘计算提供了更多的原始数据，中国更容易获得网络经济、规模经济和智能经济的红利。最后，在第五次技术革命浪潮末期与第六次技术革命浪潮初期的交叠时期，规模化与多样性并存的中国制造业实际上在更多领域也面临更多的机会窗口，有助于形成新技术－经济范式下的技术耦合和互补效应，促进新技术的扩散与技术－经济范式效应的发挥。

　　欲将这一潜在的优势变成现实，中国必须把握新一轮技术革命中"连接"的重要领域。与西方发达国家相比，中国在先进制造业的诸多领域，如传感器、机器人、高端装备、高端材料方面，尚处于较为落后的水平，核心技术和关键性知识产权积累有限，在信息化与工业化的"两化融合"过程具有一定的不对称性，从而在制造业和服务业的"两业融合"方面也存在一定短板。例如，尽管我国人工智能领域的投融资额和知识产权总量仅次于美国，但在人工智能产业发展所依赖的硬件设备如芯片、算力中心和传感设备方面仍缺乏高端设计和制造能力。半导体行业研究机构 IC Insight 最新发布的研究报告称，中国的半导体芯片自给率到 2025 年可能最多只能达到 20%，远远落后于 70% 的预定目标。[①] 如果诸如芯片、存储等"硬"的部门不能在国际竞争中有所突破，数字经济的发展也难以持久繁荣。

习近平总书记强调，构建新发展格局的关键在于经济循环的畅通无阻。构建新发展格局最本质的特征是实现高水平的自立自强、更加强调自主创新。在加快构建新发展格局、实现高质量发展的过程中，克服供应链和产业链的关键"连接"的短板是重中之重。如果说在 20 世纪 90 年代以来的快速全球化进程中，关键连接的不足只会对价值链位置及相应的价值捕获产生影响，那么在保护主义、单边主义等逆全球化暗潮涌动的当今，关键连接的不足就不仅意味着难以实现全球价值链上的攀升，同时还有断链的风险。尤其是，当前全球发达经济体围绕着数字技术高点的竞争日趋白热化，在关键技术、核心设备方面的竞争异常激烈。当前，不仅需要抛弃"造不如买、买不如租"这类短视思维，而且要纠正"全球价值链是由跨国公司主导的，国家意志难以左右资本逐利行为"这类错误观念。针对新一代数字技术具有周期短、投资大、风险大的特性，尤其需要根据不同阶段的技术风险特征，灵活调整政府与市场的关系。对具有方向性、周期长、投资和风险巨大的基础研究，需要政府承担、资助和组织研发活动；在技术市场化初期，政府可以通过适宜的政策供给，支持独立的营利性商业企业；当技术进入广泛应用阶段之后，政府则应通过规制和反垄断措施来鼓励和强化竞争，保持市场主体活力。在市场的潜能激发和方向引

---

① 数据来自 https://www.icinsights.com。

导上，有必要通过通用技术使用部门的需求拉动，促进芯片制造、设计等关键短板领域的自主创新，充分发挥中国作为世界工厂所具有的工业数据规模和多样性优势，补齐芯片、工业软件等智能制造发展的短板。

现实变革

　　人工智能的产品创新，要能尽可能地成为更多部门的过程创新，才能形成更为持久和更为广泛的生产率改进。

第六章　智能绿色增长与生活－生产方式重构

　　继党的十九大做出"加快建立绿色生产和消费的法律制度和政策导向，建立健全绿色低碳循环发展的经济体系"等重要论断之后。党的十九届四中全会《决定》也首次提出"实行最严格的生态环境保护制度"。2019年11月到2020年3月，国家发改委与工信部等部门又联合出台了《绿色生活创建行动总体方案》和《关于加快建立绿色生产和消费法规政策体系的意见》等重要政策。党中央和政府的一系列政策举措，是"绿色成为普遍形态"这一理念的反映，体现了党和政府对绿色发展之路的坚定信心。绿色成为普遍形态，是对中国这个世界上第二大经济体从生产方式到生活方式、从经济结构到发展方式的长期要求。"普遍形态"意味着，从最终目的而言，创新、协调、开放和共享最终都要承载、助推、实现"绿色"。

　　但是，应当认识到，脱离增长谈绿色，或者脱离绿色谈增长，都是对高质量发展理念的误读。高质量发展并不是不要增长，而是要实现发展质量更高、目标更为多元的增长。党的十九大报告明确指出，"我们要建设的现代化是人与自然和谐共生的现代化，既要创造更多物质财富和精神财富以满足人民日益增长的美好生活需要，也要提供更多优质生态产品以满足人民日益增长的优美生态环境需要。"绿色不是要放弃、停止或缩减生产活动，而是强调绿色的创造、维系和修复本身就是一种财富创造，强调生产、消费、流通在生态意义上的可持续性。因此，绿色增长才是高质量发展的本质要求。

绿色能否以及如何与增长兼容？基于人工智能、大数据和智能制造等新一代数字技术以及清洁能源产业的发展前景，以佩蕾丝为代表的新熊彼特学派认为智能绿色增长（smart green growth）将是同时解决西方经济长期停滞、促进发展中国家进一步增长和落后国家发展的终极方案。但是，正如习近平总书记强调的那样，推动形成绿色发展方式和生活方式是贯彻新发展理念的必然要求，是发展观的一场深刻革命。[①] 新技术只提供了供给侧绿色增长的可能性，要将其转换为现实，不仅需要来自需求侧的生活方式的变革，还需要发展方式的观念变革。技术 – 经济范式的潜能不会自然释放，只有通过适当的社会 – 政治范式引导，智能绿色增长才能成为中国经济高质量发展的亮丽底色。

第一节　从稳态经济到智能绿色增长：供给侧的革命性变化

20 世纪 70 年代石油危机之后，能源和环境问题引发了理论界广泛的讨论，罗马俱乐部《增长的极限》就是这一时期的产物，这对后续环境与生态经济学的发展具有重要的里程碑意义。其中，尤具代表性的是以诺贝尔经济学奖得主尼古拉斯·乔治斯库 – 罗根（Nicholas Georgescu-Roegen）、肯尼思 · E. 博尔丁（Kenneth E. Boulding）和赫尔曼 · E. 戴利（Herman E. Daly）为代表的稳态经济观（Steady State）。

所谓稳态经济，就是一个人口和商品库存维持在恒定水平且物质和能量的流通率最小的经济体系。博尔丁称之为宇宙飞船经济。稳态经济意味着两个系统之间的平衡，第一个系统是财富系统，第二个系

---

① 《习近平：推动形成绿色发展方式和生活方式 为人民群众创造良好生产生活环境》，新华网，2017 年 5 月 27 日，http://www.xinhuanet.com/politics/2017 – 05/27/c_1121050509.htm。

统是人口系统，这两个系统不是自我恒定的，只有两者都处于低流通率时，可持续的稳态才会出现。对于人口系统，低流通率意味着低生育率和低死亡率；对于财富系统，低流通率意味着商品使用期限更长或耐用性更好以及花费在生产上的时间更少。稳态经济的本质是没有增长的发展，"可持续发展这样的措辞只有在被理解成没有增长的发展时，对经济才有意义——即在地球生态系统生成和吸收能力许可的范围内，一个由物质—能量产生所支持的持续稳定的物质经济基础和质量改善。"①

稳态经济建立在尼古拉斯·乔治斯库－罗根的低熵稀缺理论基础上。按照低熵稀缺理论，太阳是人类社会低熵的唯一来源，虽然太阳低熵存量充裕，但地球捕获的太阳"低熵"流量有限。由于低熵向高熵转换的过程不可逆，因而低熵稀缺成为最终约束。而工业化生产的过程就是不断地消耗低熵和生产高熵废弃物，按照热力学定律，物质和能量只能被转换，而不能被创造，在纯物理的意义上，经济过程仅仅是把自然资源（低熵）转换为废弃物（高熵）的过程，是一个利用低熵产出高熵的过程，经济效率的本质是低熵使用的效率。而任何技术都要用物质去获取和利用能量，并以此去消耗更多的物质，不能回收利用的能量和不能百分之百回收的物质只可能给人类造成废热污染，由于生命过程和气候都是由温度调节的，其后果必然是灾难性的。也正因如此，稳态经济就成为唯一可行的选择。

按照稳态经济观，只有低消费、低生产和低人口增长率的经济才是可持续和可接受的。罗根就此提出了8点具体建议，即彻底禁止武器生产；将生产能力用在建设性目的上；资助不发达国家；控制人口增长使之处在有机农业的可维持水平上；避免能源浪费；放弃奢侈品生产，摒弃时尚；使商品耐用；重新平衡休闲与工作时间。② 但在20

---

① 〔美〕赫尔曼·E. 戴利等：《珍惜地球——经济学、生态学、伦理学》，马杰等译，商务印书馆，2001，第 301～302 页。

② Georgescu-Roegen, N., *Energy and Economic Myths* (Permagon Press, 1976).

世纪 70 年代初，稳态经济观及其政策建议，无论是对于还处在"黄金三十年"余温中的西方发达国家，还是对于迫切希望通过工业化实现赶超的新兴经济体，显然都是不可接受的，稳态经济普遍被视为一种乌托邦式的幻想。尽管如此，罗根等人将经济社会系统和自然环境系统视为一个整体巨系统的思路，一反长期以来西方社会科学界的自然—社会二分法，成为后期环境与可持续发展理论分析生态问题的出发点。

在英国苏赛克斯大学科学政策研究中心（Science Policy Research Unit，SPRU）1973 年出版的《思考未来：对"增长的极限"的批判》一书中，以弗里曼为代表的学者们首先否定了稳态经济理论。在弗里曼等人看来，不加遏制地浪费资源的确将是灾难性的，但问题不在于停止增长，而是调整增长的方向，稳态经济的倡议对发展中国家不负责任。1992 年，弗里曼又进一步提出了绿色技术–经济范式（Green Techno–Economic Paradigm）这一概念①，认为信息通信技术革命使经济增长和环境保护两者可以兼容，其原因在于，第四次技术革命浪潮的大规模生产和大规模消费建立在廉价能源和材料的基础上；但信息通信技术改变了传统技术–经济范式的关键特征，灵活的生产模式可以实现能源和材料的节约，在信息通信技术条件下，浪费不仅是可以避免的，甚至对浪费的遏制本身也可以成为新的财富来源。而要实现这种绿色和增长的兼容，关键在于重新定位 R&D 体系，改变旧的技术–经济范式导向下的创新，将其引导到新的技术–经济范式的轨迹上来。

2014 年，佩蕾丝又在弗里曼的基础上进一步提出了智能绿色增长的概念②，并将其定义为"增加无形资产在国内生产总值和生活方式

① Freeman, C. (ed.), "A Green Techno Economic Paradigm for the World Economy", in *The Economics of Hope: Essays on Technical Change, Economic Growth and the Environment* (Pinter Publishers, 1992).
② "Second Machine Age or Fifth Technological Revolution? Different Interpretations Lead to Different Recommendations", Reflections on Erik Brynjolfsson and Andrew McAfee's book The Second Machine Age, http://www.carlotaperez.org/.

中的比重，同时将全球变暖的威胁和资源限制转化为新的消费和生产模式的机会"。相较于弗里曼仅基于信息化技术的绿色技术－经济范式，佩蕾丝更为详细地论证了 3D 打印、纳米材料和以人工智能、大数据、物联网等为代表的新一代数字技术的发展对智能绿色增长的重要意义，认为随着第六次技术浪潮的逐步展开，尤其是智能化生产技术和清洁能源技术的进步，经济有可能实现去物质化（dematerialization）。在佩蕾丝看来，智能绿色增长必将带来又一次类似"黄金三十年"的长期增长，环保的生产和消费模式可以同时拯救地球、恢复发达国家的就业和促进全球全面发展。

如果说罗根等人的稳态经济只是一个美好的愿望的话，弗里曼的绿色技术－经济范式和佩蕾丝的智能绿色增长则更多地建立在对新一代技术革命的技术－经济特征判断的基础上。从经济的角度而言，绿色和增长的兼容，源于新技术的绿色创造效应和绿色修复效应。所谓绿色创造效应，即新技术本身可以创造出新的绿色经济领域和经济形态，如生物材料、医疗保健、数字化娱乐和教育培训等产业，以及创意经济、共享经济等低能耗经济形态等；所谓绿色修复效应，即新一代技术可以通过对传统高能耗、污染型产业的升级改造或者对环境的修复，重塑部门分工，如新型建筑材料对传统建筑的升级替换等。绿色创造效应和绿色修复效应，不仅可以创造出新的产业部门，从而带来就业和产出的增长，而且可以实现新的使用价值类型的扩展。简言之，不仅绿色的存在就是财富本身，而且围绕着绿色存在而开展的一系列修复、维护和分享等活动本身也是财富创造的过程。

从技术的角度而言，智能绿色增长之所以可行，是因为新一代数字经济改变了罗根等人所认识的稳态经济的基本前提。第一，稳态经济建立在低熵稀缺这一核心假设基础上，而低熵稀缺源于罗根时代人类捕获、固定和再分配低熵流量的技术能力严重不足，且成本较高，但随着材料科学和能源领域的不断进步，人类已经可以以新的、廉价的低熵流量捕获、固定和分配方式提供能源。2010 年，风能和太阳能仅占全球发电量的 4%，而到 2019 年，这一比重增加到了 18% 左右，2010 ~ 2019 年，太阳能光伏发电平均成本下降了 81%，陆上风能成本下降了 46%，海上风能成本下降了 44%。[①] 第二，稳态经济以福特主义时期的大规模生产和大规模消费为转型起点，在这一体系基础上，实现从大规模工业生产的发展模式到以文化、娱乐和创意生活为主的"重新平衡休闲与工作时间"的服务型经济的转变，需要同时解决就业上的工业"压缩"和服务"膨胀"，但在罗根时代，这种技术条件并不具备。而信息通信技术的发展带来的制造业服务化（servicification of manufacturing），正是制造环节的压缩和生产性服务业膨胀的典型表现，"重新平衡休闲与工作时间"正在成为现实。

简言之，从罗根等人近乎乌托邦的稳态经济观，到佩蕾丝等人的智能绿色增长构想，关键在于技术进步在供给侧所取得的革命性进展。数字经济在使产品设计和生产精度日益提高的同时，改变了福特主义的生产流程和供应链模式，从而减少了能源和材料的使用；清洁能源技术的发展不仅降低了能源的生产成本，也通过能源的智能化分配实现了能源使用过程的经济化；新的经济组织形态，如平台经济、共享经济与租赁和合作经济等，使闲置资源得以充分利用；基于大数据和物联网技术的智能制造体系将改变传统工业时代的大规模生产和大规模消费，取而代之的将是更为灵活和更具耐用性的多元化生产和个性化消费。所有这些变化，都使"绿色"与"增长"双重目标的兼容成为可能。

第二节 生活方式变革：智能绿色发展的 需求侧力量

基于智能制造和清洁能源等相关领域的技术进步，相当一部分学

[①] Global Trends in Renewable Energy Investment, Frankfurt School-UNEP Centre/BNEF, 2019, http://www.fs-unep-centre.org.

者，尤其是以佩蕾丝和马修斯为代表的新熊彼特主义者对智能绿色增长的前景充满自信。马修斯认为，继第五代以信息通信技术为基础的技术－经济范式之后，第六代技术－经济范式必然以清洁能源（renewable energies，REs）为基础。早在 2013 年，马修斯就预测，按照一种新的技术－经济范式导入期必有金融泡沫这一规律，2015 年至 2020 年会出现一次可再生能源的投机性金融泡沫的破裂，而之后就会迎来一个生产资本而非金融资本主导的可持续发展的时期。

马修斯的判断基于两点理由。第一，清洁能源的发展轨迹符合关键投入的全部特征——相对成本快速下降、供应近乎无限和巨大的应用潜力①，因此清洁能源将与历史上的芯片、石油等关键投入一样，构成引爆新一轮技术革命浪潮的关键因素。而 2010 年之后，风能等清洁能源的价格急剧下降，从而具备了替换旧的能源体系的可能性。第二，以信息通信技术为代表的第五代技术－经济范式与第四代以石油、钢铁为代表的技术－经济范式之间存在着明显的冲突，基于化石燃料（石油、天然气、煤炭）的大规模工业经济向以信息和数据为关键投入要素的数字经济转型，存在强大的工业惯性和"碳锁定"力量的阻碍。但以清洁能源、纳米材料和人工智能为代表的第六代技术－经济范式与第五代技术－经济范式之间不存在冲突，前者是后者的拓展和深度应用，属于里夫金"通信＋能源"模式的新组合，其典型代表就是信息通信技术在绿色生产和智能电网中的应用。

从兼顾绿色和增长双重目标而言，马修斯的预判显然过于乐观了一些。一方面，经济"绿色化"仍然任重道远，尽管清洁能源技术在飞速发展，《2019 年全球可再生能源投资趋势报告》显示②，2010～

---

① 弗里曼和佩蕾丝认为，"关键生产要素"是技术－经济范式中的"一个特定投入或一组投入"，它可能表现为某种重要的资源或工业制成品，决定着技术－经济范式的特征并成为划分不同类型的技术－经济范式的依据。"关键生产要素"需满足三个条件：使生产成本具有明显下降的能力，在很长时期内有无限供应能力，广泛被应用和易于扩散的能力。

② "Global Trends in Renewable Energy Investment 2019", 2019, http://www.fs-unep-centre.org.

2019 年，全球新增燃煤电厂仍超过 500 千兆瓦，推高了整个电力系统的碳排放量。而要实现《巴黎协定》将 21 世纪全球平均气温上升幅度控制在 2 摄氏度以内这一目标，到 2050 年还需要减排 80% 以上（与 2010 年的水平相比），能源转型不可能短期实现①。另一方面，尽管绿色领域投资、生态产业规模在不断增长，但新部门的增长并未带来从 GDP 到劳动生产率的系统性高增长。以美国为例，尽管 2010 年以来美国在清洁能源领域和人工智能领域的投资持续增长，但美国实际国内生产总值的增长率仍然从 1970~2006 年的 3.17% 降至 2007~2016 年的 1.35%。② 这意味着，虽然绿色经济部门本身在快速增长，但在创造性破坏的过程中，作为新引擎的智能绿色部门的"净创造效应"还不够强劲。

要释放智能绿色技术的潜在增长效能，使其从潜在的产出变成现实的增长绩效，还需要来自需求侧，尤其是生活方式变革的拉动。生活方式变革所释放出的需求力量与新的技术革命浪潮所内蕴的供给潜能结合，才会形成新熊彼特学派所称的"发展的巨浪"（great surges of development）。第一次工业革命的蒸汽机和煤铁时代，所对应的是围绕城市建设而展开的维多利亚式生活方式，城市化构成的巨大需求对应了这一时期的工业产出——大量廉价且耐用的纺织用品和建筑材料；第二次工业革命的电气化时代，即以集中分布式电力能源、钢铁和重型工程为代表的第三次技术革命浪潮，形成了欧洲的美好时代（Belle Époque）与美国的进步时代（Progressive Era），这一时期的生活方式重新定义了维多利亚时期的风格，"巨型"——从建筑到轮船——成为钢铁和机械制品的需求特征，凡勃仑的炫耀性消费正是对这一时期的典型写照；而在以石油和汽车为代表的第四次技术革命浪潮中，郊区化

---

① Antal, M., Van den, Bergh, J. C. J. M., "Green Growth and Climate Change: Conceptual and Empirical Considerations", *Climate Policy*, 2016, 16 (2): 165 – 177.

② Gordon, R. J., "Why Has Economic Growth Slowed When Innovation Appears to Be Accelerating?", NBER Working Papers, No. 24554, 2018.

运动和以舒适度为导向的"美国生活方式"则成为新的潮流，这种生活方式不仅与大规模、标准化制造的福特主义相对应，也使第二次世界大战后的"黄金三十年"形成了资本主义发展历史上独一无二的"基于大规模群众消费的积累模式"。

生活方式的变革之所以如此重要，在于它是技术－经济范式变迁过程中新部门创造（creation of new sectors）的催化剂。按照厄尔的定义，生活方式是一个由相关资产和经济活动选择组成的系统，这些资产和活动的选择受消费者感知世界的认知系统所约束。[1] 生活方式涵盖了收入约束下广泛的资产形式与消费活动的选择组合，是一个认知导向下经济选择的网络化、结构化、可拓展的体系，生活方式的变革意味着这一体系的更替，在体系更替中，就会产生一系列对应的新的效用类型，由此带来不同的需求组合。产品和服务供给一旦和生活方式的变革相对应，就意味着生产和服务供给从规模到结构的系统性变化。生活方式的变革越是彻底，新的效用类型也就越广泛，对应的新部门创生效应和经济的结构性变迁也就越强烈，净创造效应以及增长效能也就越强劲。

通过基于效用类型扩展的新部门创造，生活方式变革与技术革命两者分别从需求侧和供给侧形成了一种自强化的协同作用。生活方式通过需求拉动、偏好显示和诱导，对提高产业部门生产率、诱导产业分工，起着重要的作用。每一次新技术革命初期，新技术都提供了一系列新的生活必需品和服务，它们最初只是以独特的利基市场（niche market）的形式出现，但这些初始的、带有实验性的利基市场却是生活方式变革的关键。当随着生活方式变革的范围逐步扩大，巨大的需求就会带来规模经济，使新产品和服务的价格良性下降，从而推动新的技术－经济范式逐步取代旧的技术－经济范式。而在生活方式变革，尤其是在消费者选择集合系统性转换的过程中，企业又能通过对市场

---

① Earl, P. E., "Lifestyle Changes and the Lifestyle Selection Process", *Journal of Bioeconomics*, 2017, 19（1）: 97–114.

机会的感知，规划新技术的发展方向，从而对应满足不同消费需求的部门被"裂变"出来，分工裂变又进一步产生产业间和产业内的协同效应。因此，技术创新和生活方式变革的协同过程，就是一次技术革命及其范式在整个经济中得以传播的过程，这一过程"不仅在生产、分配、交换和消费方面产生结构性变化，而且也在社会中产生了深刻的质的变化"[1]。

生活方式的变革所带来的新部门创造，集中体现在引致部门（in-duced Branches）的催生作用上。在新熊彼特学派的理论体系中，新的技术－经济范式对应着三种不同的部门：生产关键生产要素的动力部门（motive branches）、使用关键生产要素的支柱部门（carrier bran-ches）和围绕着支柱部门和动力部门而展开的引致部门（induced bran-ches）。真正的新技术载体，一般是动力部门和支柱部门，如石油、电力、汽车和铁路等。这些部门具有陡峭的学习曲线，具备强大的生产率溢出效应。但吸纳就业最为广泛的则是引致部门。"新产业不是实现大多数就业的关键"[2]，尽管它们负责提高生产率，并根据新的服务需求创造了大量的新工作。以郊区化运动和美国生活方式为例，汽车一旦成为生活必需品，引发的产品创新就不仅仅局限于汽车产业本身，加油站、汽车维修、保险和交通电台就会成为相应的引致部门。引致部门的扩张不仅为技术革命浪潮提供了产业协同的力量，更为重要的是，它也是吸纳就业、减缓新技术革命破坏效应的缓冲器。在每一次发展的巨浪中，尽管技术革命所对应的标志性技术、产品和部门都相对有限，但其对应的使用价值类型，以及对应的引致部门却可以极大拓展，而这种拓展，根植于生活方式的变革。

因此，从生活方式的角度而言，绿色或绿色增长就不只是指用可

---

① 〔英〕卡萝塔·佩蕾丝：《技术革命与金融资本》，田方萌译，中国人民大学出版社，2007，第25页。

② Perez, C. and Leach T. M., "A Smart Green 'European Way of Life': the Path for Growth, Jobs and Wellbeing", http://beyondthetechrevolution.com/wp-content/uploads/2014/10/BT-TR_WP_2018-1.pdf.

再生能源替代化石燃料，或者开发更环保的产品，"绿色成为普遍形态"也并不局限于能源行业或少数经济领域。智能绿色增长是从生产体系到消费模式的系统性转换，它不仅意味着生产方式的变革，而且包括生活方式和消费模式的重大转变，而这种转变相应地带来了从材料、能源到产品设计以及生活性服务业内容和方式的根本转变。易言之，生活方式的绿色化一方面能够为生产方式绿色化提供持续的需求基础，从需求侧倒逼产业结构的绿色化发展；另一方面，生活方式的绿色化也能真实有效地降低对环境的污染和对能源、材料的消耗。生活方式的变革对于促进智能绿色增长，实现"绿色成为普遍形态"，具有极为重要的需求侧拉动意义。

第三节　社会－政治范式变革：智能绿色增长的制度保障

尽管新一代数字技术，以及第五次技术革命浪潮所留下的遗产——从基础设施到经济结构的转型，都有助于实现智能绿色增长，绿色生活方式的变革对智能绿色增长的促进作用也显而易见，但无论是生产方式的转变，还是生活方式的变革，都不可能一蹴而就。生产方式的转变，不仅需要彰显智能绿色生产的成本优势，还需要克服传统生产方式的碳锁定和利益集团的阻碍，更需要重新调整研发方向；而生活方式的转变本质上是一场观念革命，作为一个网络化的选择系统，它涉及无数行为主体的偏好重塑，是一个漫长的过程。正如伦德瓦尔指出的那样，任何技术－经济范式都不可能孤立发挥作用，要发挥既有技术－经济范式的潜力，需要的是一种新的社会－政治范式（socio-political paradigm）。

伦德瓦尔并未对社会－政治范式进行精确的定义，他只是强调技术革命浪潮的效能释放受到社会结构、社会政治观念、治理形式、政治制度和相关政策的影响，这种影响甚至是决定性的。在社会－政治范式的外延中，伦德瓦尔尤其强调治理，他写道："政治和新的治理形式对于最终的、持续的经济增长来说，比经济和技术更重要。对于我这样一个终生从事创新经济学研究的人来说，这个结论似乎不合适，甚至令人惊讶。"[1] 在伦德瓦尔看来，社会－政治范式是否有利于技术－经济范式的形成与展开，在于能否在最大限度释放新技术的经济效能的同时，也实现技术进步红利的"共享"。作为技术－经济范式的对应概念，我们可以将社会－政治范式概念理解为"一个最佳惯行做法的治理模式，它由一套普遍的、通用的社会政治观念和政策原则所构成，它决定和影响着一场特定的技术革命得以运用的最有效方式"。

第二次工业革命时期，美国从"镀金时代"到"进步时代"的转型过程，就是一次典型的社会－政治范式的重构过程。从国家治理体系到社会价值观的改变，不仅为"进步时代"，也为战后"黄金三十年"奠定了坚实的制度基础。"镀金时代"的极端利己主义、个人主义和大市场、小政府导向，不仅使贫富差距不断拉大、社会矛盾极化，也使政府公共支出严重缩减。相对于第二次工业革命的技术－经济范式而言，这种社会－政治范式只会更快地导致生产过剩的矛盾，而无法起到继续释放技术潜能和引导社会经济稳定发展的效果。而"进步时代"不仅是一个国家制度建构的时代，也是一个社会阶层力量调整和社会价值观重塑的过程，美国现代国家治理体系的形成与构建，包括预算制度、个人所得税和公司所得税等一系列财政制度的改革，工会组织和集体谈判制度包括消费主义文化的盛行，本质上是一种适应特定技术－经济范式的社会－政治范式调整。

单纯从生产方式的变革而言，佩蕾丝对智能绿色增长的前景判断是正确的。第五次技术革命浪潮与第六次技术革命浪潮的冲突，的确要弱于第四次技术革命浪潮与第五次技术革命浪潮之间的矛盾。在从

---

[1] Lundvall, B. A., "Is There a Technological Fix for the Current Global Stagnation? A Response to Daniele Archibugi, Blade Runner economics: Will Innovation Lead the Economic Recovery?", *Research Policy*, 2017, 46 (3): 544－549.

基于化石能源的大规模工业制造经济体系到以数据、信息为基础的去物质化（dematerialization）经济体系的转变过程中，第五次技术革命浪潮已经提供了一次缓冲。从技术特征上而言，第六次技术革命浪潮是缓冲之后的发展，是第五次技术革命浪潮的升级和延伸，其升级主要体现为从机－机互联网到万物互联的物联网，从生产的信息化、数据化到数据生产的实体化和智能化，即从数字经济 1.0 到数字经济 2.0；其延伸主要体现为技术革命从信息通信技术延伸到新能源和新材料领域，从而具备了里夫金的完整工业革命的全部特征，具有更强的产业裂变和协同效应。①

但是，正如马修斯很早就指出的那样，第五次技术革命浪潮留下了一个坏遗产——金融化②，而这正是遏制生产方式变革的主要障碍。第五次技术革命浪潮的时代红利首先体现在金融业，因为信息通信技术更适用于开发和交易一些复杂的金融产品，这些金融产品更具流动性的同时也更易于逃避监管，由此才兴起了"金融科技"这个行业。按照马伦和哈维等左翼学者的观点，是华尔街使信息通信技术获得了快速的发展，而不是相反。从技术进步的偏向性而言，信息通信技术不仅是偏资本的，而且更偏向于金融资本。信息通信技术使金融业的交易成本、交易效率和交易对象发生了根本性的变革，借助金融产品的变化，金融业也更易于去监管化。20 世纪 80 年代以来，金融业和信息通信技术在自由化政策导向下的协同发展，强化了整个经济生活的金融化——从企业金融化到个人日常生活的金融化，其结果之一就是诱导经济剩余趋向于非生产性活动，阻碍了技术革命浪潮潜在生产效率的进一步释放。事实上，经过第五次技术革命浪潮的强化，金融

---

① 美国学者杰里米·里夫金在《第三次工业革命》中指出，"通信革命和能源革命的结合"是历次工业革命爆发的标志或原因。在里夫金看来，能源和通信的组合变化，构成了工业革命不断展开和深入的标志，新能源的出现让复杂的文明社会成为可能，通过劳动分工整合成大的经济体，这同时对新的通信方式提出了要求，通信革命又可以用来组织和管理新能源革命。第三次工业革命的关键是"互联网＋能源"。

② Mathews, J. A., "The Renewable Energies Technology Surge: A New Techno-economic Paradigm in the Making?", *Futures*, 2013, 46（2）: 10-22.

业已经习惯了短期的赌场模式，相当一部分发达国家已经出现了利润率与投资率背离的怪象。科茨的研究表明，20 世纪 80 年代之后，美国利润率和积累率之间逐渐脱钩，利润率不再决定积累率，这一特征在 2008 年之后表现得更为明显，美国私人企业利润率在 2009 年后反弹至长期高点，但积累率和经济增长率一直呈下降趋势。①

生活方式的变革同样面临着诸多困难。第一，生活方式是一个系统性组合，这种系统性决定了生活方式缺乏灵活性，所以个人生活方式才具有个性化特征。而生活方式的变革必须完成系统性的观念变革，"消费模式的巨大转变不能基于内疚、恐惧或自我否定，而只能是基于欲望和渴望"。② 这种偏好体系的变化意味着生活方式的变革本身就是一个渐进的、波动的过程。第二，生活方式的变革具有从上到下的示范效应，它首先源于社会顶层或少数群体，其扩散遵从由上至下的方向。但是，在从维多利亚生活方式向"进步时代"生活方式以及美国生活方式的变迁中，一种新的生活方式从上到下的扩散过程，本质上仍然是一个拥有和使用财富的数量和种类不断增长的过程。它们之所以能最终完成从上到下的扩散，并最终能成为一个社会的生活方式，是由于劳动生产率的不断提高降低了商品和服务的价格，使新的生活方式可普及。但智能绿色增长对应的生活方式与之前任何一种生活方式都有本质的不同，它要求的不是占有，而是获得、参与和创造，"智能绿色生活注重健康、营养、锻炼、创造力、体验、参与和获取（共享或租赁），而不是拥有"。③ 因此，这一生活方式变迁对应的是从生存需要、享受需要到发展需要的升级，在一个绿色成为普遍形态的生活方式中，绿色作为一种社会共同需要，具有不可分割性和一致性

---

① David, M. K., "Social Structure of Accumulation Theory, Marxist Theory, and System Transformation", *Review of Radical Political Economics*, 2017, 49 (4): 534 – 542.

② Geels, F. W., "Technological Transitions as Evolutionary Reconfiguration Processes: A Multi-Level Perspective and a Case-Study", *Research Policy*, 2002, 31 (8/9): 1257 – 127.

③ "Second Machine Age or Fifth Technological Revolution? Different Interpretations Lead to Different Recommendations", Reflections on Erik Brynjolfsson and Andrew McAfee's book The Second Machine Age, http://www.carlotaperez.org/.

特征，但这一社会共同需要的满足，同时又需要无数社会个体将其具有差异性与分散性特征的个人需求完成聚焦。①

　　生产方式和生活方式转变的障碍，只有通过社会－政治范式的重构才能得以克服。社会－政治范式的重构并不仅仅局限于经济政策，而是从社会治理到政治观念的变迁。正如战后"黄金三十年"的积累体制并不仅限于税收政策和竞争政策一样，包容性的社会妥协、相对平等的收入分配体系、基于生产率增长的工资指数化、对接近充分就业的政治承诺以及对消费主义文化的大力宣传，同样对"基于大规模群众消费的积累模式"的形成具有基础性的作用。由于智能绿色增长所要求的生产方式和生活方式是将"节约""去物质化"转化为增长，将占有（possession）转换为获得（access），这与之前任何一次技术革命浪潮时期的生产方式和生活方式在观念和发展模式上都有着本质的差异，因此，社会－政治范式的重构也更为复杂和艰难。

　　从适应和促进智能绿色增长的角度而言，当前的社会－政治范式仍存在诸多有待改进的地方，具体如下。

　　第一，当前的社会－政治范式仍然主要集中于经济激励，对社会－政治范式的其他方面重视不足，如声誉激励机制、社会规范和多中心社会治理等。事实上，大量行为与实验经济学的研究都已经表明，无论是绿色生产还是绿色生活，绿色本身具有很强的利他主义性质，而货币激励是基于传统经济学的利己假设，因此其绿色激励效果远不如道德约束、声誉租金等方式。由于绿色行为本身所带来的身份效用具有更强的内在激励效果，在社会规范、共同体意识能对身份进行更强的声誉租金"赋予"效果的社会环境中，行为主体具有一种更强的亲环境自我意识，为了将精神不适降到最低，会自发寻求更符合其绿色身份的生产和生活方式。因此，通过多中心治理模式的建构、通过打造环境共同体来形成身份约束，以及利用行为经济学的选择架构

---

　　① 关于个人需要和社会需要的特征分析，可参见胡乐明：《生活需要的政治经济学分析》，《马克思主义研究》2019 年第 11 期，第 56~68 页。

（choice architecture）去诱导行为主体产生实质性环境行动主义行为，远比货币激励和信息提供等传统激励方式更为有效。

第二，当前的经济激励以税收激励为主，但这种传统的激励方式对于绿色增长而言存在双重偏差。首先，由于缺乏社会治理和社会监督的协同，以及政府与企业之间的信息不对称和技术的不确定性因素等多种原因，税收激励下的技术驱动有可能形成未经证实的"负排放技术"的大规模应用，即一种看起来有助于减排、循环的绿色技术可能带来长期不可预测的降解风险，或者形成"本地减排、异地增排"的局面，给未来的绿色发展带来巨大的经济和环境成本。其次，由于绿色经济的特殊性，传统经济激励的领域和方式应有所改变，一是要使绿色增长摆脱金融化的负面影响，使投资和创新集中于长期生产性活动，政府有责任调整金融方向并为绿色的供给侧和需求侧协同创造条件；二是税收和研发的指向性要有所改变，佩蕾丝提议，应当"取消"传统的增值税，而对能源、材料和运输环节征税，而马祖卡托则认为，通过税收政策来激励创新和投资的力度有限，政府应当通过开发银行直接提供资金来启动绿色项目，并加大政府 R&D 投资的力度。[①]

第三，在生活方式的引导方面，忽视了绿色的普惠性要求，缺乏对应的社会政策支撑。以极简、健康和精神生活为内容的新生活方式仍然属于昂贵的精英主义生活方式，绿色与增长之间存在着社会阶层的不对称。隐藏在共享、租赁和本地化生产等绿色经济形态背后的，是零工经济、数字涡轮主义和日益恶化的工作环境。在某种意义上，这意味着更少人的绿色生活建立在更多人的生存状态恶化基础之上，

---

① Perez, C., Leach, T. M., "A Smart Green 'European Way of Life': The Path for Growth, Jobs and Wellbeing", 2018, http://beyondthetechrevolution.com/wp-content/uploads/2014/10/BTTR_WP_2018 - 1.pdf; Mazzucato, M., "Directorate General for Research and Innovation, European Commission' Missionoriented Research & Innovation in the European Union: A Problem Solving Approach to Fuel Innovationled Growth", 2018, https://op.europa.eu/en/publication-detail/ - /publication/5b2811d1 - 16bE - 11e8 - 9253 - 01aa75ed71a1/languagE-en.

而缺乏普惠性的收入和就业增长，绿色不仅不能成为普遍形态，而且也会对增长产生负面作用，影响其可持续性，同时还会导致绿色财富的"极化"，形成另一种新的不平等。事实上，大量实证研究表明，可支配收入更高的人被认为更有能力也更有可能关心环境，国民收入水平与环保贡献的可能性之间存在正相关关系。但家庭层面的能源使用实证调查却显示，排放量实际上随着收入的增加而增加，收入增加实际上促进了更多对环境有害的行为，绿色的"态度"和"行为"之间存在着反向背离。"绿色"和"棕色"消费者的生态足迹几乎是一样的。①

第四，当前的社会 – 政治范式构建仍然缺乏有效的全球性制衡机制。一方面，不仅发达国家和发展中国家在排放和环保方面承担着与之财富、能力和历史责任不对称的责任；另一方面，大量实证研究仍然表明，全球贸易、能源和排放强度趋势仍然支持污染避难所假说（hypothesis of pollution haven）。由于发展中国家仍然追求以工作换取排放的长期战略，环境负担始终在从发达国家转移到发展中国家，并且发达国家和发展中国家之间排放强度的不对称性仍在加剧。从《京都议定书》到坎昆会议和《巴黎协定》，围绕着绿色发展的全球性责权利分配和目标、措施之间的困局始终存在。《巴黎协定》作为人类应对气候变化的历史性一步，一经签订就引发了争议，不仅温度控制目标和表述方式备受指责，而且普遍认为，《巴黎协定》"没有行动，只有承诺"，是一种"建设性模糊"。②

第四节　智能绿色增长与中国高质量发展

中国为实现绿色发展做出了巨大的努力。近 20 年来，我国新增植

---

① 关于这方面的研究可参见 Lo，A. Y.，"National Income and Environmental Concern：Observations from 35 Countries"，*Public Underst*，2016，25（7）：873 – 890。

② Schellnhuber，H. J.，Rahmstorf，S. and Winkelmann，R.，"Why the Right Climate Target was Agreed in Paris"，*Nature Climate Change*，2016，6（7）：649 – 653。

被覆盖面积约占全球新增总量的25%，居全球首位。① 2019年各类自然保护地面积占陆域国土面积的18%，提前实现了联合国《生物多样性公约》提出的到2020年保护地面积达到17%的目标。②《2019年全球可再生能源投资趋势报告》显示，2010～2019年世界清洁能源产能投资达到2.6万亿美元，而中国是最大的投资国。2010年初到2019年年中，中国投资7580亿美元，超过整个欧洲的投资（6980亿美元）和美国的投资（3560亿美元）。2017年，中国提前三年完成了相关气候目标，中国单位国内生产总值二氧化碳排放比2005年下降约46%，已超过2020年碳强度下降40%至45%的目标。③ 第73届联合国大会主席埃斯皮诺萨指出，在推动绿色经济发展、创造就业机会方面，中国走在世界的前列④。

中国的绿色发展，尤其是近年来所取得的巨大成就，建立在法律制度保障和相关政策规定的基础上。2015年1月1日实施的《中华人民共和国环境保护法》，引入了按日连续罚款、查封扣押、限产停产、行政拘留、公益诉讼等措施，被称为"史上最严"的环境保护法。同年又出台了《生态文明体制改革总体方案》，成为绿色发展的里程碑。2017年，党的十九大首次将"必须树立和践行绿水青山就是金山银山的理念"写入了党的报告。党的十九届四中全会以来，对绿色生活方式、绿色生产和消费方式的政策支持力度明显加大，继2019年11月国家发展改革委印发《绿色生活创建行动总体方案》之后，2020年3月，国家发改委又和司法部联合印发了《关于加快建立绿色生产和消费法规政策体系的意见》，明确提出，到2025年，进一步健全绿色生产和消费

---

① 《中国近20年来新增植被覆盖面积居全球首位》，人民资讯百家号，2021年10月5日，https://baijiahao.baidu.com/s? id=1712784087950829162&wfr=spider&for=pc。
② 《自然保护地占我国陆域国土面积18%》，中华人民共和国自然资源部网站，2021年10月4日，https://www.mnr.gov.cn/dt/mtsy/202110/t20211004_2683491.html。
③ 高敬：《回顾70年中国生态环境保护成效》，中新网，2019年9月29日，http://www.chinanews.com/gn/2019/09-29/8968917.shtml。
④ 《中国减排成就举世瞩目》，人民网，2018年12月5日，http://env.people.com.cn/GB/n1/2018/1205/c1010-30443521.html。

相关的法规、标准、政策，基本建立激励约束到位的制度框架。

但是，作为世界上人口最多、资源较为贫乏的发展中大国，中国在实现"绿色成为普遍形态"这一目标上还有漫长而艰难的道路要走。目前，中国仍然是世界上最大的碳排放国家，尽管人均碳排放远低于世界发达国家水平。2019 年能源生产结构中，原煤占比仍高达68.8%，原油占比 6.9%，天然气占比 5.9%，水电、核电、风电等占比 18.4%。[①] 在生产方式和生活方式的变革上，中国面临着比其他国家更大的难度和挑战。在生产方式的变革上，我们要实现世界上最大规模的制造业的智能绿色转型，面临着更大的碳锁定强度；在生活方式的变革上，我们要实现一个人均 GDP 和人均 GNI 都刚刚超过 1 万美元且地区、城乡差距较大的十四亿人的生活方式的绿色化转变，面临着更大的观念阻力和调整压力。但辩证地看，这种巨大的挑战又是一种机遇：作为工业门类最为齐全的国家，无论是从绿色创造效应还是绿色修复效应而言，都具有更强的产业协同基础；作为最大的发展中国家，生活方式转变所释放出的巨大需求，对智能绿色增长的实现又具有巨大的拉动力量。尤其是，在一个始终以人民为中心的执政党的领导下，实现智能绿色增长有着根本性的制度保障。

在生产方式的变革上，重点在于抓住习近平总书记所指出的"制造业高质量发展"这一着力点。在智能绿色增长导向下，制造业的高质量发展集中体现在两个方面。第一，智能绿色制造（green smart manufacturing）。智能绿色制造既是生产目的指向的绿色化，又是生产过程的智能化，其实现不仅依赖清洁能源、新型材料和人工智能、工业互联网等新一代数字技术的协同发展，更依赖发展观念的深刻转变。第二，与现代服务业的深度融合。制造业服务化（servicification of manufacturing）是先进制造业和现代服务业深度融合的新业态，也是制造业去物质化的必由之路。通过发展先进制造业，推动互联网、大

---

① 《中国能源大数据报告（2020）——能源综合篇》，中国产业经济信息网，2020 年 5 月 21 日，http://www.cinic.org.cn/sj/sdxz/shengchanny/817661.html。

数据、人工智能和实体经济深度融合，在"绿色＋智能"领域培育新增长点、形成新动能，为绿色智能增长提供动力保障。

在生活方式的变革上，要把"绿水青山就是金山银山"的绿色财富观与"很好满足人民日益增长的美好生活需要"这一发展理念有机地结合起来。在具体措施上，一方面需要通过供给侧的改革，改变消费者的可选择集合，如绿色出行、绿色建筑等；另一方面有必要通过营造社会的绿色氛围，如绿色家庭、绿色学校、绿色社区等，改变共同体的绿色意识和环境观念，使绿色选择成为一种自我激励、自我驱动的行为方式，通过外在选择集合的约束和内在自我激励机制的共同作用，推动绿色消费，促进绿色发展。

第七章　数实融合：关键节点与化解之道

继党的十九大提出"推动互联网、大数据、人工智能和实体经济深度融合"以及党的十九届四中全会提出将数据作为一种新的生产要素等重要论断之后，党的十九届五中全会明确提出，推进数字产业化和产业数字化，推动数字经济和实体经济深度融合。2021 年 3 月 13 日，新华社公布的《中华人民共和国国民经济和社会发展第十四个五年规划和 2035 年远景目标纲要》中，首次未设 GDP 增速目标，但特地新增了数字经济核心产业增加值占 GDP 的比重这一新指标，并规划 2025 年数字经济核心产业占比将由 2020 年的 7.9% 增加到 10%。党的二十大报告进一步指出，"建设现代化产业体系，坚持把发展经济的着力点放在实体经济上，推进新型工业化，加快建设制造强国、质量强国、航天强国、交通强国、网络强国、数字中国"。并在继党的十九届五中全会强调数字经济与实体经济深度融合（以下简称数实融合）之后，再次强调"打造具有国际竞争力的数字产业集群"，这是对数字经济与实体经济深度融合发展目标的明确。

数实融合之所以如此重要，是因为：第一，数实融合的本质是对现代化产业体系的重构，融合的深度、广度既是产业体系乃至经济体系"现代化"的标志，也是中国实现现代化这一目标的动力基础；第二，数字经济对我国传统产业的渗透作用还存在较大提升空间，"十四五"乃至今后较长一段时间内，数字经济和实体经济融合的深度是中国经济发展的主要内容；第三，对于超大型经济体生产方式的转型而言，数实融合蕴含了巨大的"需求引致创新"空间，对统筹安全与发展、解决关键领域的"卡脖子"问题、提升价值链地位、改善产业链供应链韧性与强度的意义不言而喻。

结合中国现代化进程分析，工业革命以来的机械化、电气化、摩托化和信息化在中国现代化进程的时间和空间上是叠加式、并联式的，数实融合是在叠加式、并联式发展基础上的进一步跃迁和提升，是重新赋予中国经济体系"现代化"特征的关键。数实融合本质上是生产方式重构的问题，关系现代化经济体系的发展质量。为此，需要在把握数实融合的内在机理、作用机制和影响因素的基础上，考察中国数字经济与实体经济融合的典型特征，尤其是不足与短板，进而结合中国数实融合的目的与实现途径，从安全、自主、可控方面明确中国数实融合的重点任务与应对措施。

第一节　数实融合与现代化经济体系构建

现代化的本质是工业化，但工业化在不同时期有不同的含义，与之对应的经济体系，如产业体系、市场体系等组成部分也存在明显差异。马克思指出，"各种经济时代的区别，不在于生产什么，而在于怎样生产，用什么劳动资料生产"。[1] 从技术 – 制度维度看，技术革命一直在不断定义现代化和现代化经济体系。2035 年中国要基本实现的现代化，必须是代表先进生产力的现代化，而数字技术革命作为当前以及未来很长一段时间内的生产力代表，必须也必然在中国的现代化经济体系中得到全面体现。

工业革命以来，技术革命、经济体系和现代化这三者各自的内涵一直在变迁，三者之间存在明显的映射关系，大量经济思想史和经济史的研究都从不同角度对这三者进行了分析，集中在工业史、长波、现代化理论等诸多领域。表 7 – 1 展示了 19 世纪以来生产组织方式、

---

[1] 《资本论》（第 1 卷），人民出版社，2004，第 210 页。

市场范围和能源体系的演变。21 世纪的企业组织形式正在从管理的有形之手转向平台的数字化之手，而且平台组织通过网络取代垂直层级制的企业，对应的现代化意义也发生了深刻的变革。

表 7-1　技术革命与经济变迁

门类	19 世纪	20 世纪	21 世纪
协调者	市场无形之手	有形管理之手	平台数字之手
组织形式	工厂	公司	平台
制度	市场	层级	网络
知识	人	有形物理资本	人力资本
地理	本地	民族国家	全球
经济理论	一般均衡	交易费用、制度经济学	双边市场、网络和复杂性理论、数字经济
动力	蒸汽	内燃机	芯片
能源	煤	石油	电力
转移	商品	人	信息

数据来源：Zoltan J. Acs, Abraham K. Song, László Szerb, David B. Audretsch, Éva Komlósi, "The Evolution of the Global Digital Platform Economy: 1971–2021", *Small Business Economics*, 2021.

　　数实融合是"十四五"时期我国做强做优做大数字经济的重要任务。数实融合作为直接的产业体系重构，对现代化经济体系有着重要的影响。从概念上而言，中国现代化经济体系可以归纳为：创新引领、协同发展的产业体系，统一开放、竞争有序的市场体系，体现效率、促进公平的收入分配体系，彰显优势、协调联动的城乡区域发展体系，资源节约、环境友好的绿色发展体系，多元平衡、安全高效的全面开放体系和充分发挥市场作用、更好发挥政府作用的经济体制（即"六个体系、一个体制"）。数实融合的含义则并不那么明确，众多学者也对数实融合给出了不同的定义，其中，较为系统的定义是"数实融合通过互联网、大数据、人工智能、云计算、物联网等数字技术在传统产业中的深度融合应用，激活数据要素潜能，促进数据、技术、场景深度融合，高效贯通生产、分配、流通、消费各个环节，推动农业、制造业、服务业等产业数字化，催生新产业新业态新模式"①。从约定俗成的含义上，"实体经济"更多是指传统产业，数字经济则是指数字技术推动下新的经济形态。数实融合既指数字产业化，也包含产业数字化，其目标是提高全要素生产率，赋能传统产业转型升级，同时培育新产业新业态新模式。易言之，数实融合等同于依托新的数字技术重构原有的生产体系，在"怎样生产，用什么劳动资料生产"的层次上定义经济活动的内涵。

数实融合、现代化经济体系都是含义丰富的"大词"。尤其是"现代化经济体系"，几乎涵盖了经济建设的方方面面，不容易把握。要使研究落到实处，除了抓住数字技术革命的关键要素之外，还需要对现代化经济体系有整体性和结构性的双重把握。习近平总书记强调，现代化经济体系是由社会经济活动各个环节、各个层面、各个领域的相互关系和内在联系构成的一个有机整体，"六个体系、一个体制"是统一整体，要一体建设、一体推进。

尽管现代化经济体系是一个复杂系统，但借助社会再生产理论，或组成现代化经济体系的"六个体系、一个体制"的相互关系，仍可在理论上清晰地呈现数实融合与中国现代化经济体系的相互影响。从系统性上看，数实融合下现代化经济体系的重构，其本质是数字技术影响下的社会再生产。只不过，除了生产、分配、交换和消费环节之外，中国现代化经济体系中还涵盖了空间、环境和制度的再生产，并将整个经济活动置于开放经济条件下（见表 7 - 2）。从组成部分看，数字技术革命影响经济体系不同组成部分的关键因素和作用机制并不一样。例如，在产业体系中，主要是体现为数字技术重构生产组织方式和业态，这可以在数字化转型、通用技术扩散的框架内找到答案，但在市场体系中，数字技术革命的影响主要在于改变了配置对象和配置机制，如数字要素市场、数字资产定价等。因此，数实融合对现代

---

① 欧阳日辉：《数实融合的理论机理、典型事实与政策建议》，《改革与战略》2022 年第5 期。

化经济体系的影响，涉及数字经济的基础理论、经济现代化、产业链、开放型经济体系、高标准市场体系、新发展格局等诸多方面。

表 7 – 2　社会再生产视角下的数字技术 – 经济体系

现代化经济体系	产业体系	市场体系	分配体系	区域发展	绿色发展	开放体系	经济体制
社会再生产环节	生产	交换、消费	分配	空间	物质转换	对外	制度集合
数字技术的主要影响	数字化转型，平台化的组织形态	要素与商品的形态变化、配置机制、交易方式和消费方式变化	新的生产方式、新型要素和组合方式下分配方式的变化，如零工、数据要素的分配	通过广泛连接，突破空间壁垒，降低交易成本	信息生产的单位低功耗、能源体系的更替与绿色再生产	影响制造业分工的模块化拆解程度，影响数字贸易、服务贸易的内容和形式	数字治理、数据资源配置、数字公共物品供给

　　普遍认为，数实融合的关键因素是数据，需要进一步讨论的问题是数据如何从资源转化为要素；作为关键要素的数据如何使"数""实"双边形成互激式增长，并通过规模经济和范围经济发挥正外部性；政府如何通过适宜的制度创新，明确数据产权属性，解决有效数据和基础设施的供给不足。就作用方式而言，"平台 + 数据"架构已经成为数实融合过程中主导性的组织形态，因此需要进一步讨论的问题主要是不同类型平台的作用机制和适用场景。相较之下，对数实融合内在动力的研究需要更进一步拓展，要促使数实融合大范围产生且形成稳定的新的生产方式，必须也只能是因为经济主体能获得足够的经济激励。一般认为，通用技术的扩散或新的技术 – 经济范式的形成主要借助两种不同的力量：一是企业通过主动引进通用技术来提高劳动生产率，优化企业绩效，使企业获得更高的竞争力；二是包括上下游产业、竞争企业和用户在内的经济环境的改变，使企业不得不尽可能纳入通用技术或遵从新的技术 – 经济范式，以有效嵌入新的技术体系中。这两种力量持续共同作用，最终改变了新技术发挥作用的微观基础，从而促进通用技术的扩散或新的技术 – 经济范式的形成。只不

过，这种"推-拉"机制的不足在于，它适用于解释任何一种新的技术-经济范式的型构与确立，但无法解释一种范式替代另一种范式时所具有的独特性和优越性，因为它仅仅提供了经济激励（诱导）层面的解释，而并未更进一步揭示导致这种经济激励的技术变迁因素。如果从连接和数据这两个主要的技术变迁领域看，从纳入"数据"和基于数据所创造的"连接"效果来考察，"数据"（标准体系、信用程度和监管水平）所产生的"连接"（速度、范围与基础设施水平）对"融合"的影响至关重要。由"数据"质量优化和格式标准化而导致的"连接"效能和范围的提升和扩展，构成传统解释中内推力和外拉力的底层逻辑。

还需要认识到的是，数字经济与实体经济的深度融合，是一个"你中有我、我中有你"的新结构形成过程，同时还涉及旧部门、旧模式的消灭，是一个路径、模式和业态多样性的发展过程，需要在技术和制度两个层次上考察生产组织形态和具体生产方式的变化，考察内、外多重因素对"融合"的影响。根据所掌握的文献资料，影响数字经济与实体经济融合的因素主要有：①时间因素，互补性创新（如技术匹配、技能升级等）需要时间；②企业能力因素；③技术浪潮的周期性。与之对应，改善"融合"环境，加快加深"融合"速度、深度和广度的措施也主要从如下几个方面入手：第一，提高产业协同度；第二，提高企业吸收能力；第三，竞争政策与创新政策的恰当组合。

在产业层次上，数实融合可以理解为部门协同。无论是从通用技术的扩散，还是从技术-经济范式生成与展开的视角看，在数字经济与实体经济深度融合过程中，都应当存在若干正反馈或互激式增长机制，这样数实融合才能通过需求引致创新、规模经济和范围经济等方式，不断拉低关键投入要素的成本，扩大支柱部门和动力部门的范围。从数字产业化内部看，这一协同机制的存在是较为清晰的，如数字产业内软件和硬件的互激式增长（安迪比尔定律）、数据量和数据基础设施之间的互激式增长（吉尔德定律）等。类似的机制也存在于数实融合过程中的"实"与"数"之间，无论是数据要素的形成、还是"平台＋数据""数据基础设施＋实体产业"的发展，均存在数据和连接之间的"互激式"依存关系。"实"部门被融，意味着产生更多的数据，并产生对"数"部门连接速度和连接范围的更高需求，而连接速度的提升和连接范围的扩展，又意味着可以接入更多数据、承载更多数据。不断深化的分工体系和不断扩展的市场规模，又导致数据产出和数据需求不断增加，而连接主体增加又不断强化梅特卡夫效应，使网络价值非线性增长，从而更易于纳入新连接主体。

但是，任何一次技术革命所提供的发展潜能，以及赋能现代化、重构经济体系的机遇并不是普惠式的，而是选择性的，其扩散仍将是不均衡的。这也正是英国的第一次工业革命具有马克思笔下的"独特历史规定性"，且美国利用规模经济和标准化制造抓住了第二次工业革命中的电气化和摩托化两次连续浪潮形成经济史学家笔下的所谓"一次性事件"的原因。技术革命浪潮不仅重塑一国的经济体系，同时也改写世界经济格局，一国能充分利用技术革命机遇实现本国综合国力的提升，不仅在于对技术革命一般性的认识，更在于能结合本国的发展基础、优势，找对方向。把握数实融合推进下的中国现代化经济体系，必须要在统筹安全与发展的前提下认清现有的产业基础、竞争格局和发展目标。

第二节　结构性失衡与杰文斯悖论

作为数字经济大国，中国数实融合的优劣势的一些表象已经得到充分展示。例如，大国规模优势、数据体量优势、场景丰富优势，易于形成叠加效应、聚合效应和倍增效应；数字核心产业的制造能力、知识产权积累则成为突出的短板，领军企业缺乏国际竞争力，国际市场的占比远逊色于 GAFA（谷歌、苹果、脸书、亚马逊）等。但仍有一些现象缺乏原因探讨和国际比较，如中国头部大型企业较少、中小企业较多，消费互联网和产业互联网的发展质量、规模以及先进数字制造的路径与美德日等国有所不同，"双碳"目标下中国的数实融合面临杰文斯悖论等。

（一）数实融合过程中的结构性失衡

数字产业化和产业数字化被视为数实融合的双翼，由于不同国家和地区数字技术发展水平、产业基础和发展阶段存在较大差异，不仅数实融合所呈现的进程、绩效和方式不同，而且所面临的矛盾与问题也存在较大差异，这种差异往往也进一步构成发展业态、商业模式、创新路径的不同，从而使不同国家和地区的数字经济发展呈现多样性。因此，对一个国家和地区数实融合的整体性和结构性的刻画，意义并不只在于把握现状，还在于通过对现状的典型特征的分析，把握数实融合的微观、中观和宏观作用机制及表现形式的特殊性。

从现实发展看，中国数字经济规模已连续多年位居世界第二，仅次于美国。2020年，中国数字经济规模达到39.2万亿元，占GDP比重为38.6%，同比名义增长9.7%，比同期GDP名义增速高约6.7个百分点。其中，数字产业化占数字经济比重为19.1%，产业数字化占数字经济比重达80.9%。2002～2020年，中国数字经济占GDP比重由10.0%提升至38.6%，数字经济在整个国民经济中发挥着越来越重要和明显的作用。2021年，我国数字经济规模占GDP比重得到进一步提升，达到39.8%，数字产业化占数字经济比重为18.3%，占GDP比重为7.3%，产业数字化占数字经济比重为81.7%，占GDP比重为32.5%。[①] 数字产业化发展正经历由量的扩张到质的提升的转变。财新、信通院等多家机构也分别从不同维度对中国数实融合进行了指数化评价。对中国数实融合的典型事实，业界已有一定共识，如中国的海量数据规模和应用场景是促进数实融合的强大动力和独有优势，但存在服务业与制造业的结构性失衡等。

---

① 数据来自《中国互联网发展报告（2022）》。

产业体系是现代化经济体系的重中之重，在数字技术革命背景下，构建安全、自主、可控的现代产业体系，是关乎整个现代化经济体系构建、实现统筹安全与发展的关键。在孤立主义、逆全球化盛行的当下，实现产业链，尤其是关乎数字经济发展的产业链的安全、自主、可控更具有紧迫性。作为世界工厂和超大型经济体，中国的数实融合蕴含了巨大的技术创新机会以及新模式、新业态产生的可能性，使"数"和"实"形成强大的需求引致创新、创新有效供给的正反馈，不仅是中国数实融合进程与绩效的决定性因素，也是中国经济安全的底层保障。从数字经济尤其是国家统计局所定义的数字经济核心产业中若干行业的关键技术、设备等近年来在中国的发展以及创新趋势看，"卡脖子"现象、产业链短板、价值链低位现象仍很严重，而新一代数字技术所对应的产品与服务在创新路径、创新体系的要求上，也与传统理论和经验存在较大差异，这就尤其需要在关键领域和重点任务的选择与突破上有所创新。

关于数字经济发展的一系列重要政策举措表明，在以构建新发展格局为导向推动经济高质量发展的过程中，数字经济是重要的抓手，而数字经济的发展，也应以深度融合为方向。所谓深度融合，意即数字技术不仅要发挥强大的替代效应，也要发挥广泛的渗透效应；不仅在生活性服务业如外卖、电商等行业，而且在生产性服务业和制造业中，数字技术也要发挥催生新业态、提高生产率的作用。只有将数字经济作为一个系统而非少数行业进行整体推进，才能实现国民经济在技术基础和生产方式上的全面数字化转型，这对构建现代化经济体系、推进产业基础高级化和产业链现代化有着极为重要的意义。

但在中国数字经济蓬勃发展的过程中，也存在明显的基础层弱而应用层强、生活性服务业强而生产性服务业和制造业弱的结构性失衡。从技术分布上看，核心技术缺乏、重应用轻基础的特征明显。以人工智能为例，科技部发布的《中国新一代人工智能发展报告2020》指出，当前人工智能在技术层呈现中美双寡头竞争格局，中国在应用层专利方面领先，但在 AI 基础技术及工具的研发方面仍然相对落后，AI 基础技术的核心力量掌握在美国的手中。从产业分布上看，2020 年，中国服务业、工业、农业数字经济占行业增加值的比重分别为 40.7%、21.0% 和 8.9%。工业和农业数字经济占比明显低于服务业。中国数字经济巨头如阿里、腾讯、字节跳动等，其主营业务主要集中于服务业，尤其是生活性服务业，即消费互联网。相比之下，北美 15 大互联网公司中，消费互联网和产业互联网的企业数量基本相当，呈现齐头并进的发展态势（见表 7 - 3）。而在制造业领域，无论是芯片、存储器等数字产业化部门，还是先进数字制造技术在制造业中的使用情况，如协同机器人、工业互联网等，我国也都与发达国家存在明显差距。根据 IDC 数据，2020 年我国公有云市场规模为 194 亿美元，仅占全球的 6.5%，SaaS 市场规模仅占全球的 2%。①

表 7 - 3　北美前 15 名互联网公司

序号	公司	市值（亿美元）	消费互联网	产业互联网
1	Apple	20700	√	
2	微软	18600	√	√
3	Alphabet	16300	√	
4	Amazon	16200	√	
5	Facebook	9223	√	
6	PayPal	3046	√	
7	Adobe	2370	√	
8	Netflix	2213	√	
9	Salesforce	2178		
10	Shopify	1557		
11	Intuit	1199	√	
12	Square	1010		
13	Anap	970	√	

① 闫德利：《中美数字经济的差距》，腾讯研究院微信公众号，2021 年 6 月 22 日，https://mp. weixin. qq. com/s/07vZMTK66e2Q89JxOWOs2g。

续表

序号	公司	市值（亿美元）	消费互联网	产业互联网
14	Zomm	965		
15	Booking	956	√	

数据来源：闫德利《中美数字经济的差距》，腾讯研究院微信公众号，2021 年 6 月 22 日，https://mp.weixin.qq.com/s/07vZMTK66e2Q89JxOWOs2g。

中国数字经济的发展之所以呈现上述特点，有其技术和经济因素的必然性。从技术层面而言，互联网时代以来的数字技术，更易于影响服务业的产业特征和组织形态。例如，通过数字技术实现服务"物化"（embodied service），物化后的服务产品或者被直接消费，如视频、音乐；或者先依托网络信息达成交易之后，再提供实际服务，如电商、外卖等，这一过程重在用数字技术获取、分析市场交易对象的信息。相较之下，制造业生产流程和分工网络更为复杂，产品异质性程度更高，更需要解决的是"物"在生产过程中的信息，因此数据协调难度更大，格式标准、传输协议也更为复杂。从经济因素而言，数字经济在生活性服务业领域的爆炸式增长，主要得益于如下几个方面因素。一是中国数字基础设施的普及。国家统计局的公报显示，2020年末中国手机上网人数达 9.86 亿人，全年移动互联网用户接入流量1656 亿 GB，比上年增长 35.7%。2015 年以来，仅中国联通的移动网络流量平均资费降幅就已超过 95%，低廉、高速而广泛的信息连接为生活性服务业的发展提供了强有力的支持。二是随着中国人均 GDP 的不断增长，居民消费升级速度加快，数字化的生活性服务业因其便捷和多样化，日渐成为"美好生活需要"不可或缺的一部分。三是较高的城市居民密集度使数字化生活性服务业的发展易于实现规模经济。

在构建新发展格局的过程中，数字产业化与产业数字化，是一个紧密联系、不可分割的整体，两者只有互为支撑，才能更好地发挥数字经济的增长效能，因此生活性服务业不仅要紧密联系日常消费活动，更需要嵌入以生产性服务业和先进制造业为代表的产业体系。无疑，在构建以国内大循环为主体、国内国际双循环相互促进的新发展格局过程中，需要消费终端提供强大的拉力，以多样化的服务提供多样化的使用价值，用以满足伴随人均收入提升所形成的新的消费需求。近年来，聚焦于生活性服务业的互联网企业对促进内需增长、畅通国内循环发挥了重要的作用。不仅有电商企业如京东等利用平台聚集的信息和物流优势创造了零售消费的爆炸式增长，而且有字节跳动等公司通过个性化创作的方式，开辟了分享经济新业态。但是，需要警惕的是，消费增长最终由可支配收入决定，如果没有系统全面的生产率进步，收入增长就成了无源之水、无本之木。消费互联网的创新，无论是组织模式的创新还是营销手段的创新，仍需要借助坚实的制造业，尤其是数字核心制造业部门的支持才能得以实现。

服务强、制造弱的结构性失衡是制约新发展格局构建的关键堵点，需要高度重视。当前，发达国家围绕新一代数字技术的高点竞争日趋白热化，这不仅体现在算法、软件设计等领域，而且也体现在芯片、光刻机、存储设备等关键设备领域。如果中国的数字产业化不能实现自主和安全发展，中国的产业数字化，包括生活性服务业领域的数字产业，在贸易保护主义抬头、单边主义盛行的逆全球化时代也难以持续健康发展。如果诸如芯片、存储等"硬"的部门不能在国际竞争中有所突破，作为系统的数字经济的发展也难以持久繁荣。

但随着数字技术领域竞争的加剧，以美国为代表的世界经济强国不仅在相关领域加大研发支持力度，而且在关键技术领域和产品上进行卡、压、打，其谋求价值链和产业链的霸权控制、主导全球数字经济生态的意图十分明显。越来越多的互联网企业认识到，制造和服务、软件和硬件、消费互联网和产业互联网，需要齐头并进、协同发展。从数字经济的整体观出发，当前中国数字经济发展所面临的短板和困局，并不是某一个行业、某一个产业的事情，而是中国互联网行业和数字经济集群所面临的共有挑战，需要政府、企业与研究机构等各方面的集体关注和共同努力。

（二）杰文斯悖论与"双碳"目标

数字经济时代，数据成为关键生产要素，从信息－能量的权衡角度而言，生成数据不是为了消耗能源，而是使之成为可用的信息资源。自计算机出现以来，在既定时间里用更少的单位能耗去生产出更有效的信息，即提高每秒每瓦特能源的运算次数，使信息单位能耗不断降低（即功率密度的不断提高）一直是信息生产体系发展的关键。1946年第一台通用电子计算机埃尼亚克每秒运算5000次，一度电可以完成2.5万次运算；2018年，世界上最快的计算机一秒钟完成20亿亿次浮点运算，耗电2.7度，一度电完成7.5亿亿次。以不变价格计算，在20世纪60年代的大型机时代，1000美元大约每秒购买一次计算；到2000年，1美元每秒可购买10000次计算；到2018年，1美元每秒可购买10亿次计算。[①] 信息单位能耗的不断降低，正是信息生产体系实现计算机化到网络化乃至智能化发展的根本原因。

在近半个世纪的时间里，信息生产一直遵循着摩尔定律的功率密度两年翻番的法则，而近年来，在摩尔定律预测的翻倍时间开始日趋延长之后，人工智能芯片中的Huang定律——即GPU推动AI性能实现逐年翻倍——又开始呈现其威力。Huang定律取代摩尔定律的本质，是通过封装指令性信息，将人工智能的算法植入芯片，针对专门任务进行计算，如谷歌的人工智能TPU、英伟达的图形处理器，即用信息替代能量，从而降低最终信息产出的单位能耗。而Huang定律能否继续沿袭摩尔定律，以及Huang定律之后是否还有其他的法则，是决定信息生产体系能否持续发展的关键。

信息单位能耗降低带来的直接效果是总能耗的上升，即信息生产体系的杰文斯悖论（Jevons paradox）。所谓杰文斯悖论，是指能源生产效率提高导致产品和服务价格降低，从而使相应的能源需求总量增

[①] 〔美〕库兹韦尔：《奇点临近：当计算机智能超越人类》，李庆诚等译，机械工业出版社，2011。

加。边际革命的代表人物杰文斯在《煤炭问题》一文中指出，"认为节约使用燃料等同于减少消耗，这完全是一种思想上的混乱，事实恰恰相反。正是燃料使用的经济性，才导致了它的广泛消费。过去一直如此，未来也会如此。……任何一个工业部门所用的煤的吨数是独立工作的数量和每一个行业的平均消耗吨数的乘积。现在，如果与产量相比高炉用煤量减少，行业利润会增加，会吸引新的资金，则生铁价格会下降，但需求量会增加。最终，更多的高炉将足以弥补每个高炉消耗量的减少。如果一个部门的结果并不总是如此，那么我们必须记住，制造业的任何一个分支的进步都会激发其他大多数分支机构的新活动，并间接导致对煤层挖掘的增加"。杰文斯还以改进发动机技术为例说明这种延展式扩张如何发生：改进发动机技术提高了发动机性能，导致对发动机需求的增加；改进发动机技术还会带来新的技术发明，创造出蒸汽机、蒸汽船等，这些都将增加新的煤炭消耗。时代不断印证着杰文斯的观点，自 1990 年以来，全球能源效率提高了 33%，经济增长了 80%，全球能源使用量增加了 40%；自 1995 年以来，航空燃料使用量/客位英里数下降了 70%，航空交通量增长了 10 倍以上，全球航空燃料使用量增长了 50% 以上。[1]

杰文斯悖论本质上是一种信息 – 能量之间的循环选择可能造就的环境问题，即廉价信息或能量的技术进步，导致了更大规模的信息和能量耗费，这会进一步降低信息或能量的生产成本，从而激发大规模消费，整个社会的能耗也随之上升。这也是技术进步、经济发展和环境保护之间的悖论。在"连接 + 数据"的信息生产体系中，人们消费和生产的数据越多，所消耗的自然资源就越多。随着万物互联时代的来临，数据量将呈几何级数上升，传感器、软件和控制系统都会随时生成大量数据流，"复刻"一个数字世界，必然导致总能耗的急剧上升。

如果说信息单位能耗决定着信息生产体系技术线路的可行性，那

---

① Mark P. Mills, "The 'New Energy Economy': An Exercise in Magical Thinking", 2019, https://media4.manhattan-institute.org/sites/default/files/R – 0319 – MM. pdf.

么由此而引发的总能耗则在碳排放的总量意义上构成信息生产体系的能量约束。尽管过去近半个世纪以来的发展历程表明，总能耗的增长幅度远小于 CPU、GPU 的功率密度的提高幅度，同时，数字技术在增加能耗的同时，也节约了原有经济活动的能耗、优化了生产流程及减少了物质浪费等，但对即将到来的数字"复刻"会引发的总能耗增长，仍需持谨慎态度。如何促使多样化的清洁能源支持新一代信息生产体系的发展，是当前世界各国面临的共同课题。

2020 年 9 月，中国明确提出 2030 年"碳达峰"与 2060 年"碳中和"目标，这体现了中国的大国担当，也符合全球绿色发展的大趋势。加快降低碳排放步伐，有利于引导绿色技术创新，提高产业和经济的全球竞争力。在推进"双碳"目标实现的过程中，中国持续推进产业结构和能源结构调整，大力发展可再生能源，控制化石能源消费，促进新能源和清洁能源发展，在沙漠、戈壁、荒漠地区加快规划建设大型风电光伏基地项目，努力兼顾经济发展和绿色转型。这一过程中，同时也体现出数实融合的作用，即推动互联网大数据、人工智能、5G 等新兴技术与低碳产业深入融合，遏制"两高"项目盲目发展，推动能耗"双控"向碳排放总量和强度"双控"转变。

在"数据 + 连接"这一信息生产体系的建设与发展过程中，中国既面临着来自总能耗的挑战，也面临着来自单位信息能耗的挑战。就总能耗而言，目前，中国仍然是世界上最大的碳排放国家，随着中国数字经济的快速发展，与之对应的总能耗也在快速上升。除了耗电量高之外，数据中心使用的大比例化石能源所带来的空气污染与碳排放问题也尤为突出。比如，在 2018 年的用电总量中约有 1171.81 亿千瓦属于火电。而在使用这部分电量的过程中，共计排放了 9855 万吨的二氧化碳、2.34 万吨的二氧化硫、2.23 万吨的二氧化物和 0.49 万吨的烟尘。[①] 而新一代"数字 + 连接"体系的发展势必带来总能耗的急剧

---

① 数据来自 2020 年国际环保组织绿色和平与华北电力大学联合发布的《点亮绿色云端：中国数据中心能耗与可再生能源使用潜力研究》。

上升，在发展数字经济与减排目标之前求得平衡，使其相互促进而非此消彼长，不仅是技术创新问题，也是制度创新问题。而就单位信息能耗而言，中国目前在高端芯片的设计、制造方面还存在明显短板。在很长一段时间里，单位能耗和总能耗问题都需要引起高度重视。

第三节　新基建与数实融合

2020 年 3 月初，中共中央政治局常务委员会召开会议提出，加快 5G 网络、数据中心等新型基础设施建设进度。这是继 2018 年中央经济工作会议明确提出加快新型基础设施建设，2019 年《政府工作报告》进一步强调壮大数字经济以及 2019 年底党的十九届四中全会明确将数据增列为一种新的生产要素之后，中央再次对以数字经济、新能源为代表的新经济发展提出的更为清晰的发展目标。中央再次明确强调这一投资方向，不仅对长期战略性新兴产业和中国经济高质量发展有重要意义，也对短期内实现经济的稳增长、稳就业具有重要的意义。而从全球经济发展来看，这一战略举措的顺利实施，也将为全球经济赋予新的增长动能。2020 年 4 月，习近平总书记在浙江考察时再次强调："要抓住产业数字化、数字产业化赋予的机遇，加快 5G 网络、数据中心等新型基础设施建设，抓紧布局数字经济、生命健康、新材料等战略性新兴产业、未来产业，大力推进科技创新，着力壮大新增长点、形成发展新动能。"① 4 月 20 日至 23 日，习近平总书记在陕西调研时又一次强调，"要坚定信心、保持定力，加快转变经济发展方式，把实体经济特别是制造业做实做强做优，推进 5G、物联网、人工智能、工业互联网等新型基建投资，加大交通、水利、能源等领域投资

---

① 《习近平在浙江考察时强调：统筹推进疫情防控和经济社会发展工作，奋力实现今年经济社会发展目标任务》，人民网，2020 年 4 月 1 日，http://cpc.people.com.cn/n1/2020/0401/c64094 - 31657786.html。

力度，补齐农村基础设施和公共服务短板，着力解决发展不平衡不充分问题。要围绕产业链部署创新链、围绕创新链布局产业链，推动经济高质量发展迈出更大步伐。"①

何为新基建？4月20日，国家发改委明确将"新基建"的范围界定为信息基础设施、融合基础设施、创新基础设施三个方面。② 信息基础设施主要是指基于新一代信息技术演化生成的基础设施，如以5G、物联网、工业互联网、卫星互联网为代表的通信网络基础设施，以人工智能、云计算、区块链等为代表的新技术基础设施，以数据中心、智能计算中心为代表的算力基础设施等。融合基础设施主要是指通过深度应用互联网、大数据、人工智能等技术支撑传统基础设施转型升级，进而形成的融合基础设施，如智能交通基础设施、智慧能源基础设施等。创新基础设施主要是指支撑科学研究、技术开发、产品研制等的具有公益属性的基础设施，如重大科技基础设施、科教基础设施、产业技术创新基础设施等。从新基建的内容指向上看，其基本涵盖了第六次技术革命浪潮中的新兴产业，从"一智一网"到新能源和新交通。这些新基建领域的基本特征如下。第一，产业链涉及范围广，如5G建设包括了芯片、器件、材料、精密加工等硬件以及操作系统、云平台、数据库等软件；特高压涉及直流特高压和交流特高压，交流特高压又涉及高压变压器、互感器等数十个产业；第二，产业间的协同效应强，如5G、工业互联网、人工智能、云计算、边缘计算以及数据中心之间存在着强烈的相互需求，这将形成一种产业间的循环拉动效应，有助于提升产业竞争力；第三，渗透效应强，新基建在拉动新经济形成规模的同时，对传统产业尤其是传统制造业也将产生渗透效应，如依托人工智能、5G技术和工业互联网，传统产业生产过程

---

① 《习近平在陕西考察时强调 扎实做好"六稳"工作落实"六保"任务奋力谱写陕西新时代追赶超越新篇章》，新华网，2020年4月23日，http://www.xinhuanet.com/politics/leaders/2020-04/23/c_1125896472.htm。

② 《"新基建"怎么定义？发改委权威解释来了》，人民网，2020年4月20日，http://it.people.com.cn/GB/n1/2020/0420/c1009-31680461.html。

中的要素协同性和全要素生产率将得到提升。①

新基建对"引爆"以数字经济、纳米技术和新能源等为代表的新一代技术革命浪潮具有不可或缺的基础性作用。从第一次工业革命以来，每一轮技术革命浪潮都是多部门的协同爆发性增长，而不是个别产品和部门的单点突破。但不同部门之间能否形成互为需求的产业协同，并不仅仅取决于关键投入部门能否取得突破性进展，也取决于与这一轮技术革命浪潮相适应的基础设施的完备性。例如，第一次技术革命浪潮时的运河和收费公路，第二次技术革命浪潮时的铁路、电报和蒸汽船，第三次技术革命浪潮时的钢轨、钢制舰船和电力网，第四次技术革命浪潮时的高速公路、机场航线和无线电，第五次技术革命浪潮时的信息高速公路（互联网）等，② 都对每一次技术革命浪潮的兴起起到了极为重要的推动作用。正是依赖基础设施部门的支持作用，每一次技术革命浪潮的技术、产品和服务才能从潜在的可能性变成现实的经济活动，才能实现从局部到整体扩散，形成新熊彼特学派的所谓"发展的巨浪"。③

作为重要的基础产业和新兴产业，新基建不仅对应着巨大的投资需求，也对应着巨大的消费需求，是实现中国经济高质量发展的重要引擎之一。例如，5G 基建不仅需要大量的无线主设备和传输设备，如光模块、基站射频，其终端产品也具有广泛的消费需求，2020 ~ 2025 年5G 可直接拉动电信运营商网络投资 1.1 万亿元，拉动垂直行业网络和设备投资 0.47 万亿元。与此同时，5G 建成后可实现多场景结合，如超高清流媒体（视频、游戏、VR/AR 等）、车联网或自动驾驶、网联无人机等，其商用将带动 1.8 万亿元的移动数据流量消费、2 万亿的

---

① 潘云鹤院士指出，中国的数字经济对工业的渗透率只有17%，远低于德国、韩国、美国的 40% 以上。

② 〔英〕弗里曼、卢桑：《光阴似箭》，沈宏亮译，中国人民大学出版社，2007，第 145 ~ 146 页。

③ 〔英〕卡萝塔·佩蕾丝：《技术革命与金融资本》，田方萌译，中国人民大学出版社，2007，第 25 页。

信息服务消费和 4.3 万亿元的终端消费。①

　　基础设施具有很强的正外部性，往往投资规模巨大、投资周期长，且涉及多部门的协调和互补性投资，因此在每一次技术革命浪潮中，这类公共物品通常由政府投资或主导供应。美国经济史的研究表明，在第一次工业革命的蒸汽铁路时代，通过《宅地法案》，美国政府在 1850～1870 年将美国大陆面积的 7% 免费划拨给了铁路部门，用于发展铁路和开发西部，其结果是，1870～1900 年，美国总铁路英里数增加了 4 倍。铁路建设不仅提高了商品流通速度、扩大了市场范围，也直接带来了美国城市网络和城市集群的发展，1911～1920 年，美国铁路年均旅客周转量达到了 381 亿人英里。在第二次工业革命的电气化时代，尽管美国城市供电的输电线路由私人企业出资，但在意义更为深远的郊区化过程中，电网线路则是由联邦政府通过农村电气化管理局出资建设的。而在第二次工业革命的摩托化时代，美国政府则出资承建了造价约 250 亿美元总长达 4.1 万公里的州际公路系统，这使美国的生产力在 20 世纪 50 年代提高了 31%、60 年代提高了 25%。② 中国数字经济的快速发展，同样也遵循了这一逻辑。正是国家主导的卫星系统、移动互联网、4G 网络等电信基础设施的建设，才使中国的移动支付、门户网站和电子商务等数字经济得以飞速发展，这不仅极大提高了生活的便利程度，也通过渗透效应促进了传统部门的信息化。

　　新基建之新，不仅在于投资领域集中于新部门，而且相较于有形的设备投资，科学的制度体系建设同样也是新基建的题中之义。从某种意义上来说，适应新经济的制度体系，无论是从其公共物品属性还是从其全面促进经济发展的效能上而言，堪称一种"制度基础设施"。制度创新不仅可以使新基建的投资更有效率，也能解决新经济发展中

---

① 辛勇飞：《加快新型基础设施建设，推动经济社会数字化转型》，《人民邮电》2020 年 3 月 11 日，第 3 版。

② 〔美〕罗伯特·戈登：《美国增长的起落》，张林山等译，中信出版集团，2018，第 133、309、378 页。

的各种制度性瓶颈，从而有效地提高基础设施建设乃至整个新经济部门的效率。20世纪20年代，美国政府强制推行工业产品度量体系，规定了各种产品零配件的标准化尺寸，这一制度措施为日后的大规模标准化生产奠定了基础，美国在"二战"期间的大规模武器制造和战后"黄金三十年"的繁荣，都与这一制度体系有着直接的关系。而1956年《联邦资助公路法案》，不仅明确了州际公路系统的投资主体，同时通过设立公路信托基金和汽油消费税，将建设成本有效地转嫁给了经常出行的车主，保障了州际公路系统的建设、维护与运营。1862年的《莫里尔法案》则被誉为联邦政府制定的促进经济增长的最根本的法案之一，借由该法案的土地赠予制度而建立起来的农业研究站、州立大学和各级学院，不仅直接推进了美国的农业现代化，也催生了美国的州立大学体系，从而为美国此后一百多年的经济活动提供了源源不断的科研和教育支持。

新基建的意义不仅在于通过提供基础设施推动相应的新经济部门快速发展，更重要的是使经济社会不同领域、使更多的国民获得普遍化的新经济红利。在此轮技术革命浪潮中，数据无疑是最为关键的生产要素，但数据要素具有特殊属性，不能简单套用之前任何一种生产要素的激励和约束规则。数据要素存在互补性和专用性，也存在规模经济和外部经济，有效的数据往往由多主体系统生成，其生产效率既依赖基础设施的匹配程度和建设水平，也依赖企业的创新投入，因此既要避免数据垄断，又要激励创新性的数据生产和数据使用。通过适宜的制度建设和制度创新，如完善数据要素相关的产权制度、数据的标准体系、数据的安全监管体系等，增强数据要素的正外部性，提高数据生产和数据综合利用的效率，是放大数字生产要素效能的根本保证。

以人工智能、大数据、生物科技等为代表的第六次技术革命浪潮所对应的新型基础设施不仅在具体项目和对应领域上不同于传统基础设施，而且其系统复杂程度也完全不同于历史上的公路、电网、航线，其具备最终基础设施功能的产品往往混合了公共物品、私人物品和准公共物品的多种属性。严格区分新基建项目中投资领域的经济属性，实施精准高效率建设，是提高投资效率、避免重复建设和挤出效应的关键。例如，以5G基建为例，基站属于公共物品，应由政府投资，但终端运营、5G手机就不属于公共物品，应由企业投资；工业互联网涉及工业控制、工业软件、工业网络和工业信息安全，涉及门类广、产品多，针对不同行业在智能制造上软硬件难以实现有效的互联互通互换的难题，政府更应着力于制度这种"软"基础设施的建设，如工业App的标准制定、工业互联网的平台建设等，通过制度创新突破标准体系、知识产权、开源开放等发展瓶颈。

新基建之新，还在于为提高中国经济的强度和韧性提供了新机遇。经过七十年的发展，中国已经成为世界上最大的制造业国家和工业门类最为齐全的国家，但在规模不断扩大的过程中，也暴露出产业基础薄弱、产业协同性不强、产业链附加值低的弊端、核心技术和知识产权受制于人等弱点，这既削弱了中国经济的安全"强"度，也影响了产业链、供应链的韧性。这一困局也出现在新基建领域中，以工业互联网为例，当前高端PLC、工业网络协议市场、高端工业软件市场等仍被国外厂商垄断，同时面临边缘智能和工业应用开发等关键技术瓶颈。而新基建蕴含的巨大投资规模和产业协同效应，为锻造中国经济的强度和韧性提供了前所未有的机遇，也为实现关键技术和关键产品的自主创新提供了有利条件。协调国内企业创新资源、引导创新资源集聚和需求拉动，同样也需要新基建出"新"招。

第四节 数字产业生态与"卡脖子"难题

2018年，《科技日报》在"亟待攻克的核心技术"的系列报道中，列举了35项"卡脖子"技术。这些"卡脖子"的关键技术大多与数字技术、先进数字制造密切相关，但目前这些关键技术均掌握在美日等发达国家手中。核心基础零部件设计能力不强、先进制造工艺应用不足、关键基础材料缺乏和基础工业制造软件自主性差等，对中国现代化产业体系构建与实现统筹安全与发展，无疑是极为不利的。《"十四五"数字经济发展规划》明确提出，数字技术自主创新能力要得到显著提升。

表7-4显示了2018年《科技日报》列举的35项"卡脖子"技术的现状。目前我国至少已经攻破了其中的21项关键技术。数字核心技术的国产替代正处在发展初期，如芯片、操作系统等。在如此短时间内能取得这样的突破，无疑是巨大的成绩，但突破并不等于领先，如手机操作系统实现了突破，但截至2022年底，华为鸿蒙全国占有率也仅为8%；芯片已经开始12纳米工艺的量产，但台积电已经实现5纳米工艺量产。实现从无到有，再从有到强，尚需要大量且持续的研发投资和制度创新。

表7-4 35项"卡脖子"技术及最新进展

序号	技术	序号	技术	序号	技术
1	光刻机	13	核心工业软件	25	微球
2	芯片	14	ITO 靶材	26	水下连接器
3	操作系统	15	核心算法	27	燃料电池关键材料
4	航空发动机短舱	16	航空钢材	28	高端焊接电源
5	触觉传感器	17	铣刀	29	锂电池隔膜
6	真空蒸镀机	18	高端轴承钢	30	医学影像设备元器件
7	手机射频器件	19	高压柱塞泵	31	超精密抛光工艺
8	iCLIP 技术	20	航空设计软件	32	环氧树脂
9	重型燃气轮机	21	光刻胶	33	高强度不锈钢
10	激光雷达	22	高压共轨系统	34	数据库管理系统
11	适航标准	23	透射式电镜	35	扫描电镜
12	高端电容电阻	24	掘进机主轴承		

注：未划线表示尚未攻克，划线表示已经攻克。

数据来源：《"卡脖子"的35项关键技术，中国如今攻破了吗？》，中国科讯微信公众号，2023年4月13日，https://mp.weixin.qq.com/s/fyGX2pjjnSYaHb3yVViKEA。

中国数字经济中的"卡脖子"现象在消费互联网时期已有所表现，在中国数实融合发展热点开始从消费互联网切换到产业互联网之后，这种关键产业中的卡、短、弱的存在会在更大范围内、更久远地制约中国数实融合的进程。使"数"和"实"形成强大的"需求引致创新—创新有效供给"的正反馈，不仅是中国数实融合进程与绩效的决定性因素，也是中国经济安全的底层保障。应围绕关键领域，通过领军企业实施重大攻关工程，带动产业链发展，逐步型构安全、可控、自主的数字核心产业体系，进而依托数实融合过程中新业态、新行业和新模式的巩固，逐步提高相关产业的安全性和可控性。

从国际层面来看，数字经济的领先技术、标准等，已成为国际竞争的重要赛道，重塑全球利益格局的机遇与大国竞争加剧的压力并存。由于美国在数字技术领域先行发展且企业国际化程度极高，美国处于数字产业中的领军企业具备了制定技术标准的技术话语权，能通过标准、知识产权等不同方式对全球数字产业链产生极高的控制力，并借此进一步强化其"链主"地位。当前，以美国为首的对华遏制战略已经从特朗普时期的单纯贸易争端延伸到了数字经济领域，从"华为断供"到对 TikTok、微信的封杀，再到 2023 年日本、韩国、荷兰和美国对中国高端制造业，尤其是芯片制造业"卡脖子"节奏的加快和力度的逐渐加大，我国在信息核心技术上的"卡脖子"问题需要加快解决。

1500 年以来，国家的兴衰起落，本质就是一场"卡脖子"与反"卡脖子"的博弈。先发国家有优势也有劣势，后发国家有劣势也有优势，"卡脖子"现象就是国家间的垄断与反垄断、控制与反控制的博弈。随着全球生产网络的逐步形成和全球分工从产品间分工到产品内分工的发展，关于产业技术高点的竞争，也逐步从过去的知识产权竞争、关键技术控制，发展到了产业生态、知识产权联盟竞争等新的竞争形式。这对过去的产业政策和创新政策形成了极大的挑战，国家竞争的政策动态性和内容复杂性，需要突破过去的创新政策和产业政策思维。易言之，突破"卡脖子"问题和进行反制，都需要新的思路。

数字技术带有极强的连通性，是影响国际分工与贸易的重要力量，其突出特征就是数字经济的重要装备、软件和材料，在分工和贸易上呈现极为明显的全球生态。从中国自身的发展经验看，数字经济尤其是数字核心部门的企业，必须具备国际竞争力才可能嵌入关键领域的国际生态体系；而具备国际竞争力的数字产业集群，则可在关键领域的国际生态体系中获得更多的话语权和主导权。这是党的十九届五中全会以来反复强调打造有国际竞争力的数字经济产业集群的主要原因与底层逻辑。当前，与绝大多数国际互联网公司的国际市场份额相比，中国互联网公司的国际化程度较低，营收主要依赖国内市场，产品也主要针对国内市场，不参与不控制国际市场，这是数字产业生态布局乏力的主要原因之一。

在突破"卡脖子"问题上，首先要从战略思维上把握原则，针对不同的技术领域、"卡脖子"的不同程度、不同的经济－技术影响，要制定不同的突围战略，对于关键的科技和供应链环节要有多方竞争、多点备份、多种替代。要将自主创新和新全球化结合起来，将国内循环和国际循环结合起来，探索化解"卡脖子"难题的新路径。例如，对于特殊垄断资源或特殊领域，寻找可以交换的差异"卡脖子"垄断环节，以此垄断交换彼垄断，相互制衡。对于极端情况下可能影响整个产业甚至社会经济活动的重要节点领域，必须建立自主替代的方案。

从现有的全球市场网络的分工格局，尤其是关系到 21 世纪产业竞争高点的信息通信产业本身发展的特点来看，中国在"卡脖子"困境上的突破，需要有新的思路和新的应对政策。

第一，信息时代产业的"卡脖子"与传统的制造业工业时代的"卡脖子"有很大的区别。这是因为，信息时代虽然说装备制造业和中间产品的模块化程度更高，复杂性也随之提升，但是相对于传统制造业工业时代，分工生态也更加复杂，产业间和产业内的上下游关系也已经发生了很大的变化。一个国家可以通过控制产业生态的上游若干重要环节来控制全产业链，也可以通过控制产业的若干上游和中游的重要环节来控制产业链，从而加大在整个产业链中的博弈能力，这种对产业生态的控制力和影响力日趋重要。总体上的竞争原则是，必须取得在上中游中独一无二的、不可替代的垄断地位，而不在于这个环节的绝对高点和低点。

第二，从欧美近期对中国的产业压制、"卡脖子"、打软肋的着力方式来看，其行为主要依据是，在产业的上中游，比如原材料、制造设备等重要的材料或设备生产环节，中国的产业依赖程度都比较高，这是"卡脖子"效应较为明显的主要原因。这同时也反映出，对于中国而言，形成"卡脖子"、产业控制力较弱的主要原因是我们过去主要靠下游的生产能力、市场需求来参与全球分工，而不是通过上游的知识产权来参与全球分工，尤其是，缺乏对上中游节点的控制力，而仅仅具备下游生产、模块化组装能力和应用市场的潜力。这种情况在国家间竞争强度不是太高的情况下，因竞争方利益需要，往往不会构成太大的威胁，但在比较激烈和极端的情况如断链、合围竞争的情形下，风险就极大。从产品、生态和规则入手，保障数实融合安全，符合数字经济发展规律和数字技术内在特征。

第三，产业生态可以从"点"突破，带动"面"。要抓住数字技术飞速发展过程中稍纵即逝的产品突破和行业发展机遇，如数字化时代传统制造业与互联网企业的双向发展、5G的先发优势等，通过单个具体"点"的突破，影响既有生态，逐步提高中国对关键数字技术、数字产品的可控性，打造具有国际竞争力的企业主体。与此同时，要高度重视数字贸易国际体系的参与度、话语权和引导力，重视数字经济国际规则和标准构建的先机，并依托数字丝绸之路等重大项目，打造数字平台和数字服务的跨国工程，充分利用国际数字用户规模，对数字经济规则的塑造产生强大影响，保障数实融合中"数"的核心产品可控以及由"数"进"实"的落地方案可控。

第四，从中国过去的经验来看，无论多么复杂的产品，中国依靠举国体制的优势和庞大国内市场的层级多样性，是完全可以孕育和打造出这种上中游相结合的知识产权控制优势和分工优势的。尤其值得重视、总结和推广关于数据库等成功突破的关键节点的发展道路和经验，这对于当前突破芯片、算法、设计软件和操作系统的"卡脖子"问题有重要的借鉴意义。可以通过类似的政策，如借助国内大型与超大型国企的需求拉动，从点到面、从面到体、从国企到民企，形成系统发展、协同发展之势，促进若干中上游产业节点优势的取得。

第五，信息通信产业既是一个长期的高投资领域，也是一个人力资本积聚效应极为突出的领域，对此，欧美发达国家的竞争对手极为清楚。因此，即使在行业的低谷期、宏观经济的萧条期，也要深刻意识到高科技人才对于产业发展的决定性作用。在行业发展的低谷期，仍然应通过高薪、续聘等方式，把中国的数码人才吸收到该领域当中，以切断高端人才向国内自主研发节点的流动和积聚。比较典型的是操作系统如统信 UOS 的发展，近几年微软、亚马逊的薪酬倍增计划对阻止中国突破自主性操作系统起到了很明显的作用。UOS 系统发展缓慢、质量落后主要是两方面的综合作用：一是人才薪资远不如同行业企业，二是产业上没有形成软硬件、操作系统与应用软件的小生态。因此，从竞争对策上，可以通过对相关行业进行高薪挖掘人才、培育人才，从少数节点，如 SAP 等 ERP 产业开始，逐一进行突破，从这些产业当中，识别与挖掘对中国和国外的同类型产业有着深刻认知的领军人才、对中国客户需求有深刻认知的售前团队，逐步形成中国相关节点产业的自主发展。

第六，"卡脖子"领域中，尤其是在信息通信技术的关键节点上，任何一个产业的投资都极为庞大，周期也很长。因此需要从产业生态的角度进行优化统筹，技术制高点由国家的产业引领基金，或者国企央企的需求拉动来进行培育。另外，要识别关键节点，避免"撒胡椒面"。"卡脖子"领域中，相当一部分与材料直接相关，如数控刀具；

或者间接相关，如芯片产业链中的高纯度材料等。因此，把握关键投资主体，识别关键节点、关键领域以及这些领域的相关性和产业生态极为重要，这对于提高资金效率、节约突围时间具有重大意义。为此，需要有针对性的行动方案和技术路线图。

　　要改变关键产业的卡、短、弱，首先要从创新观念的改变入手，构建适应数字经济发展规律的创新体系。数字经济的核心技术、关键设备技术创新的突出特征是周期长、投入大。前期投入是极为高昂的研发"锦标赛"，但一旦成功，边际成本就会大幅持续下降；而围绕复杂技术和产品的控制，又形成了动态的竞合关系，自主创新的"自主"内涵也发生了较大变化。从既有经验看，政府补贴、市场换技术、收购海外公司等传统产品领域的实践经验不仅难以奏效，而且往往起负面作用。多路并举，发掘更多的突围可能性，不仅需要改变发展中国家的政府－市场观念和政策导向，而且需要重构传统的创新体系，致力于新型产业环境、创新生态的营造，探寻新的政府扶持方式，鼓励企业国际化发展、学习外国先进技术，走出一条既符合中国国情又符合数字时代创新规律的自主创新之路。

第八章　人工智能、奇点时代与中国机遇

近年来，人工智能技术得到了快速发展与广泛应用。根据斯坦福大学发布的 2017 年人工智能指数年度报告，人工智能领域创业公司数量自 2000 年以来已增加了 14 倍，风投资本金自 2000 年以来增加了 6 倍，由论文发表量、课程注册学生数、风险资本投资构成的综合人工智能活力指数自 2000 年来增长了 6 倍以上。2013 年以来，仅在美国，需要人工智能技能的工作就增长了 4.5 倍。[1]

作为一种可替代人类体力乃至脑力劳动的技术革命，人工智能的快速发展引起了广泛的关注。乐观者普遍认为，随着人工智能的发展，人类将很快进入奇点时代，进入马克思所说的"自由人的自由发展"的阶段，凯恩斯的"100 年内解决经济问题""经济问题将不再是人类的永恒问题"的预言[2]将很快成真。而悲观者则认为，人工智能对经济增长的影响不会太显著，索洛悖论将再次出现，人工智能对就业和收入分配的冲击反而更值得担忧。例如，Frey 和 Osborne 研究指出，美国经济中有 47% 的就业岗位将因人工智能及其相关领域的进步而自动化，涉及金融市场交易、律师、会计、驾驶等多个行业。[3] 而麦肯

---

[1] "The AI Index 2017 Annual Report", *Artificial Intelligence Index Annual Report*, http://www.docin.com/p-2066014693.html.

[2] 〔英〕J. M. 凯恩斯：《预言与劝说》，赵波、包晓闻译，江苏人民出版社，1997。

[3] Frey, C. B. and Osborne, M. A., "The Future of Employment: How Susceptible Are Jobs to Computerisation?", *Technological Forecasting and Social Change*, 2017, (114): 254-280.

锡的 James 等的研究对美国 2000 个工作类别的考察也同样表明，现有的人工智能技术可以替代其中 45% 的工作。①

从经济学而非未来学和伦理学的角度考察，对人工智能发展及其影响的判断不可避免地涉及如下问题：第一，人工智能是否意味着奇点临近？第二，人工智能是不是一种新的通用技术？如果是，它的扩散过程与之前的通用技术有何不同？第三，无论是奇点临近还是历史上一种通用技术的扩散，人工智能的发展对就业和收入分配的影响如何？第四，对于中国而言，发展人工智能的机遇是什么？本章拟对上述问题进行尝试性探讨。

第一节　人工智能：强与弱

在人类发展的历史上，从狩猎采集社会转入农业社会，以及从农业社会转入工业社会，是两次奇点式发展，而进入工业社会以来，则经历了五次技术长波，即水力机械化时代、蒸汽机械化时代、电气化时代、摩托化时代与信息化时代。而对人工智能第一个必须做出的判断是，它究竟是一个新的技术长波的起点，或者只是上一波信息技术浪潮的一个小波？还是一个类似于农业革命和工业革命那样的奇点时代的标志？

如果人工智能引发的只是前者，则我们可以将其视为工业革命以来自动化程度提升的延伸，它仅仅是漫长自动化过程中的最新浪潮。自工业革命以来，技术进步的突出特征，是人体力的节约和肢体的延伸。在信息技术发展之前，这一过程主要的特征是逐步机械化和自动化；信息技术革命以来，这种自动化进程的变化则集中体现在标准化

---

① James, M., Chui, M., Miremadi, M., et al., "Harnessing Automation for A Future That Works", https://www.mckinsey.com/~/media/mckinsey/featured% 20insights/Digital% 20Disruption/Harnessing% 20automation% 20for% 20a% 20future% 20that% 20works/MGI-A-future-that-works-Executive-summary.ashx.

上，而人工智能只是通过高度的标准化（归类、识别与预测）进一步促进了机械化和自动化程度的提升。如果人工智能引发的只是进一步的自动化、标准化和机械化，那么随之而来的一系列问题则是，人工智能是不是一种类似于蒸汽机、计算机那样的通用技术？如果是，在人工智能对应的技术范式内，哪些是关键要素或核心投入，哪些是生产关键要素或核心投入的动力部门（motive branches），哪些是支柱部门（carrier branches）或者主导部门（leading sectors）？与这些判断相对应的问题则是战略性新兴产业识别、收入分配和就业冲击等。但是，无论人工智能是一个新的技术长波的起点，还是只是以计算机为代表的第五次技术长波的一个小波，它对经济的结构性影响都是毋庸置疑的，只是程度和规模的差异，但它不会是一种文明类型的质变。

如果人工智能是奇点，则意味着一种新的文明，社会也将因此而重构。维基百科对技术奇点的解释是：认为未来将要发生一件不可避免的事件——技术发展将在很短的时间内发生极大而接近于无限的进步。当此转折点来临的时候，旧的社会模式将一去不复返，新的规则开始主宰这个世界。而后人类时代的智能和技术我们根本无法理解，就像金鱼无法理解人类的文明一样。易言之，人工智能对应的是文明质变。在这一观点中，人工智能的进步不仅是技术进步的延续，而且是技术革新的颠覆性高潮——它可能导致的历史进程与以前的创新浪潮的影响明显不同，詹姆斯·巴拉特称之为"我们最后的发明"①。在这一判断下，重要的社会经济问题不仅是就业冲击和收入分配问题，而且是科技伦理、人类文明生存和延续这类问题。

判断人工智能是不是奇点，一个重要的标准是人口增长和经济增长的速度是否呈现跳跃式上升。如果人工智能引发的并不是奇点式增长，那么可以预见的是，未来相当长一段时间内，由于索洛悖论的存在，经济增长率会处在一个相对较低的水平。而如果人工智能引发的

---

① 〔美〕詹姆斯·巴拉特：《我们最后的发明》，闫佳译，电子工业出版社，2016。

是奇点式增长，那么在库兹韦尔预言的时间节点 2045 年来临之后，人类社会的人口和经济增长将呈现一种爆发式的双增长。按照技术奇点的加速度理论，这种增速将远超过前两次奇点时代。在第一次奇点时代之前的狩猎采集社会，人类数量从 1 万人扩张到 400 万人历时 200 万年；进入农业社会之后，人口和产出大约每 900 年翻一番，比以前快了 250 倍；在进入工业社会之后，产出则每隔 15 年翻倍，比前一奇点时代快了 60 倍，汉森根据这一速度推测，如果人工智能是新奇点的话，那么产出将迅速提升到一个月乃至一周内翻倍，两年内增长 100 万倍。[1] 这样的速度和规模当然是一种颠覆性的文明质变。

奇点论者的依据首先在于库茨维尔关于科技增长以几何级数进行的结论，也即"加速度回报定律"，这也符合早期新制度主义者的工具组合原理，即技术越多，组合可能性就越多，技术进步速度就越快。从技术层面上判断，奇点论的依据在于，人工智能不是对人的体力的节约，而是智力的替代，人工智能早期投入虽然巨大，但扩散和复制成本快速递减，随着学习时间和学习内容的积累，智能水平也呈指数式发展。这种加速在技术上之所以可能，还因为计算效率的持续快速提高。统计表明，标准计算的费用在 1940~2012 年以平均每年 53% 的速度下降。如果高量子比特计算可行，计算将基本上是免费的，对人工智能的限制将主要是软件和工程。而量子计算机、云计算、物联网、机器学习以及纳米技术和生物技术的进展一旦聚合起来，就会导致更快的发展，最终引发技术奇点，完成从人工智能向超级智能（superintelligence）的转变，此时，"智力比在几乎每个领域中最好的人脑都要聪明，包括科学创造力"。[2]

历史上，类似的奇点预测曾出现过多次。例如，1958 年，西蒙等人就预测"十年之内，数字计算机将发现并证明一个重要的数学定

---

① Robin, H., "Economics of the Singularity", *IEEE Spectrum*, 2008, 45（6）: 45–50.

② Bostrom, N., "How Long before Superintelligence?", *Linguistic and Philosophical Investigations*, 2006, 5（1）: 11–30.

理"。1965 年，西蒙又进一步预言："二十年内，机器将能完成人能做到的一切工作"。1967 年，马文·明斯基（Marvin, M.）也预言："一代之内……创造'人工智能'的问题将获得实质上的解决"。1970年，马文·明斯基又断言："在三年到八年的时间里我们将得到一台具有人类平均智能的机器"①。但迄今为止，这些预言仍然还只是预言。其原因在于，上述判断或预测，都建立在"强人工智能可行"的基础上，而当前的人工智能，仍属于"数据＋统计"模式的弱人工智能。

按照是否具有人类的思考和认知能力，人工智能可以分为替代计算、预测和搜索的"弱"智能和具有人类思考和认知能力的"强"智能，而人工智能的研究进展至今仍集中在弱人工智能领域，其本质是"数据＋统计"模式这一 60 年来未曾改变的基础，其近年来之所以在识别、预测等领域取得突飞猛进的发展，只是得益于杰弗里·欣顿（Jeffrey, H.）等人对深度学习的推进。弱人工智能和强人工智能的差异在于：前者只需要机器像人类一样执行（perform as humans），为此只需要机器通过学习最终产生结果，且遵循"有多少人工有多少智能"的逻辑；而后者则需要机器像人类一样思考（think as humans），其原理是人类大脑的结构和工作模式，最后产生的结果并不是人工智能，而是智能人工（IA）。而在强人工智能发展的方向上，正如罗宾·汉森指出的那样，我们无法理解大脑的运作，因此只能模仿大脑，进行全脑仿真。也就是说，如果我们通过扫描人脑获得的信息足够详细准确，并且据此构建的模型足够强大，那么最终的模拟应该与原始大脑具有相同的输入输出行为。尽管在模拟神经元研究方面取得了不少进展，但由于人类的神经元多达千亿个，模拟大脑的实现无疑极为困难，"莫拉维克悖论"（Moravec's Paradox）——计算机可以替代复杂计算却永远无法模仿感知和运动，和"波兰尼悖论"——我们知道的

---

① Wikipedia, "History of Artificial intelligence", https://en.wikipedia.org/wiki/History_of_artificial_intelligence.

超过我们能表达的，仍构成强人工智能发展的重大障碍。因此汉森判断："我们还有很远的距离！"更为重要的是，由于我们仍然无法理解人脑的运作模式，即使在计算意义上达到模拟人脑的要求，我们也不知道究竟会发生什么。从这一根本性的约束上说，强人工智能突破的奇点时代距离我们还很遥远。

第二节　通用技术与索洛悖论

尽管如此，不可否认的是，弱人工智能时代已经日益趋近。对于这种人工智能的发展，联合国 2017 年发布的《新技术革命对劳动力市场和收入分配的影响》的报告中就判断人工智能有可能和历史上的蒸汽机、电力、计算机一样，成为一种通用技术（general purpose technology，GPT）。虽然它的技术基础是上一次信息技术浪潮的延伸，但从属性上看它是一种完全不同的技术，因此完全可能构成一个新的技术长波的标志。如果说奇点革命是一次大的新陈代谢，前奇点时代的生产方式和相关知识大部分都归于无用，那么作为一种新的通用技术的弱人工智能则更多地表现为对传统部门的重构，一如之前的任何一种通用技术的产生一样，索洛悖论将再现一次，短期内人工智能对经济增长的贡献不会有太多超出预期的表现。

索洛悖论所指出的 IT 投资与生产率之间的非显著相关性也被戈登、查斯曼等人观察到。不仅索洛等人观察到的 20 世纪 70 年代和 80 年代如此，而且统计也表明，即使在进入互联网技术快速发展的 20 世纪 90 年代以后，大部分美国人的实际收入仍停滞不前，生产率增长缓慢甚至减速。这一现象也发生在经合组织其他国家和大型新兴经济体中。2005 ~ 2016 年美国的总劳动生产率增长平均每年仅为 1.3%，不到 1995 ~ 2004 年的一半，而发达经济体的劳动生产率增长率在 2005 年以来一直在下降并保持在低位。根据经合组织统计，如果将 2008 ~ 2009 年危机期间的增长率排除在总数之外，30 个国家中有 28 个国家仍然呈现生产率增长减缓的状态①。Brynjolfsson 等的研究也指出，自动驾驶技术将使美国的司机数量减少 200 万，但劳动生产率每年仅会提升 0.17%。②

对于索洛在 1987 年提出的计算机技术与生产率悖论，Triplett 曾将其归结为多个因素，如计算机产业规模小、测度错误、学习成本高和时滞、通用技术的固有本性、利润再分配问题、管理不当等。③ 而 Brynjolfsson 等则指出，人工智能仍将出现和计算机一样的索洛悖论，原因有四。一是错误预期，指技术进步与预期的背离，即技术进步本身无法达到预期效果。错误预期主要来自实验室阶段、中试阶段的成果与最终大规模应用之间的技术－应用鸿沟。二是错误度量，即新技术红利已经产生，但无法得到精准测度。在这种情形下，事实上是效用及其组合本身已经发生了改变，但在统计数字上得不到明显的体现，如许多新技术（如智能手机、在线社交网络等）尽管发展迅速，也为消费者提供了大量新的效用，但这些技术由于相对价格较低且只占国内总产值的一小部分，因而在统计数据上并不明显。三是再分配效应。虽然新技术提高了少数行业和少数企业的效率，但大部分行业和企业效率改进不明显甚至下降，因此总劳动生产率改进不明显。与此同时，新技术在孕育新部门的同时也带来了旧部门的衰落，而弱人工智能的应用主要集中在预测、搜寻和广告推送这几个有限的领域内，对总劳动生产率的提升贡献并不大。第四，也是最为重要的原因，就是通用技术的实施和重组滞后。作为一种通用技术，人工智能的经济效应需要很长时间才能表现出来，一方面，新技术本身需要规模拉动，进而才能产生多部门的聚合效应；另一方面，新技术所涉及的各个部门之

① Chad, S., "Challenges to Mismeasurement Explanations for the US Productivity Slowdown", *Journal of Economic Perspectives*, 2017, 31 (2): 165-86.

② Brynjolfsson, E., Rock, D. and Syverson, C., "Artificial Intelligence and the Modern Productivity Paradox: A Clash of Expectations and Statistics", NBER Working Papers, No. 24001, 2017.

③ Triplett, J. E., "The Solow Productivity Paradox: What do Computers do to Productivity?", Canadian Journal of Economics, 1999, 32 (32): 309-334.

间需要互补性的投资；此外，通用技术需要组织重构，这也需要较长的调整时间和较高的调整成本。[1]

历史地看，工业革命以来，通用技术都经历过这样的滞后阶段。通用技术的确会成为生产发展的重要推动力，但它不会立即提供生产率增益。技术史表明，多种新技术的"并存但不爆发"往往会持续很长时间。只有各种新旧力量之间产生关联性，才会产生集中性的爆发并扩散到传统行业，才会彻底引发技术–经济范式的切换。煤和铁在第一次工业革命之前已经有了悠久的开采利用历史，是蒸汽机使之成为第一次工业革命的动力；交流电诞生于19世纪末期，但作为集中分布式能源影响到工厂的空间布局结构，则经历了近半个世纪的时间；晶体管、半导体在20世纪早期就存在，20世纪50年代就见证了集成电路和计算机的出现，但直到1971年的微处理器登场，才启动了信息化时代。这一时间上的滞后不仅是因为组织调整和模式重构需要成本和时间，更重要的是，需要等待其他互补性技术发展引起"共振"。

简言之，一种新的通用技术一直要等到足够的互补技术在效能和规模上得到全面耦合之后，其应用价值才能真正在总体经济数据中全面表现出来。在这一过程中，廉价的关键投入（铁、电、石油、芯片、存储器）是引发各技术系统自增强效应的"引爆点"，而各技术系统所对应的市场规模则决定了这种自增强效应形成的速度和强度。在历次技术革命浪潮中，随着技术系统的日渐复杂化，自增强效应涉及的子系统越来越多也越来越复杂，通用技术的扩散所经历的时间也越来越长，这也就是为什么"潜在的重组越深远，技术的最初发明与其对经济和社会的全面影响之间的时滞就越长"。[2] 在第一次工业革命中，只需要煤、铁、蒸汽机三者之间形成自增强系统，就可以迎来机

---

① Brynjolfsson, E., Rock, D., Syverson, C., "Artificial Intelligence and the Modern Productivity Paradox: A Clash of Expectations and Statistics", NBER Working Papers, 2017.

② Triplett, J. E., "Economic Statistics, the New Economy, and the Productivity Slowdown", *Business Economics*, 1999, 34 (2): 13–17.

械力的普遍增长。而在第二次工业革命中，则需要钢、铁路、内燃机、石油和汽车之间形成自增强系统，进而作为一种新的技术范式蔓延到传统部门从而使经济发生彻底的结构性变迁。人工智能作为一种新的通用技术，其涉及的自增强系统无疑要比之前任何一种通用技术都要广泛，而其涉及的需要重构的传统部门的数量和类别也远超以前任何一个时代，因而总时滞会更长。

如果人工智能是一种通用技术的话，那么这一时代的关键投入是什么？按照"最被需要"这一标准，人工智能本身就构成关键投入。但值得注意的是，人工智能具有与之前任何一种通用技术不一样的特征，因为人工智能本身很难被理解为一种类似铁、石油、芯片一样的有形产品。按照里夫金的"能源＋通信"定义新时代的标准，人工智能既不是一种能源，也不是一种通信技术，它只是"算法＋数据"，但它的效能又依赖高速微型芯片。因此，人工智能时代的关键投入不同于之前任何一个时代，它应由"算法＋数据＋芯片"三者共同构成一种复合型的"关键投入"。这三个部门共同构成"动力部门"，以这些关键投入为基础所刺激出来的快速增长部门如机器人、自动驾驶等则构成支柱部门（carrier branches）或者主导部门（leading sectors）。

第三节　人工智能如何影响就业？

作为一种拓展自动化、机械化和标准化的技术体系，人工智能的发展并不会像想象的那样产生对就业市场的巨大冲击，导致严重的失业。事实上，纵观机械化、自动化的历史，新技术虽然在旧的生产范式内不断通过去技能化挤出劳动力，但并没有减少对劳动力的总体需求，恰恰相反，与技术范式的不断切换相伴随的是对劳动力需求的增长和更高的实际工资。经济学家普遍认为，在人工智能冲击下，结构性失业无疑会发生，但长期内就业总量，甚至劳动收入份额都不会出现下降，真正值得担心的是由此带来的收入分配的不平等。

　　虽然新技术会造成对传统技术条件下某些特定工作的替代，但这种替代效应会受到来自多方面的反制力量的冲抵。阿西莫格鲁将这种反制力量分为以下四种。[①]

　　第一种反制力量是生产率效应。生产率效应表现为在自动化行业的同一部门对劳动力需求的增长，或者是对非自动化部门劳动力需求的增长。两者都可以抵消新技术的劳动替代效应。对于前一种情形，随着自动化部门效率的提升，该部门产品或服务的相对价格会下降，从而引发更大的需求，进而引起该部门本身的规模扩张，从而吸纳更多的劳动力。经典的例证就是ATM机的广泛使用并未减少对柜员的需求数量，相反促使银行在更大范围内开设分支机构，从而最终在总量上吸纳了更多的就业。对于后一种情形，随着自动化部门效率提升，该部门对上游部门（原材料或服务）产生更大的需求，从而引发了相关部门的扩张和雇员数量的增加，经典的例证就是飞梭的发明。虽然飞梭在生产现场减少了织布工的数量，但进而引发的对纱线、纺纱机和精梳机的需求则在总体上极大地增加了相关部门的就业。从生产率效应的意义上说，新技术对劳动力的替代效应不值得担忧，真正值得担忧的是生产率效应是否足够大。

　　第二种反制性力量来自资本积累。自动化意味着更大的资本需求，也意味着更大规模的资本积累，这一过程本身也会增加对劳动力的需求。我们可以将资本积累效应理解为人工智能部门本身快速扩张过程中所产生的对特定劳动力的持续需求。领英2017年发布的《全球AI领域人才报告》表明，在全球范围内，通过领英平台发布的AI职位数量从2014年的接近5万个增长到2016年的超过44万个，全球人工智能人才需求三年翻8倍。[②] 腾讯研究院的数据也表明，截至2017年

　　① Acemoglu, D., Restrepo, P., "Artificial Intelligence, Automation and Work", NBER Working Papers, No. 24196, 2018.

　　② 《全球AI领域人才报告》，https://business. linkedin. com/zh-cn/talent-solutions/s/sem-report-resources/ai-report。

6月，中国592家人工智能公司中约有39200位员工，但人才缺口高达两倍。

第三种反制力量来自自动化程度的加深，更具体地说，是来自自动化进程加深过程中的生产率效应。自动化技术如果是劳动节约型的，当然会产生很强的劳动替代效应，但自动化的深化过程也可能是资本节约型的，即提高已经自动化的生产部门中机器的生产率。在这种情形下，自动深化过程提高了资本生产率，但对劳动的替代效应并不明显，此时自动化程度加深则通过生产率效应发挥对冲作用。例如，数控机床对传统机床而言就是一种自动化深化，它对在位工人的工作性质和内容产生影响，但对工人数量减少的影响并不显著，因为数控机床通过生产率效应在本企业、本行业乃至相关行业和企业中创造了更多的劳动力需求。由于自动化进程一旦启动，就会有不断优化和深化的空间，因此这种自动化深化带来的新增就业也构成了反制新技术劳动替代效应的一种主要力量。

第四种反制力量，也是最为重要和最为根本性的力量，来自新工作的创造。阿西莫格鲁强调，创造新的劳动密集型的工作，尤其是劳动力相比资本而言具有相对优势的工作，可能是在快速自动化的情况下抵消新技术替代效应的最主要力量。如果说自动化具有替代效应，那么新工作的创造则具有一种恢复效果。工业化的历史表明，工业化不仅是自动化和机械化程度不断提高的历史，也是人类分工和职业类别深化扩张的历史。纺织、冶炼、农业和制造业的自动化与机械化进程，也对应着管理、财务、销售、广告和咨询等行业的产生与发展。阿西莫格鲁的研究也表明，从1980年到2010年，新工作类别的产生解释了就业增长的一半左右。埃森哲的研究报告也认为，人工智能已经产生了许多新的工作类别，涉及智能培训、系统建构与监护、个性化教育、医疗保健和设计等。

长期来看，阿西莫格鲁所强调的这种新工作创造的另一重重要意义，在于它遏制了劳动收入在国民收入中份额的下降趋势，而生产率效应、资本积累效应和自动化加速效应虽然可以产生抵消效应，但它们是边际效应递减的，其最终扩张和吸纳就业能力会趋于衰减，这样，持续的、不可逆的自动化最终仍将减少劳动收入份额。而唯有创造新的劳动密集型工作，尤其是不断创造出劳动力相对于机器而言具有相对优势的经济活动和职业类别，才能真正遏制和抵消劳动收入份额的下降趋势。而诺德豪斯则从另一个角度指出，人工智能时代的就业和劳动收入份额不会构成实质性的威胁，其原因在于人工智能时代，鲍莫尔病仍将持续发挥作用，只要信息产品和非信息产品之间不能完全替代，就会有新的部门以更强的能力吸纳劳动力。①

　　尽管人工智能从长期来看不会构成对劳动力就业和劳动收入份额的毁灭性冲击，但不可否认的是，在短期内，由于新技术的要求与现有劳动力技能之间的差异，这种冲击仍需要社会付出巨大的调整代价。快速自动化冲击下的劳动力市场调整过程将非常缓慢，人力资本的浪费将不可避免，这将集中体现在直接受到人工智能技术冲击和替代效应最为显著的行业。只有在教育和培训改善了人力资本的结构之后，这种调整才会结束。历史上对这种调整的漫长的记录不胜枚举：英国工业革命期间，虽然新技术不断引进，并最终导致了劳动力需求和工资的上升，但这一过程经历了数十年的长期工资停滞、贫困扩大和生活条件下降。这就是工业革命的"恩格尔停顿"（Engels' Pause），直到大众教育和其他人力资本投资提升了劳动力的技能之后，这种恩格尔停顿现象才消失。② 同样的情形也出现在 19 世纪末和 20 世纪初的美国，当时由于美国农业自动化水平大幅度提高，大批农业生产者面临失业窘况，美国为此推进了长达数十年的"高中运动"（High School Movement），规定每个美国人在年满 16 岁之后才能离开学校进入社会工

① Nordhaus, W. D., "Are We Approaching an Economic Singularity? Information Technology and the Future of Economic Growth", NBER Working Papers, 2015.

② Allen, R. C., "Engel's Pause: A Pessimist's Guide to the British Industrial Revolution", Oxford University, Department of Economics, 2007, 1471-1498.

作。美国在这一过程中不仅投入了大量的教育建设资金，也让大量农村劳动力失去了经济收入，但这一过程最终极大地提高了美国的劳动力质量，为其随后的经济快速崛起提供了优质而充裕的劳动力资源。[①]

正如 Korinek 和 Stiglitz 指出的，人工智能真正的挑战在于由此带来的收入不平等。他们将这一原因主要归结为创新租金分布的不平等。[②] 而联合国研究报告也特别强调，人工智能对全球价值链的冲击，将使落后国家更难实现向上的突破和发展，新的技术革命将使制造业和参与全球价值链（GVC）的成果变得更加集中，从而限制落后国家的结构转型。而奥拓对欧洲 16 个国家的研究也表明，自 20 世纪 90 年代的互联网高潮以来，1993~2010 年欧洲 16 国均出现了收入极化现象，低教育水平、劳动密集型和高教育水平、智力和技术密集型的工作职位呈现两极增长，但中等收入的就业岗位则呈现不同程度的下降，如司机、文员、财务助手等。[③] 虽然每一次技术革命浪潮下随着劳动力结构的调整，都不可避免地出现这种结构性极化现象，但值得重视的是，在之前任何一次技术革命浪潮下，劳动者均是作为纯粹的劳动力参与新的分工体系，而在人工智能这一次浪潮中，整个社会为人工智能提供了数据基础，在整个社会成员巨量的历史数据和不断更新的现实数据的基础上，人工智能的搜寻、预测和判断才成为可能。因此，如何使人工智能的创新盈余惠及更多的人，是政府公共部门尤其是税收立法部门应该重点关注的问题。

第四节　人工智能时代的中国优势

2017 年 7 月，国务院发布了《新一代人工智能发展规划的通知》，

[①] Autor, D. H. , "Why Are There Still so Many Jobs? The History and Future of Workplace Automation", *Journal of Economic Perspectives*, 2015, 29 (3): 3 - 30.

[②] Korinek, A. , Stiglitz, J. , "Artificial Intelligence and Its Implications for Income Distribution and Unemployment", NBER Working Papers, No. 24174, 2017.

[③] 许可：《人工智能的算法黑箱与数据正义》，FT 中文网，2018 年 3 月 7 日。

确立了"三步走"目标：到 2020 年人工智能总体技术和应用与世界先进水平同步；到 2025 年人工智能基础理论实现重大突破、技术与应用部分达到世界领先水平；到 2030 年人工智能理论、技术与应用总体达到世界领先水平，人工智能核心产业规模超过 1 万亿元，带动相关产业规模超过 10 万亿元。而普华永道预测，到 2030 年，中国的人工智能产业规模将达到 7 万亿美元，是美国的两倍，中国将成为世界第一人工智能大国。而从现有的公司数量和融资规模上看，已经形成中国和美国二强争霸的格局。根据 Venture Scanner 的数据，截至 2017 年 6 月底，全球专业从事人工智能的初创企业总数达到 2542 家。中美两国占据全球人工智能初创企业总数的 2/3，其中美国有 1100 家左右，中国有 600 家左右。在 2017 年上半年，中国在人工智能领域产生的融资已经超过 150 亿元，累计融资额攀升到 635 亿元，占全球融资总额的 33.18%，超过除美国外其他国家的总和。

中国成为世界第一人工智能大国有无可能？按照新熊彼特学派的观点，后发国家的技术追赶存在两种机会窗口。第一种机会窗口只与传统产业相关，而与新技术革命和新兴产业无关，这种机会窗口同时意味着高的资本准入门槛和知识门槛，以及逐渐饱和与收益递减的产品市场；而第二种机会窗口则与激进的新技术革命相关，后来者刚开始并不是新技术的最初发明者，但在一种新的技术长波启动之初，先进国家和后发国家基本处在同一起跑线上，后发国家可以很快通过自主创新等措施和利用国内市场规模等条件占据技术革命的制高点。因此，技术经济范式的切换可以为后发国家实现技术追赶提供"第二种机会窗口"。而且由于组织和用户对传统技术－经济范式的路径依赖弱于发达国家，后发国家在新技术－经济范式出现初期反而具有后发优势。具体到中国，改革开放四十多年来，我们以模仿者和跟随者的身份比较完整地经历了第五次技术长波的导入期和拓展初期，在这一过程中形成了完整的产业链、世界工厂的生产能力和一定的技术能力，在环境、资源和劳动力成本约束下，本身已经面临着很大的升级压力，这在客观上构成了对人工智能这一新的通用技术的强大的创新需求。

从历次技术长波的历史观察，在一个新的技术长波进入导入期之后，一国能否成功地保持新技术长波中的领先地位或实现赶超，取决于两个因素。一是能否在关键投入即动力部门中取得领先地位，二是能否快速地让动力部门、主导部门和引致部门之间形成利润率和生产率提升的正反馈。而这两者既取决于技术能力（知识积累），也取决于生产能力（规模经济）和生产体系的多样化程度（网络经济）。从中美两国人工智能的发展现状看，中国主要集中在规模优势主导的应用层，尤其是消费类终端或服务；而在技术层，即人工智能通用技术平台的发展上，中国在计算机视觉与图像、智能机器人和自然语言处理等领域也有很好的表现，但在包含人工智能芯片、算法和数据的基础层上，中国则弱于美国，与美国各大人工智能公司都有自己的人工智能芯片相比，中国目前仅有百度有自己的芯片 DuerOS。由于基础层是长期发展的关键支撑，因此，一个普遍的担忧是基础层的薄弱将制约技术层和应用层的发展，最终中国将成为人工智能大国而非人工智能强国。

虽然中国目前在芯片和技术平台上处于劣势，但正如前文所阐述的那样，人工智能时代关键的是芯片、算法和数据的复合型投入，这三者互为依存，脱离任何一种都无法支撑"智能"。目前中国人工智能基础层的落后主要集中在芯片领域，但由于人工智能目前仍处于技术浪潮的导入期，中国仍有赶超时间。而且从人工智能的发展趋势看，量子芯片必然成为未来的主流，而在量子芯片层次上，中美其实同样处于"第二种机会窗口"的起点。而在算法领域，通用的算法知识是一种公开知识，深度学习模型的扩散就是如此，而具体的应用算法则构成各人工智能公司的核心机密，由于数据正义和数据隐私的要求，在公众压力和政府立法部门的干预下，这种具体算法也面临着越来越大的开放压力。但是数据不仅是一种垄断性资产，也是一种不可转移的资产，这种不可转移性，源于数据必须和数据的产生主体时刻关联，一旦脱离这种关联，即时数据就成为无根之木、无源之水。而在数据方面，依托庞大的人口规模和用户市场，中国具有无法替代的规模优势。截至 2017 年 6 月，我国网民规模达到 7.51 亿，是美国人口的两倍，互联网普及率为 54.30%，移动宽带用户总数达到 10.40 亿，4G 用户总数达到 8.88 亿户，网民使用手机上网的比例高达 96.30%[1]，移动互联网规模居于全球绝对领先地位。在数据生成和数据用户上，这一庞大的规模必然为人工智能时代的关键投入之一——数据提供持续而坚实的基础。

一旦在基础层构成竞争力，那么借由庞大市场规模构成的规模经济和产业部门的多样性形成的网络经济，就将使人工智能的动力部门和支柱部门、引致部门之间形成不可逆的正反馈效应。庞大的市场规模意味着单位成本的降低，新技术更容易得到市场回报，进而激励企业增加投入研发，而产业部门的多样化则有助于形成新技术 - 经济范式下的技术耦合和互补效应，促进新技术的扩散与技术 - 经济范式的形成。包括美国在内的西方发达国家在第五次技术长波后期都不同程度地经历了去工业化的过程，其部门间的需求引致创新能力有限将成为制约人工智能产业发展的主要因素。因此，人工智能这一新的通用技术不仅为中国实现赶超提供了"第二种机会窗口"，而且在这一通用技术的基础层、技术层和应用层上，中国也完全有抓住这一机会窗口的能力和基础。当前最为重要的，不仅是要加大关键投入即芯片的研发投入，实现《中国制造 2025》中 2025 年芯片自给率达到 50% 的目标，而且更要促进中国数据市场的发展和产业协同效应的发挥，以及通过教育和相关培训为人工智能提供充足的人才储备。

---

[1]《第 40 次中国互联网络发展状况统计报告（全文）》，中国网信网，2017 年 8 月 4 日，http://www.cac.gov.cn/2017 - 08/04/c_1121427728.htm。

第九章 "看经济"有何不同?

近年来，我国短视频、直播平台进入爆发性增长阶段：2022年2月，中国互联网络信息中心发布的《第49次中国互联网络发展状况统计报告》指出，截至2021年12月，我国短视频用户规模达到9.34亿，较2020年12月增长6080万，占网民整体的90.5%；而电商直播用户规模达到4.64亿，同比增长7579万。不仅规模惊人，而且从经济效应上看，短视频、直播平台也表现出广泛而深远的影响力。首先是带动就业，2020年，仅抖音短视频平台带动的直接和间接就业规模就达到了3617万个，平台汇聚了超过2200万个的创作者，共实现了超过417亿元的收入；其次是商业模式和业态重构，短视频和直播平台的兴起，引发了内容生产和电商业态的巨大变化，不仅催生了数十家涉及MCN营销业务的上市公司，而且还孵化出了诸如杭州九堡、义乌北下朱村等相关产业集聚区，MCN孵化与营销、短视频和直播的相关技能培训行业已经成为一个规模相当可观的新产业；最后是引导企业数字化转型，2020年以来，大量中小劳动密集型企业开通短视频和直播账号，通过直播方式开启低成本数字化转型之路，对打造企业订单化、定制化生产和动态库存能力，形成弹性供应链，具有明显效果。

不仅规模大、增速快、经济影响广泛且深远，而且由于短视频和直播平台所具有的"消灭距离"、成本低、动态性高以及丰富的变现机制等特点，其能在一定程度上降低地域差异、性别差异和受教育程度不同等因素所造成的机会不均等，可以使不同地域、性别、禀赋的内容创作者获得就业和财富创造的机会。从现实看，短视频和直播平台不仅在兴趣电商和社区内容分享方面快速发展,而且在乡村振兴、扶贫助农、旅游开发、泛知识传播、中小企业数字化推广等领域,也走出了一条独特的共享价值创造(creating shared value)之路。以扶贫助农为例,《第49次中国互联网络发展状况统计报告》指出,在短视频应用助力农产品销售方面,2021年1月至10月,仅快手就有超过4.2亿个农产品订单经由直播电商从农村发往全国各地,销售额和订单量与2020年同期相比,分别增长了88%和99%。

以短视频、直播平台为代表的"看经济"所表现出的这些经济影响,是"听经济",如喜马拉雅、得到等,与"读经济",如知乎、微博等所无法具备的。与此同时,短视频、直播平台重构业态的广度和深度,也远远超过了滴滴、美团等传统消费互联网平台。根据 Quest-Mobile 数据,截至2021年9月,短视频与本地生活行业重合用户规模已达3.81亿,同比提升33.7%。抖音电商、抖音团购等已经融合了电商、团购和评价的功能,而直播则不仅成为传统电商改版升级的"标配",而且也成为企业自营电商以及低成本数字化转型的基本方式。

"看经济"具有哪些其他类型平台所不具备的特征?其运行机制有何又因何不同?在短视频、直播日渐成为一种大众生活方式之际,如何引导短视频与直播平台健康、持续发展,使"看经济"赋能更多群体和更多领域,助力共同富裕?本章将对此进行探讨。

第一节 平台组织的演化与分类

大数据、区块链、人工智能等数字技术正在深刻改变着生产组织方式。对于不断涌现的新的组织形态和商业模式,基于不同的视角,学者们分别以"共享经济""分享经济""平台经济"等新的经济范畴加以概括和分析。这些定义从不同角度概括了数字经济2.0时代新型生产组织形态的关键特征,或者强调了生产组织方式的独特性,或者反映了劳动雇佣方式的新变化,不过都强调配置商品和服务的过程离不开平台。平台不仅通过文字、图片和视频等电子化存储方式集合了海量供需信息，而且具备连接供需两端、实现经济需求的功能。

平台组织的兴起与数字技术的进步直接相关。早在 20 世纪 90 年代，各种平台就已经开始萌芽，如早期的 ebay、亚马逊等，以 zipcar 为代表的分享经济平台以及网络 BBS 和各种论坛等，它们都具有典型的平台属性，但并未带来生产组织形式的变革。随着移动互联网、大数据和人工智能等新一代数字技术的进步，数据规模、维度、处理能力与传输速度得以飞速发展，平台组织也日益成为数字经济时代最为典型和普遍的生产组织方式。一方面，多维数据的海量汇聚具有规模效应，在新一代数字技术出现之前，信息从数据到指令这一过程的转化虽然可以实现专业化，但难以实现多维数据之间的互补性，不仅效率低下，而且准确度不高。而 5G、人工智能等新一代数字技术的出现，不仅为数据的专业化，而且为数据的规模化、即时化和智能化提供了技术支持。另一方面，相当一部分商品和服务可以在平台上通过"物化"（embodied service）的方式得以呈现，或者通过数字化直接实现服务，如音乐和广告等，或者借助虚拟产品和服务的相关信息达成交易之后，再提供实际服务，如电商、外卖等。

"距离的消失"与"时间的稀缺"是平台组织的通行经济规律。一般而言，经济主体之间、经济活动之间联系的"密切"度，与空间距离通常成反比，但平台组织兴起之后，空间距离对成本的影响被压缩为单一的运输成本，制度性交易成本大幅降低，导致了"距离的消失"。与此同时，时间则成为平台发展最为重要甚至是唯一的制约因素。这是因为，即使在空间连接效率不断提高以及空间解构深度和广度不断拓展的前提下，经济主体的时间仍然是稀缺的。当消费端和供给端在空间上可以借助平台实现信息汇聚、产品与服务展示和行为倾向表达时，经济主体也必须面临选择的时间成本，注意力因此也成为平台竞争的决定性因素。而这就要求平台组织不仅要实现海量的信息汇聚，而且需要在信息汇聚中实现更为精准和细化的"连接"，即通过对需求端偏好、地理位置和数量的深度分析，准确地将供给端与之匹配的产品和服务在有限的时间内推送到需求端。平台组织也正是基于这一数据汇聚、加工和匹配的生产过程，才能获得交易佣金和广告收入。这也就意味着，不仅数据体量，而且数据分析水平和数据的即时性，构成平台竞争力的核心要素。

对于平台组织，当前学术界和政府部门主要按照功能进行分类。谢富胜等人[1]将平台组织分为如下几种类型：第一类平台组织促进商品和劳务的流通，通过提供产品和服务的线上交易中介服务，向卖方收取服务费或从交易金额中抽成，其代表形式如京东与淘宝等提供实体产品的交易中介、滴滴与58同城等服务中介；第二类平台组织则是便利信息传递和社会交往，提供免费的社交媒体和搜索引擎服务，通过出售广告位获取收入，其代表如脸书和微信；第三类平台组织为整个平台经济的运行提供数字化的物质技术基础，向使用者出租互联网硬件和软件，收取租金费用，如亚马逊网络服务、谷歌应用引擎和通用电气的工业互联网平台。Koskinen等[2]则将数字平台分为创新型数字平台与交易型数字平台两种类型。而国家市场监督管理总局2021年10月29日发布的《互联网平台分类分级指南（征求意见稿）》中，按平台的连接属性和主要功能将平台分为网络销售、生活服务、社交娱乐、信息资讯、金融服务和计算应用六大类别，如表9-1所示。

表9-1 国家市场监督管理总局的互联网平台分类

平台类别	主要功能	连接属性	分类
网络销售	交易	人与商品	综合商品交易类、垂直商品交易类、商超团购类
生活服务	服务	人与服务	出行服务类、旅游服务类、配送服务类、家政服务类、房屋经纪类

① 谢富胜、吴越、王生升：《平台经济全球化的政治经济学分析》，《中国社会科学》2019年第12期，第62~81页、第200页。

② Koskinen, K., Bonina, C., Eaton, B., "Digital Platforms in the Global South: Foundations and Research Agenda", International conference on social implications of computers in developing countries, Springer, Cham, 2019: 319-330.

续表

平台类别	主要功能	连接属性	分类
社交娱乐	社交娱乐	人与人	即时通讯类、游戏休闲类、视听服务类、直播视频类、短视频类、文学类
信息资讯	信息资讯	人与信息	新闻门户类、搜索引擎类、用户内容生成（UGC）类、视听资讯类、新闻机构类
金融服务	融资	人与资金	普惠金融类、支付结算类、消费金融类、证券投资类、金融资讯类
计算应用	网络计算	人与计算能力	智能终端类、操作系统类、云计算类、手机软件（App）应用商店类、网络服务类、工业互联网类

　　总体而言，当前对数字平台的分类尽管有所差异，但基本上是按照功能领域进行划分，按照功能进行分类固然简洁，但对于认识不同平台的特征而言，存在两个弊端。第一，难以反映平台的多功能发展趋势。随着人工智能和5G、VR/AR等新一代数字技术的进一步发展，平台组织已经在内容和功能上开始出现跨平台延伸，如社交平台不仅承担了信息传递和社会交往功能，同时也衍生出微店等电商中介服务，电商平台在促进交易达成的同时，也开始形成社交功能，如淘友群等。在国家市场监督管理总局的分类中，短视频和直播虽然都归类于社交娱乐类平台，但在功能上显然已经不同于即时通讯、游戏休闲和视听服务等社交娱乐类平台，而是具有明显的网络销售和信息资讯功能，这种内容的延伸和融合，意味着平台正在向内容和功能的多元化方向发展。第二，功能分类并不考虑不同平台的信息表达方式的差异，而信息表达方式的变化，往往是平台功能、特征和运行机制变化的关键原因。虽然平台信息最终可以转换为数据格式，但不同经济主体之间是以不同的信息表达方式而连接起来的。如果对信息格式本身不进行区分，就难以发现不同信息类型平台在价值创造、经济联系上的独有特点，从而也就难以对平台进行精准有效的治理。

　　按照传播学的"媒介即讯息"理论，并不是媒介所传播的内容，而是媒介本身，对社会活动起着决定性的作用。媒介的变化，不仅是技术变迁的表征，同时也体现信息格式和传播方式的变化，进而影响人际互动方式，进而影响经济交往方式。烽火台、图形、文字、声像到摩尔斯电码均可表征和传递信息，但信息格式及相应媒介的变化，对应着完全不同的信息效率，也对应着完全不同的生产方式和生活方式。作为当前飞速发展的平台类型之一，短视频与直播等新的数字化平台也同样具备所有平台的基本特征，如都是信息的重要载体，都需要通过数据汇聚、存储与分析形成确定性指令，以实现不同经济主体之间的连接，同样存在网络效应和规模效应等。但是，视频信息相较于文字、图片信息的变化，使短视频和直播这类"看经济"在连接经济主体以及创造、实现和分配价值的机制上也有所不同。

第二节 短视频和直播平台的独特之处

（一）短视频平台的特征与成因

短视频是指以新媒体为传播渠道，时长在 5 分钟以内的视频，其是继文字、图片、传统视频之后新兴的又一种内容传播载体。短视频平台则是通过聚合短视频而形成多方信息汇聚和实现经济需求的平台组织。

短视频的兴起是互联网"数据＋连接"体系飞速发展的产物。在数字经济 1.0 时代，网络承载的主要是文字和像素较低的配图，在流媒体技术兴起之后，音频这类对存储与带宽要求较低的数据资源才开始发展，而在移动互联和 WiFi 普及之后，短视频这种高密度的多维信息开始迅速发展。与"图文＋搜索"时代相比，"视频＋算法＋兴趣社交"的内容与分发逻辑大大提升了用户获取信息的效率。而短视频平台在生活场景和商业化方面的多元接口也使其突破了娱乐平台和社交平台的限制，相比"听经济"与"读经济"，短视频不仅涵盖了广告、直播、手机游戏、电商等多种业务类型等，还具有多种多样的变现渠道，如植入广告、个人橱窗、直播带货等。

无论是与 YouTube、bilibili 等社区类长视频平台和优酷、爱奇艺与网飞等文娱节目类长视频平台相比，还是与微博等音频图文社交类平台相比，抖音、快手等社区类短视频平台都有很大不同，这主要体现在以下几个方面。

第一，成本低。与长视频相比，短视频胜在短，由于时长短，制作成本就相对较低；与音频、图文平台相比，短视频又具有更为直观和丰富的"被看见的力量"。而且，相比于"听经济"和"读经济"，短视频这种"看经济"对内容创作者和用户的数字技能要求更低，内容更为简洁也更接地气，也更能吸引观众，从而可以快速吸引大量用户，并形成海量的受众群体。

第二，速度快。由于短视频具有"短"和"刷"的属性，其生产和传播都依赖碎片化时间，这就降低了信息生产与传播的时空要求，传播速度也就更快。而要在时间稀缺这一制约条件下提高注意力配置效率，就需要通过平台算法进行数据的精准分析和精准推荐，优化视频的最终完成度，提升传播效果。而更准确的内容匹配度又有助于锁定特定偏好的受众群体，这就使短视频传播具有更强的社交属性，进一步加快了短视频在特定兴趣社交群体中的传播速度。

第三，动态性高。在利用海量主体碎片化时间形成多渠道内容来源的过程中，短视频平台必须不断用算法进行流量的动态分配，促使兴趣社区的形成、重构与调整。尽管平台的流量头部汇聚效应同样存在，但在内容分享导向下，新的兴趣社区可以不断细分和拓展，这就使短视频平台在内容和结构上具有更高的动态性。随着内容和结构的不断变化，对应的创作者和观看者群体也具有更高的流动性。

短视频平台的这三个特点，源于其"短"和"视频"这两个根本属性。网络时代，决定用户注意力的最关键要素，是信息的精度、密度和信度，即能否实现多维刻画，能否在既定时间内传播更多信息，是否具有快速的互动、评价和纠错机制。从这三个方面来看，短视频平台更具有优势：从信息精度而言，短视频在承载了文字、图片、声音信息的同时，还包含了人物表情、动作、地理位置等多种信息，有利于多方位展示商品、服务、个人和事件；从密度而言，由于时间短，短视频平台要求视频内容包含更密集的信息量，能在碎片化的时间内持续不断地进行内容推送；从信度而言，在算法支持下，短视频按内容被归于不同类型的虚拟兴趣社区，平台按兴趣需求对注意力进行持续的算法配置，在匿名规则下，用户之间可以更为自由地互动和评论，从而形成了更高的信度。

（二）直播平台的特征与成因

在某种意义上，直播可视为"可变现的持续短视频"。相较于短视频而言，直播时间更长，但它同样给直播受众提供了刷、退、换和互动等多种服务。从各自的优势和短板而言，短视频成本低、时间短、内容少、传播快，利于内容创新和获取关注，但缺少变现渠道；直播成本高、时间长、内容多、互动多，传播和获取关注较难，但利于变现，两者存在明显的互补性。短视频和直播可以同时嵌入同一平台，也可以独立存在于不同平台，同一主播可以通过短视频和视频直播两种形式的切换，实现流量变现和流量形成与巩固之间的互补。但与短视频平台相比，直播平台仍有其不同的特征，具体如下。

第一，虚拟商店。直播平台通过主播展示和讲解，促进线上交易的达成，且其容量不受时空限制，具有极强的规模效应。而直播这一形式之所以快速兴起，在于它解决了传统电商无法实时互动和动态观看的两大难点，大大降低了商品推广成本。尽管与短视频相比，直播需要更多的人力、场地、资金与时间投入，但在总成本上仍远低于线下实体商店。尤其是，作为一种虚拟化的商店，直播大大淡化了商业级差地租的重要性。决定商业流量的，不再是传统线下商业实体的地理位置，而是作为网络营销员的主播的讲解说服能力，以及主播背后团队的服务水平和相应的供应链能力。

第二，中介性与催化性。直播的"看得见"和互动功能，能使其商品展示与用户互动具有实时性、真实性和灵活性，从而能更好地发挥交易中介的功能。一方面，平台用户的庞大基数和黏性降低了直播电商的获客成本，批发商、经销商和零售商等传统销售渠道中的环节被大大压缩，也削减了商品流通的中间成本；另一方面，粉丝对主播的信任又降低了用户决策成本，缩短了用户信息搜寻时间，同时粉丝与主播的互动可帮助发掘潜在的消费群体。与此同时，直播还具有供应链的催化功能，直播现场互动信息与消费数据的即时反馈，倒逼生产端和物流环节提高响应速度和服务精准程度。于厂商而言，虽然借助直播直连消费者大大降低了"惊险一跳"的风险，但必须同时具备一定的柔性生产能力和敏捷供应链能力，才能适应直播供货。因此，在短视频和直播变现的过程中，传统的商业模式、产业关系和顾客关系管理都发生了深刻的变化。

第三，多方主体。直播比传统电商蕴含着更为复杂也更具弹性的利益链条，在整个直播链条上，存在厂商、平台、消费者和 MCN（multi-channel networks，多频道网络）机构、KOL（key opinion leader，关键意见领袖）和 KOC（key opinion consumer，关键消费领袖）之间的复杂链条。在直播过程中，厂商通过主播与受众之间的即时互动快速获取（潜在）顾客真实与稳定的需求反馈，倒逼厂商与上游供应商持续进行生产改进，做到按需生产。MCN 机构为主播（KOL）提供服务团队，并分担厂商的履约义务，负责售后跟踪。同时主播依赖庞大粉丝群体的深度信任在与厂商的谈判中具有较强的议价能力，以确保直播受众获得更多的消费者剩余。厂商则通过直播平台直连消费者，节约了流通费用，并能够根据销售情况调整上线时间、介绍时长和生产量、物流时间，提高了资金周转效率。在传统的实体商场销售模式中，各利益相关方按照基本利益诉求形成看似稳定实则僵化的合作关系（商场确保租金，厂商确保基本利润，商家确保在扣除人员工资和店铺租金之后的基本利润），但直播销售主要是依赖虚拟空间容客量近乎无限、平均获客的边际成本下降并逐步趋零的优势，在数据效能保障下，使各方获得稳定的流量，形成一体化且极富弹性的利益链条。

正是由于直播的这些独有特征，直播电商近年来发展迅猛。艾瑞咨询的研究报告指出，2020 年，中国直播电商市场规模已经达到 1.2万亿元，年增长率为 197%，2021 ~ 2023 年的年均复合增速可达到58.3%，到 2023 年，规模将超过 4.9 万亿元。[①] 直播带货不仅已经成为当前电商的常态化营销方式，也成为了厂商的新兴销售渠道。与此同时，直播电商在社会消费品零售市场和网购市场也极快渗透，2020年，直播电商在社会消费品零售市场中的渗透率为 3.2%，在网购市场的渗透率为 10.6%，预计 2023 年后者将高达 24.3%。而直播则可以进一步拓展为"直播 +"模式，如"直播 + 游戏""直播 + 秀场""直播 + 购物""直播 + 教育""直播 + 社交""直播 + 旅游"等多种生态模式。

短视频和直播所具有的这些特征，使其较其他信息类型的平台在传播方式、传播速度、用户性质上都有所不同。与滴滴、美团等中介类平台相比，短视频和直播平台在参与主体上不同，前者主要通过平台的大数据挖掘来匹配服务提供者，以满足商品或服务需求，但后者则带有明显的产销合一或者"玩工"性质；与今日头条等信息资讯类平台相比，短视频和直播平台不仅在信息展示方式上不一样，而且在信息传播上也具有典型的 IP 独占性，即视频创作者和直播主播与视频信息天然不可分离，这种天然的 IP 保护，不仅能更进一步激发内容创作者的积极性，而且也更利于形成独占性社会资本。在智能化传播的过程中，不仅可以一键形成海量的个性化视频内容，而且在传播过程中更容易产生不同尺度上的改变，典型如"拍同款"中的同款复制导致异质性内容的涌现。这些巨大的差异，同时也意味着短视频和直播平台的价值创造和分享的机制与传统平台存在不同之处。

---

① 《艾瑞咨询：〈2021 年中国直播电商行业研究报告〉（PPT）》，网经社，2021 年 9 月 13日，http://www.100ec.cn/index/detail—6600728.html。

第三节 "看经济"赋能
普惠性发展

党的十九届五中全会对扎实推动共同富裕做出重大战略部署，与此同时，数字经济作为中国经济增长的新动能也得到了反复强调。《"十四五"数字经济发展规划》明确指出，"十四五"时期，我国数字经济转向深化应用、规范发展和普惠共享阶段。作为数字经济时代主导性的生产组织方式，平台组织正在全面推动生产方式和生活方式发生深刻变革，在释放其经济效能的同时，也带来了诸多社会经济问题，如数据垄断、算法歧视等。那么，以短视频和直播为代表的"看经济"，能否以及如何赋能普惠性发展？

对于平台经济能否助力普惠性发展，推进共同富裕，学术界也存在明显不同的声音。有学者认为平台经济具有较强的普惠性和分享性，能够为金字塔底层群体（bottom of pyramid，BOP，即符合低收入、低教育和低技能与高职业边缘化水平特征的人群）创业提供机会，且正日益成为推进共同富裕的重要载体。[1] 但也有学者认为，数字平台经济红利的非均衡分配，可能加剧数字鸿沟，使群体的使用障碍、服务排斥、算法歧视与算法控制等不足凸显并且进一步扩大收入差距。[2] 平台经济在成为普通公民生活日常的同时，如何通过适宜的政策供给使其发展效能得以充分释放并被普惠性共享？如何在激励平台企业创新的同时引导算法向善和共享价值创造（creating shared value），是当前平台经济发展亟待解决的问题。

---

① 刘亚军：《互联网使能、金字塔底层创业促进内生包容性增长的双案例研究》，《管理学报》2018 年第 12 期，第 1761～1771 页。

② 刘伟：《"人性秩序"还是"机器秩序"：数字治理中的正义修复——基于技术政治性视角的剖析》，《理论月刊》2021 年第 9 期，第 78～86 页；邢小强、周平录、张竹、汤新慧：《数字技术、BOP 商业模式创新与包容性市场构建》，《管理世界》2019 年第 12 期，第 116～136 页。

正如前文指出的那样，忽视平台所承载的信息内容的变化，就忽视了不同平台所具有的独有特征和经济变现机制，鉴于直播和短视频等"看经济"平台所具有的独特特征及其成因，有必要对其能否赋能普惠性发展进行单独的甄别和讨论。普遍认为，互联网对劳动收入的影响满足数字鸿沟分层理论的"幂次定律"，即数字技术扩散具备普惠性，但其对于不同受教育水平群体的作用效果存在差异，受教育程度越高的群体获益越大，这种"幂次定律"也得到了大量实证研究的证明。但在短视频和直播这种"看经济"平台上，数字技术的影响明显与"幂次定律"有所区别。在数字红利分布上，短视频和直播这种"看经济"平台并未表现出受教育程度的差异，相反，从性别、受教育水平、社会资本积累甚至所处地域看，短视频和直播平台上的从业者呈现大众化甚至偏向弱势群体的特征。从地域上看，根据《2021年中国直播电商行业研究报告》，来自二线及以下城市的带货主播数量占比25.9%。在抖音平台上，粉丝上万的直播主播较为密集地分布在三线以下城市。短视频创作者所处城市分布中，超一线城市和五线城市是占比较小的两端，而新一线、二线、三线城市成为中部力量，构成典型的"橄榄型结构"。从群体分布上看，短视频与直播平台也表现出两个明显的特征。一是女性偏向，《2021抖音女性数据报告》显示，近1320万女性从抖音平台上直接获得收入；带货达人总数中，女性占比58%；带货达人总销售额中，女性达人带货销售额占比64%。二是低受教育年限群体偏向，在直播行业中，初中以下学历、专科、高中高职以及本科的主播占比在2020年基本为4∶3∶3，2021年本科主播增长了近五个百分点，但初中以下学历、专科、高中高职主播仍占到了66.8%。无论从地域还是群体偏向上看，短视频和直播平台都为人力资本积累水平相对较低的人群创造了新的就业机会。不仅如此，在乡村振兴与发展、中小企业数字化转型、文旅产业振兴和泛知识传播等诸多领域，短视频和直播平台均发挥出了明显的普惠性作用。

短视频和直播平台之所以表现出这种普惠性，在于短视频和直播平台的价值创造和分享的机制与传统平台有所不同。

1. 短视频和直播平台是具有结构性涌现特征的复杂巨系统

得益于较低的准入门槛，短视频和直播平台拥有极为庞大的用户群体，9.34 亿的短视频用户和 4.64 亿的电商直播用户规模，不仅为内部细分市场提供了极为广阔的空间，而且数以亿计的用户构成了一个庞大的复杂巨系统。这一复杂巨系统具有典型的结构性涌现特征：基于兴趣的内容分享，使用户按兴趣自然形成无数个动态的虚拟社区，且这些虚拟社区并不存在刚性边界，而是可以不断渗透和拓展，从不断产生出新的兴趣热点，汇聚新的兴趣群体，形成新的虚拟社区，不断呈现结构性变化。创作者基数大和创作成本低，保证了视频主题的多样性和同主题内容的异质性，与此同时，平台不断按兴趣转移与热点需求形成新虚拟社区的机制，又可以保障短视频内容创作者及粉丝群体的高动态性和流动性，从而也就避免了平台视频内容的同质化和创作者主体的躺平化。

持续的热点切换，不仅对应着流量导向的变化，而且也对应着用户主体的变化，在使内容与主体均呈现结构性变化的同时，也就导致了注意力资源的重新分布，进而形成了新的价值创造和价值分享。这意味着，短视频和直播平台即使在用户规模和浏览时间达到极限的同时，仍然可以通过内部结构的动态调整，获得类似于产品创新的技术进步；通过不断替换新的兴趣点，引起注意力与对应的购买力的流动，在新的增长点上重新开启规模经济和范围经济。这种结构性涌现（structural emergency）虽然同样存在于社交类平台如微博、今日头条等，但其潜在的经济效应（变现性）远不及短视频和直播平台。从这一意义上而言，目前用于衡量短视频和直播平台活跃指数的日活量、用户浏览时间等指标将逐步失效，而更具有评价意义的是"结构性涌现"的频次，如内容产品属性和热点内容的变化。

因此，尽管从结构上看，短视频和直播平台和其他基于注意力资源的平台一样，也呈金字塔形状，但其内容结构能保持频率更高的变化和流动，这体现在以下两点。第一，尽管头部主播最具有流量集聚效应，但只有保持内容的不断更新，才能始终保持流量稳定，而内容更新意味着对应的可变现产品、服务和相关产业链也会随之发生变化。易言之，尽管流量大量汇聚于少量头部主播，但与其相关联的产业链和相关利益主体始终处于动态变化之中。头部主播流量明显类似于知名商场，人流如织并不仅仅使商场获益，大量的商品生产厂商（产品相关产业链）和商场服务人员（MCN 机构及其衍生产业的雇员）都将从中获益。第二，在结构性涌现存在的前提下，底部、腰部和头部主播的流量也始终处于开放流动状态，这就形成了短视频和直播平台上频繁的掉粉、涨粉、新号爆粉等现象。例如，从主播年涨粉效率来看，2020 年抖音有 30% 的主播掉粉，半数以上的主播涨粉在 10 万以内，而涨粉百万的主播仅有 0.27%。[①] 与此同时，抖音上 20% 的百万赞视频仍然是由不到 50 万粉丝的中底部主播生产创作，小号出爆款、新号一夜爆粉的跃迁，意味着平台内部始终存在结构性涌现的机遇。这就意味着，作为"内容创作—分享—获得潜在收益"的平台，短视频平台不仅始终存在巨大的竞争性，而且具有明显的外溢性。正是这种巨大的竞争性和明显的外溢性，使短视频和直播成为进入退出灵活、潜在受众面极其广泛且包容性极高的行业，从而具有了赋能普惠性发展的可能性。

2. 短视频和直播平台具有更富弹性的契约

与外卖、电商等平台不同的是，短视频平台在创作者开始发布视频时，并不以直接达成交易为目的，也不直接形成与厂商和消费者之间的契约关系和交易行为。在形成基本的变现能力之前，短视频平台仅具有内容分享功能，并不存在企业、发布者和平台之间的租赁或其他形式的契约关系。当内容创作者与一定数量规模的内容欣赏者形成相对稳定的兴趣匹配，并逐步形成兴趣群落时，才具备了交易达成的

---

① 《巨量算数：〈2020 抖音创作者生态报告〉（PPT）》，网经社，2020 年 10 月 28 日，http://www.100ec.cn/index/detail—6574942.html。

潜在可能性。随着固定粉丝群落的形成，围绕视频内容发布者就可以逐步形成关于特定商品、特定服务的潜在市场，从而可以对主播带来诸如带货或者直播变现的可能性。由于初始动机不同，短视频平台和传统电商平台以及生活服务中介平台不仅在商业机遇形成的过程和变现方式上不一样，而且在利益相关者的契约形成过程和契约内容上也不一样，这就进一步导致了在价值创造和利益分享机制上的差异。

在传统电商平台以及生活服务中介平台上，起始阶段就需要商家或就业者与平台达成租赁或灵活雇佣契约。对于签约商家或就业者而言，最初就具有商业利润追逐或获取劳动报酬的动机；而对于平台组织而言，只要通过持续投入，使用户量超过一定的规模有效值，就可以吸引商家或就业者签约，并可以凭借数据优势和独占渠道的地位掌控分成模式和比例。这也就意味着，在传统电商平台以及生活服务中介平台上，如滴滴、美团等，商家或就业者与平台企业一开始达成的就是固定契约，要么选择进，要么选择退，一旦选择进驻平台，就需要承担履约责任，如保证金、在线或劳动时间和相应的分成比例等。

但在短视频和直播这类"看经济"平台上，内容创作者只有具备了一定的粉丝数量和影响力时，才具备商业变现的可能性。在商业变现过程中（一般借助于直播），需要整合平台的基础设施供给能力、MCN 的运营能力、KOL 和 KOC 的注意力集聚能力以及厂商的产品与服务能力，形成多利益主体的相互依赖关系，才能对接需求与供给，达成商业变现目的。而对于短视频和直播平台而言，在涵盖多个利益主体的商业变现链条形成之前，只能通过广告推送获取收入。对于内容创作者和主播而言，在未能吸引到足够的注意力资源前，就只能在视频拍摄、剪辑和配音配文的过程中，获得一定的数字技能，以及在创作的内容被观看、分享和点赞的过程当中，获得认同感和心理满足。在这种渐进式的、多层级、多利益主体的合作关系中，内容创作者，无论是个人还是企业，初期除了内容创作与发布之外，并不需要承担任何其他成本与履约责任，与平台契约的达成与履责也是随着经济变现机制的形成而逐步进行的，与传统的中介类型平台相比，这种渐进式的契约更富弹性。

3. 特定的社会资本形成机制

渐进式形成的弹性契约、较低的准入门槛，意味着更多的群体可以较为自由地接触和使用短视频和直播平台，但这并不意味着必然形成价值创造和利益分享。短视频和直播平台之所以呈现对大众甚至弱势群体的偏向，还在于平台上社会资本的形成机制与传统平台有所不同。一般而言，在高度分工的经济体系中，单个创业者需要寻求有效的细分市场，通过不断的劳动和资本投入，形成有效的市场利基，才能获得持久的发展。而这不仅需要一定的初始资本投入，还需要一定的社会资本以及有效嵌入市场体系的手段和渠道。但对于大多数创业群体而言，不仅初期资本投入，而且信息渠道、人力资本和社会资本都较为有限，往往缺乏能有效嵌入市场并形成独特竞争力的可行渠道。与传统工业经济的单边市场相比，平台生态通常是双边市场或多边市场，存在相互影响、相互依赖的多方关系，信任这一社会资本，对平台经济的微观主体极为关键，它能有效实现个体与市场的对接，节约交易成本，提高交易效率。

短视频和直播平台之所以呈现对大众甚至弱势群体的偏向，在于视频这种媒介形式形成社会资本的方式较为独特。借助"看得见的力量"，短视频和直播平台上的一些主播虽然线下社会资本、人力资本积累有限，但往往具有某一方面的独有技能，如独特的表达方式和亲和力，可以快速积累信任资本，这种独到的内容、视角、表达方式对于建立线上信任往往具有线下难以达到的效果和速度。一旦这种基于个体独特性而积累的信任资源得到有效整合，就会形成独有的市场利基。而在传统平台上，企业或个人要形成线上信任，就需要不断投入资本、劳动和时间，通过广告、评论和服务质量的提高来达到吸引流量、稳定和提升流量的目的。

短视频和直播平台这种独特的社会资本形成方式，造成了短视频和直播平台上的独有现象：频繁变动的流量热点并不必然对应于现实生活中的热点人物、热点事件和热点机构。在流量的结构性涌现过程中，传统意义上的明星、名人和著名机构虽然具有流量优势，但很难垄断流量，"草根崛起"反而更为常见。飞瓜数据对 2021 年抖音视频的数据分析也表明，在诸如抖音这样的短视频平台上，明星的吸粉能力甚至远低于一些剧情、音乐、美食等方面的内容创作者，而这种独特的社会资本形成机制，正是吸引大量内容创作者黏着于短视频和直播平台的主要原因。① 巨量算数的数据显示，2020 年以来，新成长为百万粉丝级的创作者高达 7109 人，其中 85% 是从普通人成长起来的原生创作者；新成长为十万粉丝级的创作者更是高达 725969 人，其中 88% 是从普通人成长起来的原生创作者。②

规模巨大的复杂系统、独特的社会资本形成机制和更富弹性的多方契约，为短视频和直播平台赋能普惠性发展提供了可能性，但并不意味着必然性。在短视频和直播平台的运行机制中，热点切换、流量汇聚与商业变现是表象，其底层逻辑是算法推荐。平台承担着流量分配的功能，而流量分配由算法决定，因此，从根本上而言，算法不仅决定着短视频与直播平台的流量配置效率，也决定着普惠性机遇的创造。单纯从流量配置效率的角度而言，算法的主要目的，就是在注意力稀缺的约束条件下实现个性化推荐，以满足有限时间内差异性个体对互联网内容的独特需求，这就需要算法在推荐上更为快速和精准，充分把握用户的兴趣偏好，这不仅包括对异质性个体的理解，而且还包括对异质性个体偏好的把握；不仅需要推荐给偏好吻合的个体，而且要根据在特定时空领域中的场景化需求完成导向性推荐，即"在需要的时候呈现"，从而能在有限的时间内向用户提供高度相关的信息

---

① 《飞瓜数据：〈2021 上半年短视频及电商生态研究报告〉（PPT）》，网经社，2021 年 8 月 26 日，http://www.100ec.cn/index/detail—6599932.html。

② 《巨量算数：〈2020 抖音创作者生态报告〉（PPT）》，网经社，2020 年 10 月 28 日，http://www.100ec.cn/index/detail—6574942.html。

内容供其浏览，提高注意力的配置效率。在这种导向下，衡量算法推荐好坏的主要标准是精准度（precision）、多样性（diversity）、新颖性（novelty）、惊喜性（serendipity）和可解释性（explainability）。

随着算法在数字经济中的底层支配作用日益凸显，提升算法推荐的公平性（fairness）、"有责任的推荐"（responsible recommendation）、"热点偏差"（popularity bias）的改进等一系列问题也开始引起了人们更多的关注。仅靠精准度、多样性、新颖性、惊喜性和可解释性的提高，并不能很好地化解因年龄、性别、场景差异而形成的算法歧视，也会影响流量导向以及与之相关的商业变现机遇产生的普惠性。由于互联网的流量头部汇聚效应，在缺乏公平性的算法推送和引导下，注意力资源分配不均的程度可能更严重。尤其在抖音、快手这类社区类分享型平台中，如果注意力资源聚焦于少数人和少数群体，就失去了分享的普遍性意义。

对于促进普惠性发展而言，算法的公平性体现为注意力分配上的公平。因此，从内容推送的接收方而言，推荐算法不能仅强调追随热点的"从众效应"，而是要尽可能满足每位用户的具体的细分兴趣需求，根据用户浏览搜索历史以及不同视频的停留时间进行精准推送，使用户的信息流依据用户所关注的人或话题的动态，以及用户时间、地点的不断变化而刷新，这样用户可以在不同场景下，第一时间看到自己所关注的内容。从内容推送的发布端而言，就需要建立更为公平的推送标准，按内容质量和用户需求进行竞争性发布，而无关内容创作者的身份、地域等因素，使普通人的优质作品与现有网红、明星、机构等的视频一样有机会被广大用户所看到。TikTok 的推荐算法之所以入选 *MIT Technology Review* 2021 年的"全球十大突破技术"，正是因为该算法不仅从发布端而言可以使普通人的新作品与网红或明星的视频一样有机会被广大用户所看到，而且从接收端而言，也满足了每位用户的具体的细分兴趣需求，被视为推荐算法应用在公平性维度上较为成功的典型代表。

但是，对于促进普惠性发展和共同富裕而言，仅有算法的公平性还不够，同时还需要算法向善、算法向弱，即在视频曝光、推荐和引导上更多地向弱势群体、贫困地区倾斜。抖音、快手等短视频和直播平台近年来之所以在扶贫助农、乡村振兴等领域表现出一定的普惠性，与大量的企业流量倾斜项目，如"山里 DOU 是好风光""扶贫达人培训计划""字节乡村计划""县长直播"等密切相关。事实表明，这种算法向善、算法向弱的流量扶持不仅没有影响企业本身的发展，反而通过有针对性地解决社会问题，发掘出创造经济或商业价值的新机会，实现了社会和企业的共享价值创造。这一模式之所以可行，是因为共享价值创造本身，就体现了平台依赖不同参与者来共同创造价值并随着用户数量增加而产生网络效应与正反馈这一关键的平台属性。在此过程中，平台企业不仅可以获得更大规模、更多来源的数据量，而且可以借此优化数据处理能力和扩展业务范围，更为包容地接纳更为广泛和更为多元的用户并为其提供更广范围的产品与服务，使商业生态系统进一步扩展。从这一意义而言，算法向善、算法向弱对企业而言可以视为一种长期的市场战略投入，对普惠性发展机遇的创造而言也具有极为重要的社会意义。

第四节　"看经济"如何走得更远？

以短视频和直播平台为代表的"看经济"具有不同于其他类型平台的特征，这不仅使其成为数字经济中重要的新生业态，也使其具有赋能普惠性发展、助力共同富裕的可能性，但这种赋能功效能否实现？能否继续且扩大到更多领域？当前，短视频领域普遍面临着用户增长乏力、内容原创不足、商业变现瓶颈和流量成本攀升的困局，头部集聚的用户黏性与流量公平分配之间、一键化操作降低的准入门槛和竞争压力下不断推高的制作成本之间，都开始呈现冲突和矛盾。而直播也已经逐步成为传统电商和短视频平台的标配，早期的模式优势已经式微。在经历了早期的爆发式增长之后，直播间购物体验较差、假冒商品丑闻不断、整体用户黏性较弱的不足的问题也已经暴露出来。这些困局和矛盾的化解，不仅需要企业进行持续不断的技术和制度创新，还需要适当的政策引导予以根本性的制度保障。

构建完善的多元共治体系，是持续放大短视频和直播平台赋能普惠性发展功效的关键所在。针对短视频和直播平台的上述困境，应促使单一管理主体向多元共治主体转化，推动形成有关政府监管部门，短视频直播平台的行业组织，包括 MCN、KOL 以及内容创作者等在内的市场主体和创作主体参与的市场治理体系，以应对短视频平台与其他领域深度融合过程中，因利益主体数量增加、价值诉求更加多元所带来的复杂变化，在多元共治的过程中实现针对性的制度重构和需求导向型的技术创新。

完善的多元共治体系之所以是关键，是因为在短视频、直播平台形成的复杂巨系统中，各类主体之间是相互依赖的关系，特定的规制措施只能也应该是相互交流、沟通与博弈的结果。作为市场主体的企业、行业组织以及创作者群体更为熟悉行业的发展规律，更能把握技术和商业模式变化趋势，广泛的市场主体参与也能够有效降低治理的行政成本。政府的政策导向需要综合考虑多方主体的长期发展，而经营者的自我规制，包括平台对企业管理的改进、经营环境的自治、行业社团组织的自律等，也需要接受政府的监督和指导。在这个意义上，推动多元共治的实质，就是在构建短视频和直播的行业规范和发展秩序的过程中重塑市场、政府和社会的关系。

但是，针对行业制定有效的监管制度，是可为且必需的治理之策。构建多元共治体系并不是要放弃监管体系，而是更好地提升监管体系的针对性与监管的实时性。在短视频和直播平台复杂而广泛的利益链条上，不同的利益主体有着不同的利益诉求和相应的获益手段，但权力并不对等，而且一方的改进也无法约束其他利益主体，不同主体的长期和短期利益诉求更不可能完全吻合。在不断变化的市场过程中，缺乏外部强制性的实施规则的"红灯"，将使博弈困局频繁出现，强制性的外部规则是多元主体并存的产业链生存和发展的最基本的保障。

对于短视频和直播平台而言，优质健康的视频内容与货真价实、诚信为本的直播营销是其健康发展的根本保障。多元共治体系应在这一问题上达成最大共识并形成相互制约的治理体系，反映社会现状和热点，传播正确价值观，屏蔽内容违规、低俗的视频，提高相关主体欺诈消费者的违规成本。这些治理目标的达成，不仅需要企业的数字化监管和算法推荐上的创新，而且需要短视频和直播平台之间的携手共治，同时还需要内容创作者联合体和用户的抵制。只有在多元共治的体系下，制度的实施才能实现低成本和广覆盖，从而成为事实上存在且有效的制度约束。

历次技术革命浪潮的历史表明，对于促进普惠性发展和共同富裕而言，技术变迁只是必要条件，而非充分条件。每一次技术革命浪潮以及相伴而生的产业革命，都对应着特定的生产组织方式变革，从而深刻地改变了财富创造和财富分配的内容、形式与结果。不同的生产组织方式，意味着劳动者创造价值、获得劳动报酬以及资本组织生产和获取剩余的方式的不同。从世界范围内看，在经济发展过程中，如果能通过生产组织方式和社会制度的双重变革更好地促进更多群体共享发展机遇和发展成果，避免技术封建主义（technological feudalism）——少数人分享技术红利的发展方式，就能在发展的同时较好地抑制收入和财富的极化。技术变迁的内蕴能量及其社会经济影响是社会－经济范式与技术－经济范式共同作用的结果，而非由技术单一决定。通过企业载体让数字技术赋能普惠性发展，在最大限度释放新技术的经济效能的同时实现技术进步红利的社会共享，不仅需要企业保持持续的创新投入和承担向善的社会责任，更为重要的是制度的调整与规范。

第十章　数字经济融入新发展格局

继党的十九大提出"推动互联网、大数据、人工智能和实体经济深度融合"以及党的十九届四中全会提出将数据作为一种新的生产要素等重要论断之后，党的十九届五中全会进一步明确提出"推动数字经济和实体经济深度融合，打造具有国际竞争力的数字产业集群"。2021年3月13日，新华社公布的《中华人民共和国国民经济和社会发展第十四个五年规划和二〇三五年远景目标纲要》中，首次未设GDP增速目标，而是在创新驱动类别中特地新增了数字经济核心产业增加值占GDP的比重这一新指标，并规划2025年数字经济核心产业占比将由2020年的7.9%增加到10%。2021年6月3日，国家统计局又发布了《数字经济及其核心产业统计分类（2021）》。从产业选择、要素定位到发展规划乃至统计口径调整，充分表明发展数字经济的重要性。

在推动数字经济发展的过程中，尤其强调了数字经济与实体经济的深度融合。从党的十七大提出信息化与工业化的"两化融合"，到2019年十五部门提出先进制造业与现代服务业的"两业融合"，再到党的数字经济和实体经济深度融合的新变化，主要在于对数字经济发展深度和广度的强调。所谓深度融合，意即数字技术不仅要发挥强大的替代效应，也要发挥广泛的渗透效应；不仅在生活性服务业如外卖、电商等，而且在生产性服务业和制造业中，数字技术也要发挥催生新业态、提高生产率的作用。深度融合意味着国民经济活动在技术基础和生产方式上的全面数字化转型，对构建现代化经济体系、推进产业基础高级化和产业链现代化有着极为重要的意义。

结合"十四五"规划目标和党的十九届五中全会精神，数字经济发展在目标导向上，服从于构建新发展格局、推动高质量发展这一总体方向。一方面，要利用国内、国际的资源和市场，推动和促进数字经济发展；另一方面，又要通过数字经济发展，强化内、外循环之间的协同，在完善国内供应链和产业链的同时提升价值链高度。从高质量发展的角度来看，依托数字经济和实体经济深度融合所打造的现代产业体系，需要在体现创新、协调、绿色、开放和共享的同时，为新型工业化发展提供动力，满足广大人民的美好生活需要，助力2035年人均GDP达到中等发达国家水平这一目标的实现。为此，需要在复杂多变的数字技术和数字经济表象中，把握数字经济在宏观、中观、微观层次上的不同表现和关键问题，立足中国现实寻求实现途径，并在此基础上给予相应的政策建议。

第一节　数字技术的发展与新发展格局的形成

从市场和资源"两头在外"的国际大循环战略，到以国内大循环为主体、国内国际双循环相互促进的新发展格局，这种发展战略方向的变化，是适应我国发展阶段新要求、根据国际国内条件变化做出的必然选择。这一转变的根本逻辑在于两点：其一是国际大循环已不可行，在全球价值链趋于缩短、西方国家制造业回流、保护主义和单边主义盛行等诸多因素影响下，市场和资源"两头在外"的国际大循环在加快提升经济实力、转移和吸纳剩余劳动力方面的作用已经趋于衰减；其二是国内大循环已经可行，随着中国人均国内生产总值突破一万美元，中国已成为世界公认的最具潜力的消费市场，具有巨大的增长空间。同时中国又是世界上唯一一个具有全工业门类的制造业大国，产业间需求旺盛，发挥国内超大规模市场优势，畅通国内大循环，不仅能为我国经济发展增添动力，也能带动世界经济复苏。

从数字技术本身的发展看，从国际大循环到以国内大循环为主体的战略重心变化，也是信息通信技术革命重塑全球分工秩序和贸易秩序的结果。从国际大循环到以国内大循环为主，固然有内部（如劳动力成本上升、低端价值链不利于长期发展等）和外部（如保护主义、单边主义盛行等）诸多因素的综合考量，但这种战略方向的转变，也是中国这一超大型经济体适应数字技术发展趋势，为更好地利用数字技术革命内蕴的增长潜能，助力中国实现新型工业化的必然选择。易言之，在以互联网、计算机为代表的第一代数字技术时代，国际大循环战略对中国具有必然性，也具有可行性；但在以人工智能、大数据和物联网为代表的第二代数字技术时代，国际大循环战略在中国的适用性降低，相反，以国内大循环为主不仅必要，而且可行。

按照鲍德温的"三重递进约束"（three cascading constraints）理论，生产和消费在空间上的解构（unbundling）是人类经济全球化的主要特征，也决定着生产和消费的空间布局和资源流动的规模和方式。而生产和消费的空间解构受制于三种不同的成本：运送货物的成本、观念转移的成本和人的移动成本。在鲍德温看来，工业革命以来，这种解构发生了三次：第一次是地方经济全球化时代（1820年至1990年左右），运送货物的成本降低使工业生产与消费在空间上分离；第二次是工厂全球化时代（1990年以来），信息通信技术革命导致观念流动成本降低，从而使生产环节进一步发生空间分离；第三次解构正在初露端倪，以服务业的生产和消费的空间解构为主要内容，原因在于服务业的"面对面"特征被人工智能、机器人、5G和VR/AR等技术所消解，远程服务使人的转移成本极大降低，数字移民与白领机器人是这一次解构的主要表现形式，从而使绝大部分服务业离岸外包成为可能。

鲍德温还指出，每一次生产和消费在空间上的解构都意味着全球化动力机制的切换，同时也对应着发展中国家不同的发展模式。第一次解构，实际上是先发国家利用生产和消费的地理隔绝，进行的一次大规模、长时间的商品价格套利，对后发国家而言，只是"被套利"地输出原材料和初级制成品，因此这一次解构事实上是南北差距形成的"大分流"（Great Divergence）时代；第二次解构，则是劳动力成本差异的套利，通过发展中国家的低工资和发达国家高技术的组合，发达国家获得了此次解构的最大红利，但对发展中国家而言，也可以在凭借观念转移成本的降低获得技术和管理知识的溢出，积累发展所需资本，实现劳动力转移，因此可称为"大融合"（Great Convergence）时代；第三次解构则是通过数字技术完成服务业的劳动力国际工资套利，仍然是一次"大融合"。与第二次大融合主要依托制造业不同的是，这一次融合主要依赖服务业，发展中国家可以利用发达国家服务业劳动力成本远高于本国这一点，实现就业和经济增长。

国际大循环战略在中国的实施时间，处于第二次解构的工厂全球化时代，这并不是偶然的。自 20 世纪 70 年代初以来，信息通信技术革命首先经历了计算机化时代，也即工厂的办公室化时期。这一时期的技术进步，主要体现在机电一体化程度的提高，这为实现模块化生产奠定了技术基础。但这一时期，无论是模块化程度，还是组织生产、监督生产的管理活动，都不支持大规模的生产工序分拆，产品内分工和贸易尚未大规模发生。即使是在技术足够成熟的产品上，在 1970 ~ 1990 年，高收入经济体始终处于比较优势地位。[①] 20 世纪 90 年代开始的互联网时代，则实现了鲍德温所说的观念成本降低，观念成本降低有两重含义：一是包含复杂知识的产品可以实现模块化拆解；二是借助互联网的信息传输，可以实现生产管理和生产现场的空间解构，从而能够以相对较低的成本远程协调复杂的任务。正是这种变化使产品内的工序分工和产品内贸易成为可能，从而大大推动了工厂全球化的

---

① James Proudman, Stephen Redding, "Evolving Patterns of International Trade", *Review of International Economics*, 2000, 8（3）：373 – 396.

发展。

这一时期，中国之所以能够成为承载全球制造外包最大的国家，是因为中国具有其他发展中国家不具备的三个条件：第一，改革开放之前中国已经建立了完整的重化工体系，中国具有发展制造业的基础设施条件；第二，丰富且廉价的劳动力供给；第三，土地国有制为迅速建立大量产业园区提供制度支持。凭借这三个独有的条件，中国迅速融入了世界分工与贸易秩序，成为工厂全球化时代规模最大、发展最快、产业门类最完整的世界工厂。1995～2011 年，中国作为制造业强国崛起速度加快，中国成为劳动密集型贸易品的最大出口国（就出口增加值而言）、全球中等技能创新产品第四大出口国以及全球高技能创新产品的最大出口国。[①]

随着新一代数字技术的发展，以及中国产业体系的完善和收入水平的不断上升，国际大循环发展战略的适用性日渐降低。麦肯锡研究院的相关研究显示：虽然产出和贸易的绝对值继续增加，但几乎所有商品生产价值链中的贸易强度（即总出口与总产出之比）都有所下降，2011 年之后，这种下降尤为明显。[②] 贸易强度下降归因于三个因素。第一，发展中国家尤其是中国的国内需求不断增长，本土市场规模的持续扩大使得这些国家能够消费更多的本国制造产品而不需要出口。麦肯锡预计，2025 年，新兴市场将消耗全球近三分之二的制成品，而最大的消耗将发生在中国，随着中国制造越来越多地实现中国销售，贸易强度的持续下降将不可逆转。第二，新兴经济体国内供应链的崛起也降低了全球贸易强度。尽管中国仍然是世界上最大的劳动密集型产品生产国，但中国依托国内供应链的完善和巨量的研发资金，实现了许多中间投入品在国内生产并减少了中间产品进口，这也抑制

---

① Mary Hallward-Driemeier, Gaurav Nayyar, *Trouble in the Making?* (The World Bank Group, 2017).

② McKinsey Global Institute, "Globalization in Transition: The Future of Trade and Value Chains", http://www.mckinsey.com.

了全球贸易强度的提高。第三，如果说第一代数字技术降低了交易成本并实现了更多的贸易流量，正在迎来的新的数字技术革命浪潮则可能会抑制全球商品贸易，同时继续推动服务贸易。新技术对制造业的影响主要体现在：自动化和智能化生产使劳动力成本降低，邻近销售地建立产业链更为经济；3D 打印在模型、替换零件、玩具和医疗设备等领域的优势明显，缩短了这些产业的供应链。麦肯锡报告预计，自动化、人工智能和 3D 打印技术在 2030 年之前将使全球商品贸易减少10%。[①] 而与此同时，数字平台、物流技术和数据处理技术的发展将更有利于电子商务、物流和服务自动化，从而更有利于服务贸易。

如果说价值链缩短和供应链区域化将使中国制造业转向内循环为主，那么中国是否可以依托服务业继续进行国际大循环？按照鲍德温的理解，当前正在兴起的人工智能、机器人、5G 和 VR/AR 等技术之所以将带来第三次生产和消费的解构，原因在于，这些新的数字技术将使人员转移的成本极大降低，一如历史上货物运输带来的物流成本的下降和信息通信技术带来的协调管理成本的下降。"人的移动成本"的极大降低，表明一个国家的劳动者可以在另一个国家执行任务却无须发生物理移动，这意味着发展经济学中的移民模式有可能替代工业化模式，"发展中国家的工人不必将他们的劳动力嵌入一种产品，然后通过出口该产品来利用这一优势，他们将越来越能够直接出口劳务。这能让新兴市场奇迹持续并扩散开来"。鲍德温甚至质疑中国发展道路的持久性："由于服务业的成功与制造业的成功基于完全不同的因素，发展战略和思维定式可能必须改变，全球化的转变很可能会使中国正在走的传统制造业发展旅程失效，而使印度正在走的服务型发展旅程成为可能。"

鲍德温的这一观点相当具有代表性。随着制造业服务化和服务业制造化特征日益突出，越来越多的学者认为服务业将替代制造业成为

---

① McKinsey Global Institute, "Globalization in Transition: The Future of Trade and Value Chains", http://www.mckinsey.com.

新的增长引擎。基于印度和中国的比较，布鲁金斯学会经济学家霍米·哈拉斯将服务业形容为后发国家实现赶超的"新船"，而印度、哥斯达黎加和菲律宾等国 20 世纪 90 年代后的经济增长，普遍被视为得益于服务活动——金融、信息技术、业务流程外包和其他商业服务的扩张。这意味着，即使不围绕制造业的生产性需求，"独立"的服务行业，如旅游、医疗保健、财务、软件等业务外包等，也可以成为发展的"扶梯"。

这一理念的支持者认为，第一，制造业的就业创造和生产率溢出效应正在减弱，随着自动化和智能化程度的提高，生产加工环节需要的劳动力会越来越少这一趋势不可逆转，服务业会成为就业的主要吸纳渠道。而以金融、电信和电子商务为代表的新型服务业的生产率溢出效应已经超过制造业，服务业则正在成为生产率和就业创造双重优势的替代来源。第二，新一代数字技术的发展改变了传统服务业"面对面"和"同时同地"的特征，"成本的下降、带宽的快速扩展以及 5G 带来的延迟减少，放松'面对面'的限制似乎只是时间问题"，这就为劳动力的远程配置——数字移民创造了技术上的可能性。第三，新一代数字技术大大提高了服务业的可贸易性，而一旦服务业的可贸易程度提高，服务业就可以和制造业一样，依托庞大的出口需求实现规模经济和效率经济，而不受限于国内市场，而这正是卡尔多认为制造业具有引擎功能，鲍莫尔认为服务业是停滞部门的主要原因之一。

尽管第三次生产和消费的空间解构和服务业的数字移民发展趋势不可逆转，服务业在就业吸纳和生产率溢出方面也越来越接近甚至超越制造业，但依托服务业，尤其是鲍德温等人所给予厚望的数字移民继续实施国际大循环战略，在中国却不具备可行性，原因如下。

由于技术能力、产业结构和资源禀赋差异，同一技术革命浪潮在不同国家有不同的影响，正如第二次解构并未导致所有新兴经济体崛起一样，第三次解构即使发生，在方式和内容上也会表现出很强的国家异质性。由于发展中国家在高端生产性服务业和生活性服务业领域缺乏比较优势，其只能通过低端生活性服务业和低端生产性服务业（即鲍德温所指的数字移民）参与"大融合"，但这需要三个条件：一是国家间劳动力成本差异足够大，二是语言文化传统相似，三是时区相近。"不难想象，非洲将倾向于向欧洲、拉丁美洲和北美提供服务，而东南亚将更多地集中在东北亚，因为时区是提供服务的一个更关键的因素。"而在低端生活性服务业和低端生产性服务业，中国在这三个条件上都很难满足，相较于国际数字移民，中国国内区域间劳动力远程服务反而更具有价格、文化和时间上的优势，如近年来发展迅猛的线上问诊等。

另外，鉴于低端服务业已经成为西方发达国家的就业稳定器，低端服务业贸易将难以突破西方发达国家的各种保护壁垒。在工厂全球化时代，西方发达国家普遍经历了去工业化进程，在制造业空心化和服务业占比快速上升的过程中，西方发达国家主要依靠研发、设计、咨询等高端服务业实现对制造业价值链的控制，同时依靠大量非稳定、低技能服务业创造就业。这使西方发达国家呈现两种特征：一是经济衰退后出现无工作复苏；二是收入极化和就业极化并存。正因为如此，2008 年全球金融危机之后，西方国家普遍开始反思制造业在社会经济稳定中的作用，并相继启动了制造业回流、制造业复兴计划。在鲍德温所强调的第三次解构中，发达国家的低端服务业必然会面临更大的冲击。因为在服务业的双向贸易中，发达国家的优势主要在于高端服务业，发展中国家对此需求有限；而发展中国家的优势在低端生活性服务业和低端生产性服务业，两者均属可被机器化的低技能常规性工作，发达国家对此反而有更大的需求，数字移民、白领机器人将对西方发达国家的低端就业市场——目前也是这些国家最大的就业吸纳渠道——产生更大的冲击。一方面，通过 5G/VR 技术和远程机器人的组合，在国外提供服务的劳动者能够参与本地竞争；另一方面，人工智能技术在语音识别、图像识别等领域的进步使白领机器人正在不断扩大其适用范围，银行柜员、初级律师等岗位将被机器人化。发达国家只有通过保护这些低端服务业，才能避免巨大冲击带来的社会震荡。

中国短期内也不可能通过高端生产性服务业继续参与国际大循环，在相当一部分高端生产性服务业，中国与西方发达国家是竞争关系，西方发达国家在高端生产性服务业如研发、设计、咨询，以及高端公共服务业如医疗、教育等行业，具有中国目前尚不具备的技术、人才储备、创新能力和知识产权优势，处于贸易优势地位。在西方发达国家去工业化、再工业化的过程中，高端生产性服务业的发展一直是其实现价值链链主地位的重要途径。在新一轮数字技术革命中，高端生产性服务业因其对先进制造业的直接支持作用，仍将是西方发达国家打压、遏制中国崛起的手段。2021 年 6 月 8 日，美国参议院通过的《2021 年美国创新和竞争法案》就将布局新兴前沿技术和对抗中国并列为主要目标，明确将动员美国所有战略、经济及外交工具抗衡中国。因此，在制造业价值链缩短、贸易强度降低的同时，中国在服务业中继续参与国际大循环的难度加大，也很难借此实现跨越中等收入陷阱、迈向高收入国家行列的目标。

第二节　数字经济发展助力新发展格局构建

从生产和流通的角度看，数字经济的发展，无论是产业数字化还是数字产业化，本质上是生产方式的重构，侧重于生产环节，而双循环则对应着流通，集中于分配、交换和消费环节；从价值生产和价值实现看，产业数字化和数字产业化对应着价值创造过程，而双循环对应价值实现过程。从根本上而言，一定的生产决定了一定的分配、交换和消费和它们相互间的关系，但分配、交换和消费也反作用于生产。从社会总资本循环的角度看，数字经济的全面发展与新发展格局的构建是一个有机的、不可分离的整体，因为在社会总资本循环的运动过程中，"全部产品的消费是资本本身循环正常进行的条件"。循环的顺利进行，决定了价值实现和价值积累，从而也就决定了数字产业化部门和产业数字化部门的投资与规模增长。

数字经济发展与新发展格局构建两者之间相辅相成，共同为社会总资本循环运动创造有利条件。社会总资本循环的顺利实现，不仅包含了价值创造、价值实现和资本积累，同时也是分工水平、技术水平、工业能力和管理能力发展的过程。随着规模增长和工业能力的不断提升，产业资本的"质"和"量"也会随之发生变化，从而也改变了资本循环的结构，使内、外循环的侧重方向与内容也发生了相应变化，其最终目的，仍然要适应产业资本本身的变化，促进价值创造和价值实现。易言之，内、外循环的侧重调整，适应于产业体系本身的发展，而产业体系本身的发展，又会改变内、外循环的结构、方向与内容。

无论在工业"从无到有"，还是"从小到大"以及"从大到强"的过程中，我国全面建成社会主义现代化强国的总体目标始终没有改变。但选择内循环为主，还是外循环为主，不仅取决于工业化目标的设定、完成目标所需的基础条件，尤其是资本、劳动和技术等工业化关键投入的相对稀缺程度，更要强调以"内"或"外"的循环侧重能否为实现工业化既定目标提供所需要的支持条件。内、外循环的意义，不只是要获取资金、技术等重要资源，更在于在社会总资本运动过程中能否支持价值创造和价值实现。

根据技术含量高低和与消费终端的距离，卡斯特拉奇将产业部门划分为四个大类：先进知识供应部门、批量生产部门、基础设施服务部门和私人产品与服务部门（见图 10-1）。其中，先进知识供应部门包括知识密集型服务业（如研发、设计）和专业供应商制造业（如机器设备、仪器制造等）；批量生产部门则包括规模密集型制造业（如汽车、钢铁等）和以科学为基础的制造业（如电子元件等）；基础设施服务部门由网络基础设施服务部门（如电信、互联网）和物理基础设施服务部门（如交通、物流等）构成；私人产品与服务部门最接近消费终端，包括供给支配型制造业（如纺织、服装等）以及供给支配型服务业（如餐饮、住宿等）。在这种分类方式下，四个部门存在着互为支持、互相反馈的关系，但私人产品和服务部门对其他部门没有回馈，先进知识供应部门则需要通过批量生产部门才能间接地对私人产品和服务部门产生作用。

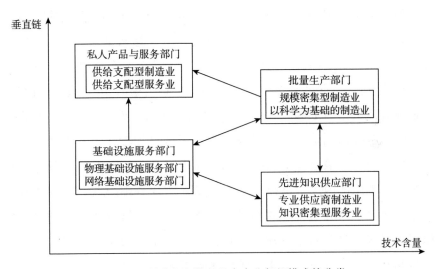

图 10-1 制造业和服务业中产业部门模式的分类

在工业"从无到有"的计划经济时代，核心任务是完成重化工体系和国防体系的基本建设，而新中国成立伊始，资本和技术非常稀缺，如果依靠国际大循环来获取稀缺的资本和技术，那就需要大量引进或借入外资，这必然会牺牲一定的自主性。要同时达成工业基础设施的自主性和低成本建设两个目标，只能走计划体制下的国内大循环，通过对价格、物质甚至城市人口的计划控制，确保剩余资料尽可能集中于重化工体系建设，实施低成本工业化。重化工体系的建立，意味着中国获得了高度自主的工业化基础设施。测算表明，中国双循环的相对规模，即国际交易与国内交易的比值在 1955 年至 1978 年的平均值仅为 7.65%，说明这一时期国际循环对于中国经济的影响较小。①

---

① 乔晓楠、王奕：《理解新发展格局：双循环的政治经济学视角》，《改革与战略》2021 年第 3 期。

1978 年，中国 GDP 为 1495.41 亿美元，总体规模与今日不可同日而语，且三次产业占比分别为 27.9%、47.6% 和 24.5%，第一产业仍占比极高。[①] 对应四个部门的构成，改革开放之前，中国的工业成就主要体现在基础设施部门中的物理基础设施，如铁路、公路，以及批量生产部门中的规模密集型产业如煤、电、钢等部门。奠定中国重化工体系的 156 个重点项目工程，也主要集中在煤炭部（27 个）、电力部（26 个）、重工部（27 个，其中黑色冶金 7 个、有色冶金 13 个、化学工业 7 个）、一机部（29 个）、二机部（42 个）五个部门，此外，石油部有 2 个，轻工部有 3 个。[②] 从这一构成看，处于技术含量顶端的以科学为基础的制造业和先进知识供应者规模均较小，在低成本工业化战略导向下，最接近于消费终端的私人产品与服务部门的发展也极为有限。因此部门间的支持、联系主要在物理基础设施和规模密集型产品中完成，而这两者之间本身可以互为需求，形成体系内的部门间循环。就这一时期的产业建设目标而言，内循环为主不仅可行，而且也与低成本建设自主的重化工体系导向相符合。

20 世纪 70 年代末，西方发达国家在经历两次石油大危机之后，普遍面临着滞胀困扰和利润率危机，产业资本试图通过空间转移来实现利润率修复，世界分工体系和贸易秩序由此开始重构。但 20 世纪 70 年代末 80 年代初的产业转移，呈现典型的梯度特征，先进的知识密集型和技术密集型产业，如电子元器件等，主要由美国、日本转移到中国台湾、中国香港、韩国和新加坡等地，因为这一次的全球产业转移，虽然机电化程度提高，但模块化程度不足，远距离协调分工的技术尚未成熟，技术密集型产业主要转移到科技发达地区。而中国则承接了中国台湾、中国香港、韩国、新加坡等地所转移出来的劳动密集型产业，如日用品加工、塑料、服装纺织等。但这并不意味着中国就进入了国际大循环阶段，事实上，20 世纪 90 年代之前，中国经济发展的典型

---

① 数据来自 https://www.kylc.com/stats/global/yearly/g_service_value_added/1978.html。
② 王曙光：《中国经济》，北京大学出版社，2020。

特征是乡镇企业的快速发展，1978～1988 年，乡镇企业数量增长了 12 倍，生产总值增长了将近 14 倍，占 GDP 比重从 14% 上升到将近 50%，产能也主要集中在轻工业尤其是低端消费品制造业。①

20 世纪 90 年代，随着中国建立社会主义市场经济体制目标的明确，中国融入国际分工的步伐大大加快，崛起的民营企业和加快引进的外资制造业使中国的私人产品和服务等离消费终端最近的产业部门加速增长。随着模块化技术的成熟，传统的产业梯度模式开始被全球生产网络所取代。在信息通信技术革命影响下，大量先进技术密集型产业已经被模块化拆解成了劳动密集型产业，产业可以转移到市场广阔、劳动力密集的地区，中国不仅承接了大量的供给支配型商品的生产，也承接了大量规模密集型和以科学为基础的机电设备、汽车等产品的生产加工。由于剩余劳动力基数庞大，这种以低成本劳动力嵌入国际分工体系的方式在中国保持了较长时间，而要使劳动力低成本优势长期存在，就意味着国内消费需求增长有限，其远远滞后于私人产品和服务部门的产能增长。而规模密集型产品和以科学为基础的产品的国内消费也很有限，这些部门所形成的庞大产能，无法通过国内市场消化，国际大循环成为必然，由此形成了以中国为制造纽带、以西方发达国家为消费市场、以资源型国家为原材料来源地的全球"双环流"体系。相关测算表明，1978～2001 年，中国双循环的相对规模由 1955～1978 年的平均值 7.65% 上升到 26.72%，而 2001～2019 年，该平均值上升为 47.85%，2004～2008 年该值一直保持在 60% 以上。②1993 年，中国对外贸易依存度已由 1978 年的不足 10% 提升到 32% 左右，2006 年对外贸易依存度则攀升至 64.2% 的峰值。从货物进出口规模看，1978 年中国货物进出口总额是 206.4 亿美元，到 2016 年中国货

---

① 曾纯：《陡峭的工业化曲线是怎样形成的？－简析改革开放 40 年中国快速工业化的奥秘》，《中国工业和信息化》2019 年第 9 期。

② 乔晓楠、王奕：《理解新发展格局：双循环的政治经济学视角》，《改革与战略》2021 年第 3 期，第 19～32 页。

物进出口总额达到了 36855.6 亿美元，是 1978 年的 178.6 倍，近 40 年平均增速达到 14.6%，其中，货物出口总额从 1978 年的 97.5 亿美元增长到 2016 年的 20976.3 亿美元，年均增速更是达到了 15.2%。这充分说明了国际大循环在这一时期的作用。

不可否认，国际大循环对实现中国工业体系"从小到大"产生了极为显著的效果。按照纳克斯的平衡发展理论，如果一国同时推进多产业部门发展，产业间需求的不断成长也可以形成内循环，通过产业间不断增长的互为需求带动产业规模增长和分工深化，规模增长与分工深化又进一步提升产业间的相互需求，形成良性循环。但这种良性循环取决于产业生产率的不断提高，持续的技术进步是决定内需市场大小的关键因素。而且，在封闭条件下推进平衡增长模式，无论是产业间需求的提升还是因实际工资提高而带来的消费需求的增长，都较为缓慢。国际大循环的意义在于，在短期内提供了大量海外需求的同时，带来了资本、技术和管理经验，同时吸纳了大量农村剩余劳动力。就赶超意义而言，国际大循环提供的大市场，与中国这一时期基本实现工业化的"从小到大"这一目标是相适应的。

自 2010 年以来，国际大循环的弊端日益突出，基于"两头在外"的底部价值链嵌入世界分工体系需要抑制实际工资上升，进而抑制了国内消费需求；资源环境条件恶化与可持续发展目标背离、过度依赖外部需求加剧了宏观经济和金融风险及经济不稳定性；等等。中国经济转型升级的内外部压力十分明显，对国际大循环的反思也逐渐增多。需要注意的是，这一时期，中国的产业结构和规模均已发生了深刻变化。第一，产业规模增长和产业多样性发展齐头并进。测算表明，除 2007~2009 年受全球金融危机的影响而出现产品多样性指数的下滑之外，在 2000~2013 年，中国第二产业大多数产品的出口多样性在波动中稳步上升。[1] 第二，私人产品与服务部门以及批量生产部门这些出

---

[1] 武力超、张馨月、关悦：《中国贸易产品多样性的测度及动态分析》，《数量经济技术经济研究》2016 年第 7 期。

口导向型产业快速扩张，带动了先进知识供应部门和基础设施服务部门的发展，出口导向型产业的发展拉动了对能源、动力系统和交通运输基础设施的市场需求，不仅使中国的重化工体系和基础设施建设不断升级，突破了能源、交通、通信等基础设施瓶颈，也使精密仪器、电子元器件、航天等先进知识供应部门得到极大发展。第三，在快速融入国际分工体系的同时，中国也高度重视信息通信技术革命这一机遇。蔡跃洲等人的测算表明，1990 年，中国 ICT 资本存量占总资本存量的比重仅为 0.23%，1995 年和 2000 年占比分别提高到 0.54% 和 0.75%，1995～1995 年，ICT 资本对中国经济增长的平均贡献已经达到了 2.3%，1995～2000 年为 3.1%，2000～2005 年为 8.5%，而 2010～2012 年，随着移动互联网技术的广泛应用，ICT 资本对经济增长的平均贡献接近 10%。[①] 这也意味着，在国际大循环过程中，借助于外部需求的拉动和出口导向型产业的需求传导，不仅在私人产品与服务部门和批量生产部门，而且在先进知识供应者部门和规模生产等技术含量高的部门，中国均取得了长足的发展。

随着全工业门类的形成和工业能力的不断积累，"两头在外"的国际大循环已经不再适应这一时期中国的产业部门增长和经济发展，原因如下。第一，随着中国贸易占比的不断上升，已经不能把国际市场看作一个给定的外部条件，中国的政策影响力在不断提升。数据显示，2018 年，中国贸易进出口总额为 4.62 万亿美元（约合 30.51 万亿元），同比增长 12.6%，占全球贸易总额的 11.75%。同期美国贸易进出口总额占全球贸易总额的 10.87%，德国占全球贸易总额的 7.2%，日本占全球贸易总额的 3.8%[②]，国际市场规模对中国已经较为有限。第二，在历经工业"从无到有"和"从小到大"两个阶段之后，中国已经不再只是全球分工秩序的被动接入者，而是分工秩序的

---

① 蔡跃洲、张钧南：《信息通信技术对中国经济增长的替代效应与渗透效应》，《经济研究》2015 年第 12 期，第 100～114 页。

② 余永定：《双循环和中国经济增长模式的调整》，《新金融》2021 年第 1 期。

提供者和动力来源。尤其在东亚的区域产业链和供应链中，中国正在进行制造业"发包"和"分拆"。随着要素禀赋的相对变化和全球产业链的重新布局，成本因素在产业链布局中的权重下降，劳动力成本敏感型的低端制造环节在中国已经开始"出"，而不是"进"。从全球生产网络发展看，全球已形成北美、欧洲、东亚三大生产网络，2013年之后，区域的内部循环更加强化，区域内贸易占全球贸易总额的比例增长迅速，2020年以来，东盟已经超过欧盟成为中国最大的贸易伙伴，我国已成为亚洲的生产组织中心。第三，与工业全球化进程的深入相伴的，是新一轮数字技术革命的展开。各国围绕着新一轮技术革命制高点的竞争异常激烈，高新技术领域的贸易壁垒和价值链遏制成为常态。根据韩国学者李根的测算，依据专利注册地、类型和申请主体标准，中国早在2010年之前已经通过了技术拐点，进入了短周期技术领域。[①] 而进入短周期技术领域就意味着一国在技术赶超上已经进入加速时期。作为崛起的竞争对手，在技术密集型和知识密集型产业，中国将不可避免地面临着价值链链主的"围堵"和"绞杀"。

在国际大循环可行性降低的同时，以国内大循环为主的可行性在不断提高。原因在于，第一，中国人均GDP超过1万美元，国内消费需求增长潜力巨大，消费对经济增长的贡献日益突出，我国最终消费支出对国内生产总值增长的贡献率由1978年的38.3%提升至2019年的58.6%；而与此同时，外贸依存度在2008年之后已经明显下降，从2008年的57.61%下降到2019年的35.68%。[②] 第二，在新一轮数字技术革命中，作为最大规模且工业门类最为齐全的世界工厂，中国可凭借规模经济和部门协同形成"技术进步—创新增长"的良性循环。庞大的市场规模意味着单位成本的降低，使新技术更容易得到市场回报，进而激励企业增加研发投入，而产业部门的多样化则有助于形成新技

[①] 李根：《经济赶超的熊彼特分析：知识、路径创新和中等收入陷阱》，清华大学出版社，2016，第172页。

[②] 数据来自国家统计局。

术 – 经济范式下的技术耦合和互补效应，促进新技术的扩散与新技术 –
经济范式的形成。第三，通过结构性改善释放内需的潜力巨大。从投
资需求看，不仅传统产业转型升级需要大量的投资，而且中国地区间、
城乡间的发展差距仍然较大，实现城乡协同、区域协同仍需要大量的
投资。从消费需求看，通过优化收入分配结构改善中低收入群体收入，
对提升内需也有很大促进作用。事实上，麦肯锡研究报告也表明，相
较于 2000~2007 年全球价值链在所有贸易品领域中的普遍上升，2007~
2017 年全球价值链贸易强度的下降在很大程度上就是中国对中间产品
和最终消费品的需求内部化所导致的[1]，这实际上已经充分证明了国
内大循环为主体的可行性。

第三节　数字经济与实体经济的深度融合

欲将潜在的可行性转换为现实性，就要求数字经济发展与新发展
格局两者之间形成耦合支持关系，使新发展格局为数字经济发展提供
所需的基础条件，同时数字经济发展助力构建新发展格局。

要形成以国内大循环为主体、国内国际双循环相互促进的新发展
格局，需要两类需求的提升与改善：一是分工深化和产业协同增强所
带来的投资需求提升，二是居民可支配收入提高所带来的消费需求增
长。这就要求数字经济发展在目标导向上要涵盖分工深化、产业链完
善、生产率提升和实际工资提高。另外，要实现高质量、系统性的数
字经济发展，就需要新的循环方式为数字产业化和产业数字化解决价
值创造和价值实现中的两个突出问题：一是克服短板，巩固产业链和
供应链的韧性和强度，构筑安全可控、自主程度高的现代产业体系；
二是疏通堵点，降低流通过程中的各种交易成本，促进商品流、资金

---

[1]　McKinsey Global Institute, "Globalization in Transition: The Future of Trade and Value Chains", http://www.mckinsey.com.

流和物流的"双循环"，使数字产业化和产业数字化获得规模增长和效率提升，最终通过"内需为主"对"外部依赖"的替代和升级，实现"技术优势"对"成本优势"的超越。

在两类需求的改善以及短板、堵点的克服中，数字经济是主要抓手。通过发展数字经济，在发挥数字技术的渗透效应的同时也创造出新的组织模式、商业模式，基于规模扩张和效率提升，原有产业的分工进一步细化，通过更多行业之间的相互需求刺激投资需求。而数字技术的广泛应用所带来的劳动生产率提升，也为实际工资的平行增长提供了坚实的基础，收入的提高将扩大最终消费需求。对于双循环过程中存在的短板、堵点，数字经济和实体经济的深度融合也可以为补短板、疏堵点创造技术和经济条件。例如，人工智能在物流行业中的应用，可以有效缩短流通时间、提高流通效率，大范围深度融合所产生的对复杂技术产品的巨大需求，可以构成拉动创新的有效力量，为补齐短板创造有利的上下游协同条件。

中国发展数字经济的主要优势在于规模，包括海量的数据生成主体、完整工业门类提供的多类型数据、国内市场巨大等。国家统计局发布的《中华人民共和国 2020 年国民经济和社会发展统计公报》显示，2020 年年末中国互联网上网人数 9.89 亿人，其中手机上网人数达 9.86 亿人。2020 年全年移动互联网用户接入流量 1656 亿 GB，比上年增长 35.7%。不足主要在于核心技术薄弱、关键知识产权缺乏。[1]美国半导体协会（SIA）公布的数据显示，2020 年全球芯片销售额达4390 亿美元，其中中国市场占全球半导体销售额的 1/3。但半导体行业研究机构 IC Insight 发布最新的研究报告则称，中国的半导体芯片自给率到 2025 年可能最多只能达到 20%，远远落后于 70% 的预定目标。[2]客观地看，技术上的不足、产业链上的短板客观存在，市场规

---

① 《中华人民共和国 2020 年国民经济和社会发展统计公报》，中华人民共和国中央人民政府网，2021 年 2 月 28 日，http://www.gov.cn/xinwen/2021-02/28/content_5589283.htm。
② 数据来自 https://www.icinsights.com。

模优势的发挥，也需要适宜的制度供给予以引导。将潜在的有利条件转化为现实的竞争优势，克服既定的技术短板，需要在数字经济遵循发展的一般规律的基础上，审视中国的特定目标和约束条件。

在宏观、中观、微观层次上，数字经济发展具有不同的表现形式和内容。在宏观层次上，数字经济发展表现为一种数字技术 - 经济范式的形成过程，一如工业革命以来的机械化范式、蒸汽动力和铁路范式、电力和重型工程范式一样；在中观层次上，数字经济发展则表现为通用技术的扩散过程，同时也是新的动力部门、支柱部门和引致部门的型构过程；在微观层次上，数字经济发展则表现为企业微观层次上的 "数字化转型" （digital transformation），是企业利用数字 "复制、连接、模拟、反馈" 特征进行 "转型升级"，用数字技术创造新产品、新流程、商业模式和组织结构的过程。

尽管宏观、中观和微观层次密切联系，且在关键方面，如数据要素、数据基础设施等都给予同样的关注，但以构建新发展格局为导向进行考察，数字经济与实体经济的深度融合在宏观、中观和微观层次上所针对的主体、目标和解决的关键问题并不一样，从而所要求的制度性支持条件也不一样。结合对两类需求的改善和短板、堵点，宏观、中观、微观层次上的政策重点也应有所差异。对数字经济和实体经济深度融合的问题进行有层次的结构性分析，不仅有助于全面系统地理解融合的内在机制，也有助于为政策的精准性、系统性提供依据。

从宏观的技术 - 经济范式的角度，深度融合是整个经济的主导技术结构、生产组织形式、商业模式和制度框架的改变，是一个长期过程，其重点在于如何通过适宜的社会 - 政治范式 （socio-political para-digm），以推进和协同数字技术 - 经济范式的形成。而社会 - 政治范式是否有利于技术 - 经济范式的形成与展开，在于是否能在最大限度释放新技术的经济效能的同时，也实现社会成员对技术进步红利的 "共享"，避免技术封建主义 （technical feudalism）。按照这一标准，20 世纪 70 年代中期以来，以计算机、互联网为代表的第一代数字技术在西方发达国家的表现，存在明显的社会－政治范式与技术－经济范式的脱耦，其典型表现是未能保证生产率、实际工资和利润率三者之间的平行增长，技术红利并未形成共享式释放，且加速了西方发达国家的金融化和不平等程度。

在推进深度融合的过程中，在社会－政治范式上予以引导，避免数字技术－经济范式出现技术封建主义，是决定最终消费需求为内循环提供持续支持的关键。从数字技术本身的属性看，以人工智能、大数据为代表的新一代数字技术在短期内对劳动力，尤其是非熟练劳动力具有很强的替代效应；同时，数据又具有初始投入成本高但边际成本趋于零的特征，极易产生数据集聚形成数据垄断，如果缺乏适当的社会－政治范式引导，在造就各种新业态、新模式的同时，数字经济也极易造成平台垄断、数据垄断、就业极化与收入极化等后果，而这不利于提高劳动收入份额和改善收入分配结构。从本质上而言，与以计算机和互联网为代表的第一代数字技术相比，正在兴起的第二代数字技术具有更为鲜明的智能、绿色特点，从而也决定了与之相适应的社会－政治范式需要在产权观念、分配方式上做出重大的转变，无论是数据还是产品，均需要实现从占有（possession）到可用（access）的改变。

当前，世界各国在围绕数字经济制高点展开竞争的过程中，普遍对数据立法、机器人税等问题给予高度重视，近年来我国也围绕平台垄断、资本无序扩张等现象频繁出台相关政策法规，其重要性不言而喻。从社会－政治范式的角度看，数字经济时代对数据要素的立法，包括产权界定、收益分配以及监管等政策对数字技术－经济范式的重要性，一如历史上对土地、资本和知识产权的相关立法一样，但要更为复杂。这是因为，数据只有在完成从数据资源、格式化可存储、数据可交换到思想（idea）或指令（blueprint）的转换之后，才对实体经济的生产、流通过程具有实质性意义。原始的数据资源来自经济主体的行为和选择，但需要经过加工生产才能成为可用数据，作为资源的数据和最终可用于生产过程的数据具有不同的技术和经济含义，如何在既保护隐私、确保数据资源提供者权益的同时，又能激励数据使用者的创新和投入，这是数字经济时代不同于传统生产要素立法的难点所在。

从中观角度，数字经济与实体经济融合的实质是围绕通用技术的扩散过程形成互补性投资，重构动力部门、支柱部门和引致部门并使之形成协同关系，其关键在于围绕通用技术展开投资，诱发产业间需求形成自激式增长，引发各技术系统自增强效应。从通用技术的一般性看，通用技术部门的技术进步存在明显的纵向和横向的外部性，部门本身的研发投入回报往往低于社会回报，因此通用技术部门的创新应得到适当的政策支持，而要加速通用技术的传播和扩散，还需要充分发挥通用技术的通用性特征，加大对通用技术产品和服务的投资，使通用技术上下游部门迅速形成支撑。从数字经济时代通用技术的特殊性而言，随着经济体系和技术体系的复杂化，数字经济时代的通用技术往往并非一个，而是一组，其对应的关键投入（key inputs）（如历史上的铁、电、石油、芯片、存储器等廉价而广泛被需要的产品）也往往是复合型的，如 AI 时代的关键投入就不再是单一产品，而是由"算法 + 数据 + 芯片"共同构成的复合型投入。

无疑，从中观层次而言，围绕通用技术的通用性特征展开投资，诱发产业间的协同投资和自激式增长形成，是提升产业间投资需求以及提升内循环主体地位的关键。同时，这一协同过程本身也是发现、修补短板及疏通堵点的关键环节。根据通用技术的一般性特征，针对供应链和产业链的短板，完全可以，也有必要通过通用技术使用部门的需求拉动，促进当前在芯片制造、设计等关键短板领域的自主创新。尤其是在传感、工控和工业软件这些制约智能制造发展的短板环节上，要充分发挥中国作为世界工厂所具有的工业数据规模和多样性优势，在充分考量技术自主性和安全性的前提下补齐短板。联合国工业发展组织的《2020 年工业发展报告：数字化时代的工业化》① 指出，一国的先进数字化制造（advanced digital production，ADP）技术、技术与数字化密集型（technology and digital intensive，TDI）行业（如计算机、电子、机械和运输设备等行业）和知识密集型商业服务（knowledge-intensive business services，KIBS）存在密切关系：TDI 行业是 ADP 技术的最大使用者，而对 ADP 技术的使用越广泛，KIBS 与制造业的整合就越显著。因此，完全可以发挥中国 TDI 产业规模巨大的优势，促进 ADP 技术和 KIBS 的发展。根据数字经济时代通用技术的复合型特征，单独在某一个通用技术或关键投入产品上获得自主性和安全性，并不等于供应链短板的补齐，如即使建立了完整的数据产业链，在芯片、算法滞后的情况下，数据资源仍难以实现从"待开发资源"到"可用投入"的转化。针对这种复合型特征，需要充分发挥既有制度优势，系统性地攻克一系列通用技术和关键投入产品。

从数字化转型的角度出发，深度融合的过程本质是企业从生产到流通过程的数字化流程再造。在这一过程中，企业不仅要重新评估和重新配置其内部流程，而且还要重新配置其供应链和分销链，因此不仅需要完成数字化的基本投资，还需要考虑沉没成本、重复投资、业务分割等转型成本。是否进行数字化转型的投资，取决于企业对数字化转型投资的成本—收益预期。研究表明，技术革命浪潮的周期性特征与企业是否采取数字化战略密切相关，在技术革命浪潮的导入期，经济体系对低生产率的企业有较高的包容性，企业数字化转型的动力较弱；随着拓展期的到来，新技术的应用更加广泛，生产率较低的公司将在竞争中失利，企业的数字化转型动力随之增强。但对于单个企业而言，技术革命浪潮的周期性特征是给定的，因此这一研究结论并不具备直接的政策意义，但这种相关性的发现间接地指出了影响企业数字化转型的两个外部因素。第一，市场竞争环境。导入期低生产率

---

① 《2020 年工业发展报告：数字化时代的工业化》，http://www.isid.sjtu.edu.cn/kindeditor/Upload/file/20200810/2020081014305 64640000.pdf。

的企业之所以不必要进行数字化转型，是因为在给定的竞争强度下，企业可以获得满意的利润率而不需要进行转型投资。第二，企业的技术生态环境，拓展期之所以数字化转型企业比例高，固然有竞争加剧的因素，但还有一个原因，即拓展期数字化转型企业数量的增多，改变了企业的上下游和用户环境，企业不得不进行流程改造，以嵌入既定的技术生态体系。否则，企业不仅在生产管理效率上面临被淘汰的可能，而且在产品零部件、技术模块等环节上也无法与其上下游企业对接。

要充分激发企业数字化转型的动力，使其形成良好的数字化转型投资预期，政策上的着力点需要聚焦于竞争政策和公共品供给政策。在竞争政策上，要打破市场分割、行政垄断、不公平竞争，对低效企业形成有效的竞争筛选机制，通过外部挤压，激发企业数字化转型的动力。公共品供给的意义，不仅在于可以直接影响企业数字化转型的成本，而且能为产业的技术生态环境的形成创造条件，从而进一步增强企业数字化转型的动力。公共品供给除了硬件基础设施，尤其是新基建所涵盖的信息基础设施、融合基础设施、创新基础设施等之外，还包括数据标准、行业规范等制度基础设施。

针对中小企业数字化转型，还需要予以特定的政策扶持。当前中国的数字化转型主要集中在超大型和大型企业，这些企业规模大，资金实力强，专业人才储备也较充裕，数字化转型的预期也较好，但大量中小企业数字化转型投资仍很有限，这些企业占据了中国企业产出和就业的相当大比例。从竞争环境而言，这些中小企业缺乏数字化转型动力，是因其仍可以获得满意的利润率；从技术生态环境而言，这些企业的产出也不同于复杂价值链产品，其上下游企业也多处于劳动密集型行业，数字化生态压力并不大。大量中小企业尤其是劳动密集型企业缺乏数字化转型动力，具有经济上的合理性。

但是，数字经济有别于传统经济的一个重要特征，就是数据具有互补性（complementarity）和非竞争性（nonrival）。数据的互补性意味着不同类型、不同来源和不同主体的数据互补，将进一步促进数据要素的报酬递增，但并不增加数据的边际成本；数据的非竞争性意味着数据可积累、可复制，可以以极低的代价被所有成员利用，一个主体使用的同时不仅不影响另一个主体的使用，相反，多主体的共享使用反而会增强数据的信度和质量。中小企业缺乏数字化转型动机就其个体而言是理性的，但从社会总产出和效率提升的角度而言是次优的；数字化转型对单个中小企业是不经济的，但对整个生产体系是经济的。原因在于，不同于工业经济时代企业在封闭生态下建构价值链和供应链，数字时代企业的价值链和供应链是开放的复杂系统，也只有在这种开放复杂系统中才能实现信息获取、信息生产的即时化，以实现跨企业的多主体协作。中小企业的数据资源如果没有得到充分挖掘和利用，就无法将生产和流通过程所产生的大量数据为社会所用。从长远来看，中小企业数字化转型进程的滞后，不仅不利于这些企业本身竞争力的提高，也不利于与数字化程度高的企业的连接，同时也会因数据互补性和非竞争性的损耗，而影响整个经济体系的效率。

从这一角度看，中小企业数字化转型存在明显的外部性。数据溢出的经济收益是社会化的，但数字化转型的成本需要中小企业自己承担。而与大型企业尤其是超大规模的企业相比，中小企业在数字化转型中不仅受限于数字资产存量薄弱、人才匮乏，由于行业和产品缺乏规模效应，中小企业也难以像大企业那样获得通用型的解决方案，解决个性化需求的成本过高。因此需要提供更为精准和全面的公共品供给，系统有效降低中小企业数字化转型成本。例如，通过数据标准、行业标准的统一，改变中小企业数字化转型服务优质资源供给不足的局面；在财税政策方面，可以通过建立多层次的引导基金，引导各级财政资金和社会资本加大对传统产业数字化转型的投入。

从国际大循环发展战略到新发展格局战略的转换，不仅体现了中国经济社会发展尤其是产业体系变迁过程中的主要问题、主要矛盾和实现途径的变化，也折射出数字技术 20 世纪 70 年代以来至今的变迁过程。正如依托计算机和互联网浪潮融入国际分工和贸易秩序并构建国际大循环格局一样，信息通信技术革命的进一步开展，也要求在生产方式上做出变革，以适应生产力的发展。从这一意义上而言，构建新发展格局，也是对新一代数字技术重塑全球分工和贸易秩序的主动性适应，而中国既有的产业体系和工业能力，则为形成新发展格局提供了坚实的基础。

构建新发展格局与数字经济与实体经济深度融合是一个有机的、不可分离的整体，两者互为支持，才能为中国经济高质量发展提供不竭的动力。新发展格局的形成，需要通过数字经济和实体经济的深度融合不断提高内部需求、充分利用外部需求；数字经济与实体经济的深度融合，要为补齐产业链短板、打通国内国际两个循环的堵点提供技术和经济支持。鉴于融合过程的长期性、系统性，政策供给需要充分识别深度融合在微观、中观和宏观层次上的关键问题，为这一生产方式的重构提供制度支持。微观层次上，关键在于通过竞争政策和公共品供给增强企业数字化转型的动力；中观层次上，关键在于通过产业协同促进通用技术的扩散及相应的部门重构；宏观层次上，关键在于通过适宜的社会-政治范式的供给，确保新技术-经济范式增长效能释放的同时满足红利共享。

第四节　重中之重：先进数字化制造

《中华人民共和国国民经济和社会发展第十四个五年规划和2035年远景目标纲要》提出"深入实施制造强国战略"，强调要"保持制造业比重基本稳定"，这与"十三五"规划提出的"服务业比重进一步提高"相比，发生了明显的改变。这种在产业上的双重强调，对新发展格局的构建有着极为重要的意义。

数字经济的发展以深度融合为方向。所谓深度融合，意即数字技术不仅要发挥强大的替代效应，也要发挥广泛的渗透效应；数字技术不仅要在生活性服务业，而且要在生产性服务业和制造业中发挥催生新业态、提高生产率的作用。

从中国数字经济的发展看，我国的数字经济在蓬勃发展的过程中，仍存在典型的生活性服务业强、生产性服务业和制造业弱的结构性失衡问题，中国数字经济的发展成就更为集中地体现在新型服务业、生活性服务业领域，如金融、物流、娱乐以及信息咨询、外卖等，制造业尚在发展初期。根据中国信息化百人会的测度，2017 年，就制造业信息化和工业化融合水平而言，只有 4.1% 的企业处于创新突破阶段。① 从产业分布看，2020 年，中国服务业、工业、农业的数字经济占行业增加值比重分别为 40.7%、21.0% 和 8.9%，工业和农业数字经济占比明显低于服务业。中国数字经济巨头的主营业务主要集中于生活性服务业，即消费互联网。相比之下，北美 15 大互联网公司中，消费互联网和产业互联网的企业数量基本相当，呈现齐头并进的发展态势。总体上，我国数字经济在制造领域，无论是芯片、存储器等数字产业化部门，还是先进数字制造技术在制造业中的使用，如协同机器人、工业互联网等，都与发达国家存在明显差距。

数次技术革命浪潮之后，产业部类、行业、产品已经非常复杂，全球生产活动又呈现网络化分布，在复杂的全球分工网络中，如何抓住关键产业实现创新？从第五、第六两次技术革命浪潮的连续性看，人类经济活动从前四次中的能量主线开始转向信息主线，以万物互联、大数据为代表的智能化生产将成为主导技术，而数字经济的构成又极为复杂，既包括数字产业化也包括产业数字化，既包括生产性服务业也包括生活性服务业，但必须认识到：数字经济的发展应用如果仅仅局限于工艺创新和模式创新，则只能解决如何生产、如何实现价值的问题，而不能解决生产什么、用什么生产的问题，其增长效能最终有限。数字经济的发展是一个系统工程，在全球关于数字技术和数字经

---

① 中国信息化百人会：《2017 中国数字经济发展报告》，http://www.doc88.com/p-1167826879457.html。

济制高点的竞争过程中，与基础制造相关的技术、设备、知识产权和标准体系将日趋重要，甚至具有决定性的作用，原因主要有以下两点。首先，应用场景的多样化和规模化，可以为催生多样的应用技术提供强大的需求拉力，从而引致创新，但在全球分工网络中，基础层的知识产权仍具有控制甚至收获更高附加值的能力，脱离了基础技术，应用技术不仅走不远，而且走不稳。其次，便捷、快速、多样化的消费互联网产业，不仅建立在数据、算法和软件基础上，也建立在存储、芯片、传感等硬件基础上。随着人工智能的发展，传统的摩尔定律正在向着 Huang 定律转化，即针对专门任务进行计算的专业芯片推动 AI 性能实现逐年翻倍，智能芯片等底层核心部件的发展正在成为决定人工智能发展的关键因素。

联合国工业发展组织发布的《2020 年工业发展报告：数字化时代的工业化》指出，从技术发展趋势看，先进数字化制造将是数字时代工业化的核心，也是第四次工业革命的集中表现。报告指出，当前，全球只有 50 个经济体可被视为积极参与和使用了先进数字化制造技术，但先进数字化制造的创新和扩散集中在少数工业化国家。美国、日本、德国、中国大陆、中国台湾、法国、瑞士、英国、韩国和荷兰 10 个经济体占全球先进数字化制造产出的 91%，专利总量的 90%，占出口总量的 70%。从较长一段时间来看，先进数字化制造这种聚集于少数国家的格局难以发生改变，因为先进数字化制造技术是传统工业生产技术的数字化延伸，大量先进数字化制造技术是从第二次和第三次工业革命产生的行业演变而来的，是一种"演化转变"而不是"革命性颠覆"，开发先进数字化制造技术需要工业能力积累。这意味着，一个国家如果缺乏工业化历程和一定的工业基础，就无法进行先进数字化制造技术的吸纳和推广。从中国现有产业结构和规模看，无疑具有这种基础条件。从国内因素看，党的十九大以来，中央一直在致力于扭转中国经济脱实向虚的趋势，强调制造业尤其是先进制造业的重要性。

　　在"十四五"时期保持制造业比重基本稳定，这个重要目标的实现必须有明确的政策导向和政策供给支撑。"十四五"规划明确提出，"坚持把发展经济着力点放在实体经济上，加快推进制造强国、质量强国建设"，"推进产业基础高级化、产业链现代化，保持制造业比重基本稳定，增强制造业竞争优势"。必须认识到，制造业的"质"（包括竞争力、产业链现代化程度等）比制造业的"量"（包括规模、门类等）更为重要；但是，没有一定的制造业规模即"量"作为基础，创新的知识来源、作用对象就会受到限制，制造业"质"的提升就会成为无源之水，对中国这样的超大型经济体更是如此。"十四五"时期，围绕中国深化工业化进程、推进制造业高质量发展的目标，政策供给上应集中于"三个基础"，政策导向上突出"四个强化"，从而在保障制造业基本规模即"量"的稳定的前提下，稳步推动制造业"质"的提升。

　　所谓"三个基础"，一是有形的基础设施，统筹推进包括第五代移动通信、工业互联网、大数据中心等数据基础设施；运输大通道、综合交通枢纽和物流网络等交通基础设施；干线油气管道、电力生产和输送通道等能源基础设施以及水利基础设施的建设，为国民经济发展提供良好、全面、稳定的工业基础。二是无形的制度基础，包括适应现代产业体系特征、能准确把握制造业和服务业结构变化的基本统计制度，能准确把握产业短板、弱项变化的产业基础能力动态评估制度，旨在推进制造业产品和服务品质提升的国家质量基础设施建设，如标准、计量、专利等体系，尤其是与国际先进水平接轨的产业质量、安全、卫生和环保节能标准等。三是围绕核心基础零部件（元器件）、关键基础材料、先进基础工艺、产业技术基础，实施产业基础再造工程，拓展和深化"工业强基"工程。通过"三个基础"的建设，实现"十四五"规划所提出的"巩固壮大实体经济根基"。

　　所谓"四个强化"，一是总体导向上要强化构筑中国制造业的核心能力，彰显中国通过原始创新与全球工业国家共同推动人类技术进步和产业发展的长期愿景，为全球制造业发展做出中国贡献；二是强化新一轮工业革命背景下通用技术创新和应用的统筹部署，同时要弱化和避免无重点、无方向的产业和领域倾斜，重在推进制造业数字化、智能化、网络化应用所涉及的通用技术和使能技术的原始创新和技术突破；三是立足中国制造业实际，顺应制造业的"产品 + 服务"发展趋势，强化服务型制造和制造业品质革命，在强基、提质、保规模的过程中，突出解决中国的制造业品质问题，从而促进制造业附加值和全要素生产率的提升；四是强化政策转型，以适应现代制造业创新体系的需要：一方面要围绕技术创新加快促进产业政策从选择性向功能性转型，将政策资源配置的指向由特定的产业逐渐转向技术创新，促进产业发展的公共政策资源更多地配置到技术创新公共服务体系建设中去，包括构建开放、协同、高效的共性技术研发平台，功能完备、主体清晰的公共科技服务体系等；另一方面要确立竞争政策的基础地位，通过加强知识产权保护和运用，完善反垄断等竞争政策，形成有效的创新激励机制，培育激发颠覆性技术创新的环境。通过"四个强化"的推进，为中国制造业的高质量发展提供持续动力。

图书在版编目（CIP）数据

数字经济：底层逻辑与现实变革 / 杨虎涛著. --
北京：社会科学文献出版社，2023.5（2025.6 重印）
　ISBN 978 - 7 - 5228 - 1730 - 9

　Ⅰ. ①数⋯　Ⅱ. ①杨⋯　Ⅲ. ①信息经济 - 研究 - 中国
Ⅳ. ①F492

　中国国家版本馆 CIP 数据核字（2023）第 070896 号

数字经济：底层逻辑与现实变革

著　　者 / 杨虎涛

出 版 人 / 冀祥德
组稿编辑 / 陈凤玲
责任编辑 / 李真巧
责任印制 / 岳　阳

出　　版 / 社会科学文献出版社·经济与管理分社（010）59367226
　　　　　地址：北京市北三环中路甲 29 号院华龙大厦　邮编：100029
　　　　　网址：www. ssap. com. cn
发　　行 / 社会科学文献出版社（010）59367028
印　　装 / 唐山玺诚印务有限公司

规　　格 / 开　本：787mm × 1092mm　1/16
　　　　　印　张：17　字　数：232 千字
版　　次 / 2023 年 5 月第 1 版　2025 年 6 月第 3 次印刷
书　　号 / ISBN 978 - 7 - 5228 - 1730 - 9
定　　价 / 99.00 元

读者服务电话：4008918866